ISSN: 978-1-80135-006-8

Transnational Press London

ISSN: 2634-355X (Print)
ISSN: 2634-3568 (Online)

Yeiyá es una Revista semestral (enero-junio, julio-diciembre), indexada y de acceso abierto, editada por un grupo de investigadores de diferentes universidades.

Yeiyá es tomado del huichol o wixáricas, grupo étnico que habitan las tierras del centro-oeste de México, cuyo significado es caminar; en este sentido, la revista busca avanzar en la construcción de un dialogo inter/multidisciplinar de las problemáticas actuales a nivel g-local.

Definitivamente, desde Yeiyá, impulsamos las perspectivas críticas y decoloniales, para desarrollar un espacio académico-investigativo donde muchos mundos sean posibles.

Yeiyá es publicado por Transnational Press London, Reino Unido.

Addresses:
URL: journals.tplondon.com/yeiya
Email: admin@tplondon.com

CREDITS: El logotipo y los diseños de la cubierta por Gizem CAKIR y Nihal YAZGAN.

Yeiyá
ISSN: 2634-355X (Print) ISSN: 2634-3568 (Online)

Yeiyá

ISSN: 2634-355X (Print) | ISSN: 2634-3568 (Online)
Volumen 1 | Número 1 | Julio-Diciembre 2020
Volume 1 | Number 1 | July-December 2020

Yeiyá | ISSN: 2634-355X (Print) ISSN: 2634-3568 (Online)

Yeiyá
Julio-Diciembre 2020
Volume: 1 | Volumen 1 | Número 1 | Number 1 | pp. 1 – 3
ISSN: 2634-355X (Print) | ISSN: 2634-3568 (Online)
journals.tplondon.com/yeiya

TRANSNATIONAL PRESS®
LONDON

Received: 15 December 2020
DOI: https://doi.org/10.33182/y.v1i1.1315

Notas desde la Dirección Editorial

Rodolfo García Zamora, Pascual G. García Macías y José Salvador Cueto-Calderón

Yeiyá ("caminar" en wixárica, grupo étnico de México), revista de estudios críticos sobre ciencias sociales de los problemas y retos más importantes del mundo, y en particular de América Latina, hace su aparición a finales del 2020, año de enorme incertidumbre por la pandemia del capitalismo global que de forma inédita presenta la sincronía con una crisis civilizatoria multidimensional evidente desde los años setenta del siglo anterior, que se profundiza con la Gran Recesión económica de 2007-2010 y ahora con la doble pandemia mundial, sanitaria y económica, muestran la enorme vulnerabilidad de la humanidad y del planeta de seguir bajo los dictados del modelo de la muerte neoliberal y la financiarización de todos los aspectos de la economía, la sociedad, la naturaleza y la vida. Los impactos planetarios a nivel sanitario, económico, de desigualdad social creciente y de mayor ecocidio frente a un acentuado proceso de concentración de la riqueza de las corporaciones financieras, informáticas, de la salud y la industria militar obligan a promover un debate profundo sobre nuevas propuestas de organización social, de estrategias diferentes de desarrollo con la seguridad humana, el bienestar y la sostenibilidad ambiental como prioridades centrales. Lo que implica, entre otras tareas, definir el regreso del Estado al frente de las políticas sanitarias y económicas en todo el mundo como única estrategia para enfrentar los impactos y construir la salida de la doble pandemia, se convierte en una etapa de transición hacia la construcción de escenarios de posdesarrollo que erradiquen la explotación, la desigualdad, la depredación de la naturaleza y el aniquilamiento de las diferentes expresiones de la vida.

Bajo el escenario anterior hicimos la primera convocatoria para la colaboración en el número inicial sobre la sociedad después de la etapa del COVID-19 sobre tres temas: la sociedad post-COVID y la reestructuración mundial económica y financiera y los nuevos campos de acumulación; sociedad post-COVID y la reestructuración del trabajo (innovación tecnológica, flexibilidades y precarización laboral); y nuevos y viejos extractivismos. Se recibieron múltiples propuestas de colaboración de las cuáles se seleccionaron las siguientes por su rigor, aportes y responder a los temas de la primera convocatoria de colaboración.

El primer trabajo de este número inicial es "Extractivismo y democracia. Un escenario de relaciones incestuosas". En este trabajo, Alberto Acosta y John Cajas analizan la tragedia centenaria de los países de América Latina, abundantes en recursos naturales y sufriendo un proceso creciente de explotación, atraso y depredación de la naturaleza desde la Colonia hasta el siglo XXI. La región es integrada a la economía-mundo como periferia, dependiente y subordinada a los requerimientos de los países ricos y el extractivismo se convierte en una forma permanente de acumulación por despojo con graves costos sociales y ambientales. Políticamente esta dependencia ha propiciado el surgimiento de presidencialismos exacerbados que recurren al extractivismo como mecanismo para financiar sus ilusiones desarrollistas y programas asistenciales, y crecientemente recurren a la represión ante la protesta social. El resultado es la expansión extractivista y el deterioro de la democracia.

En el segundo trabajo "Informal, ilegal, artesanal, tradicional, ancestral: desentrañando el entramado de los extractivismos por el oro en los ríos sudamericanos", Gudynas y Rojas parten de una valiosa investigación de campo en Colombia y otros siete países sudamericanos donde nos invitan a reconocer la diversidad de los extractivismos mineros, incluyendo la minería de aluvión (artesanal, tradicional, etc.) de la cual participan más de 1.3 millones de trabajadores con graves impactos sociales y ambientales. Diversidad que es necesario reconocer para la construcción de propuestas alternativas a partir de la diversidad de los extractivismos en la región con gran complejidad y diferencias entre los distintos tipos de minerías y los diferentes países.

El tercer trabajo "Los efectos de la financiarización sobre la naturaleza en el contexto de la pandemia del COVID-19", de Gabriel A. Rosas, muestra los impactos de la financiarización sobre la velocidad e intensidad de la explotación de la naturaleza a causa de los impactos de la Gran Recesión 2007-2008 y de la crisis sanitaria 2020 que como "venganza del capital" profundizan la mercantilización y depredación de los recursos naturales.

En el cuarto trabajo, "Extractivismo, neoextractivismo y commodities de ilusión desarrollista", Elizabeth Concha analiza como la pandemia mundial del 2020 es reflejo de la larga rapacidad y depredación del capitalismo que atenta contra la existencia del planeta y la humanidad. Especialmente en las últimas décadas en América Latina cuando se genera la ilusión de que con la destrucción a gran escala de la naturaleza financiarizada se podría promover el desarrollo como supuesta panacea económica es importante refutar el discurso dominante reivindicando que el respeto a los ecosistemas es la condición central de cualquier estrategia de verdadero desarrollo futuro.

El quinto trabajo "Los rostros violentos del extractivismo en la región norte de Centroamérica: Expulsiones y fronterización en el contexto del COVID-19", de Daniel Villafuerte y M. Carmen García, plantea cómo la profunda crisis sanitaria y civilizatoria actual es reflejo de la violencia del sistema económico dominante que explota y destruye crecientemente la naturaleza bajo el extractivismo que profundiza la pobreza, el ecocidio y, bajo la pandemia mundial, en regiones como Centroamérica provoca mayores migraciones forzadas que enfrentan la fronterización, contención y el confinamiento.

En el sexto trabajo, "Extractivismos agropecuarios en tiempos de pandemia: flexibilizaciones, asimetrías, autoritarismos y otros efectos derrame", de Tamara Artacker, Jorge Camanini y Eduardo Gudynas, los autores destacan cómo en el contexto de la pandemia del COVID-19 los gobiernos de América del Sur mantienen y fortalecen el extractivismo agropecuario con mayores impactos sociales y ambientales, acentuando las asimetrías entre los empresarios, campesinos e indígenas.

El séptimo trabajo "La pandemia Covid-19: desafío al discurso del desarrollo bajo el modelo económico neoliberal", de A. Fabiola Urquizú, plantea cómo la pandemia cuestiona el modelo neoliberal capitalista como modelo de la muerte de las estructuras económicas nacionales, de la cohesión social y la sostenibilidad ambiental. La incapacidad del control sanitario y de las consecuencias económicas y sociales propicia fortalecer el debate sobre el posdesarrollo ante la evidencia del mito del crecimiento constante y la dictadura del mercado como causas de la profunda crisis civilizatoria actual.

El octavo y último trabajo "Extractivismos, conflictos mineros y desarrollo desigual en América del Norte", de Federico Guzmán, analiza la expansión del megaextractivismo minero en América del Norte (México, Estados Unidos y Canadá) de las grandes corporaciones transnacionales en dos periodos: 1994, firma del Tratado de Libre Comercio de América del Norte (TLCAN) entre los tres países, y 2020, inicio del Tratado Comercial México, Estados Unidos y Canadá (TEMEC) que junto con la pandemia del COVID-19 generan siete tendencias: mayores conflictos mineros, aumento de los precios internacionales y reservas de oro en bancos centrales, relación desigual capital-trabajo, fortalecimiento de China en minería, enormes beneficios pese a la pandemia y uso del discurso dominante de la responsabilidad social empresarial.

Yeiyá | ISSN: 2634-355X (Print) ISSN: 2634-3568 (Online)

Yeiyá
Julio-Diciembre 2020
Volume: 1 | Volumen 1 | Número 1 | Number 1 | pp. 5 – 19
ISSN: 2634-355X (Print) | ISSN: 2634-3568 (Online)
journals.tplondon.com/yeiya

TRANSNATIONAL PRESS®
LONDON

First Submitted: 1 September 2020 Accepted: 1 December 2020
DOI: https://doi.org/10.33182/y.v1i1.1304

Extractivismos y democracia. Un escenario de relaciones incestuosas

Alberto Acosta[1], John Cajas-Guijarro[2]

Resumen

Aquellos países periférico-dependientes, especializados en exportar bienes primarios y financiar fuertemente sus economías con esas exportaciones, al parecer son condenados a la pobreza justamente porque son 'ricos' en recursos naturales. Esta interacción entre periferia, dependencia, y extractivismos parece atrapar a las sociedades en una lógica perversa que consolida estados y economías que viven de la renta de la Naturaleza. Estos regímenes extractivistas, de un presidencialismo exacerbado, con un enfoque clientelar de atención de demandas sociales, no abordan estructuralmente las causas de la pobreza y marginalidad. Mientras los significativos impactos ambientales y sociales, propios de estas actividades extractivistas a gran escala, aumentan la ingobernabilidad, lo que a su vez exige nuevas respuestas represivas. En ese contexto, el ejercicio de la democracia — y hasta de las libertades — se supedita a los ciclos de los precios de los commodities. El saldo resulta evidente, a más extractivismo menos democracia.

Palabras clave: democracia; extractivismo; recursos naturales; rentismo; autoritarismo

Abstract
Extractivism and Democracy. A scene of incestuous relationships

Those peripheral-dependent countries, specialized in exporting primary goods and heavily financing their economies with exports, seem to be condemned to poverty precisely because they are 'rich' in natural resources. This interaction between periphery, dependency, and extractivism seems to trap societies in a perverse logic that consolidates states and economies that live off the rent of Nature. These extractivist regimes, of an exacerbated presidentialism, with a clientelistic approach to attending to social demands, do not structurally address the causes of poverty and marginality. While the environmental and social impacts, typical of these large-scale extractive activities, used ungovernability, which in turn requires new repressive responses. In this context, the exercise of democracy - and even freedoms - is subject to the cycles of commodity prices. The balance is evident, more extractivism, less democracy.

Keywords: democracy; extractivism; natural resources; rentism; authoritarianism

Introducción

> *"Toda la historia del petróleo está repleta de criminalidad, corrupción, el crudo ejercicio del poder y lo peor del capitalismo de frontera".*
>
> (Watts, 1999)

Las naciones 'ricas' en recursos naturales vivieron una auténtica bonanza exportadora a inicios del presente siglo; bonanza inducida particularmente por la demanda propia del acelerado ascenso económico de China y por los mercados de futuros, eufemismo para embellecer la

---
[1] Economista ecuatoriano. Quito, Ecuador. Correo electrónico: alacosta48@yahoo.com
[2] Universidad Central del Ecuador. Quito, Ecuador. Correo electrónico: cajasjohn@yahoo.com

especulación financiera más aun luego de la crisis de 2007-2009. Muchas de estas naciones, dominadas por estructuras capitalistas periférico-dependientes y por élites rentistas, poseen una acumulación capitalista sustentada en modalidades primario-exportadoras de orígenes coloniales, las cuales llevan a la consolidación de múltiples *extractivismos*. Cabe aclarar que el concepto *extractivismo* es relativamente reciente. Surgió a mediados del siglo XX como *industrias extractivas*, volviéndose popular por la promoción de organismos internacionales como el Banco Mundial y de las Naciones Unidas; pero su mayor importancia simbólica emerge desde las resistencias a dichas *industrias* (Gudynas 2015).[3]

Cual maldición originaria, la dependencia en los extractivismos no pudo superarse durante la bonanza exportadora. Al contrario, estos países exacerbaron su exportación primaria sin generar transformaciones estructurales al interior de sus economías y sociedades, a pesar de disponer de enormes ingresos para financiar esa tarea y de conocer por décadas de experiencia histórica que los extractivismos frenan cualquier empeño transformador. Así, bajo la falsa ilusión de alcanzar la quimera del *desarrollo*, la condición periférico-dependiente incluso terminó acentuada. Además, la bonanza más bien se empleó en generar una falsa imagen de "estabilidad", fomentar el consumismo en estratos medios, aplicar grandes ejercicios de propaganda, y muchos otros mecanismos que permitieran a los gobiernos del momento ganarse simpatías políticas que incluso les permitieron ganar varias elecciones populares (al menos hasta antes de que termine el boom).

La falta de transformaciones estructurales que cambien las modalidades de acumulación y el desperdicio de una bonanza histórica (desperdicio donde la lógica política cortoplacista dominó a la planificación económica de largo plazo) dejan un resultado contundente: al caer la demanda y los precios internacionales de los *commodities*, estas economías han caído en una nueva –y prolongada– crisis. Una crisis que no solo es de carácter económico, sino también político sobre todo porque el desencanto generado por el desinfle económico de los "progresismos" creó el espacio oportuno para que varias viejas derechas neoliberales retornen al poder. Además, en estos capitalismos periférico-dependientes, los extractivismos generan economías y Estados rentistas, sociedades clientelares, regímenes autoritarios y sistemas políticos de dudosa condición democrática, en donde la concentración de la riqueza se acompaña con violencias, corrupción, y un manejo abusivo e irresponsable del poder político. Para colmo estos países, que pasaron del derroche al estancamiento económico local, también sufren la pandemia de Covid-19 y la gran crisis global, la cual torpemente buscan enfrentar con más extractivismos.

La maldición de la abundancia

Aquellos países periférico-dependientes, especializados en exportar bienes primarios y financiar fuertemente sus economías con esas exportaciones, al parecer son condenados a la pobreza justamente porque son 'ricos' en recursos naturales (Schuldt 2005). Esta interacción entre periferia, dependencia, y extractivismos parece atrapar a las sociedades en una lógica perversa que puede entenderse como "paradoja de la abundancia", "maldición de los recursos" o, siendo provocadores, una "maldición de la abundancia" (Acosta, 2009, 2010,

---

[3] En Brasil este término puede llevar a confusiones, puesto que es comúnmente utilizado en actividades de conservación, por ejemplo, la extracción sustentable de la castaña amazónica.

2020). Este enfoque de las "maldiciones" también se nutre de muchas reflexiones, incluyendo a las teorías de la dependencia (Acosta 2016).

Vale aclarar que esta "maldición" no solo nace de la alta participación de productos primarios en las exportaciones, sino de su combinación —*simultánea* y *dialéctica*— con una ubicación periférica y dependiente en la división internacional del trabajo y en la red de comercio global creada en el sistema-mundo capitalista (Cajas-Guijarro y Pérez-Oviedo, 2019). Asimismo, esta "maldición" se refuerza con la presencia de élites rentistas y que muchas veces se conforman con subordinarse a los intereses de capitales transnacionales.

Desde las Colonias, se vinculó a muchas sociedades al mercado mundial bajo estructuras periféricas, dependientes y primario-exportadoras. Tal origen fue crucial para sostener la acumulación originaria del naciente capitalismo (primero en Europa y luego a escala global), así como consolidar élites aliadas o sumisas a los capitales de los países centrales, todo lo cual ha marcado la historia de estos pueblos: su vida, su organización social, e incluso su futuro, están dominados por un pasivo y débil posicionamiento en la división internacional del trabajo.

La condición extractivista incluso genera graves volatilidades económicas. Por ejemplo, al tomar información del Banco Mundial sobre el peso de las exportaciones no manufacturadas (*proxy* de exportaciones primarias) de 2017 y se la compara con la "volatilidad acumulada" del crecimiento del PIB entre 1969-2017, se nota que para 89 países con información disponible las exportaciones primarias están positivamente correlacionadas con la "volatilidad" del crecimiento. Asimismo, existen importantes volatilidades políticas: es larga la lista de gobiernos de países dependientes que han sido removidos al vaivén de los precios de los productos primarios. Apegados a esta lógica, los esfuerzos de estos países son estériles en su carrera hacia la quimera del *desarrollo*.

Existe evidencia y experiencias acumuladas para afirmar que las limitaciones de los países periféricos-dependientes para asegurar bienestar a su población están relacionadas con su alta dependencia en riquezas naturales (Schuldt y Acosta, 2006). Es como si dicha dependencia condena a varios países al *subdesarrollo* (contracara del *desarrollo*, si aún podemos usar ese inútil concepto). En particular, la abundancia de recursos como petróleo o minerales tiende a distorsionar las estructuras económicas (como ejemplifica la *enfermedad holandesa* [Schuldt, 1994]); un posible ejemplo es la *heterogeneidad estructural* (Pinto 1970), en donde sectores altamente productivos y tecnificados vinculados al mercado mundial se distancian de otros de baja productividad y enfocados al mercado interno, lo cual aumenta la vulnerabilidad de los países al competir con otros, o incluso al momento de buscar integraciones económicas regionales.

Entre esas distorsiones se evidencia una distribución regresiva del ingreso nacional, una gran concentración de la riqueza en pocas manos, además de una exacerbada extracción de valor económico desde las periferias hacia los centros capitalistas. Por ejemplo, con información del Banco Mundial del índice de Gini[4], la proporción de población pobre (ingreso menor a 5,50 dólares al día) y la participación de productos no manufacturados en las exportaciones (como aproximación a productos primarios), en 2017 se encuentra que: para 60 países con información disponible, la participación de los productos primarios en las exportaciones está

---

[4] Recordando que el índice de Gini es un indicador de desigualdad que va de 0 (máxima igualdad) a 1 (máxima desigualdad).

positivamente correlacionada tanto con la desigualdad del ingreso como con la pobreza. Es decir, a mayores exportaciones primarias se tiende a mayor desigualdad y pobreza. Asimismo, los extractivismos tienden a exacerbar varias patologías como autoritarismos y corrupción, fenómenos tan propios del capitalismo, sobre todo en su versión periférica-dependiente. El caso de corrupción de Odebrecht en Latinoamérica es ejemplo de ello, en donde hasta jefes de Estado han sido salpicados y hasta encarcelados (Gudynas, 2017; Acosta y Cajas-Guijarro, 2017).

Pese a múltiples argumentos en contra, persiste el dogma del *libre mercado* y de las ventajas comparativas, lo cual para muchos países de la periferia capitalista implica profundizar los extractivismos. Los defensores de esta postura predican que se debe aprovechar aquellas ventajas otorgadas por la Naturaleza y aprovecharlas al máximo, mientras que el libre comercio genera una asignación "óptima" de recursos. Aquí podemos incluir otros dogmas que acompañan a los extractivismos: la *globalización* (por cierto, debilitada con la crisis del coronavirus), el mercado como regulador inigualable (excepto en crisis, cuando necesita apoyo estatal), las privatizaciones (privatización de la propiedad pública a cambio de socializar pérdidas privadas), la competitividad como virtud (conseguida en muchos casos sobreexplotando al ser humano y a la Naturaleza).

Entretelones de una antigua maldición

Podría creerse que el principal problema de los países ricos en recursos naturales es la forma como extraen dichos recursos y distribuyen los frutos de su extracción; aquí suelen agregarse los problemas creados por los intereses transnacionales que afectarían el funcionamiento y la existencia de las instancias estatales nacionales. Así, muchas veces la discusión se enfrasca en definir la participación del Estado en la extracción y las exportaciones primarias, pero el problema es más profundo y no solo económico.

Los países que exportan masivamente recursos naturales tienden a presentar mayor desigualdad y pobreza. Asimismo, la experiencia histórica muestra que en los países extractivistas persisten las crisis económicas recurrentes, y hasta parecen consolidarse mentalidades 'rentistas'. A más de deteriorar el medioambiente, los extractivismos profundizan la débil *institucionalidad formal*, alientan la corrupción, exacerban las prácticas clientelares y patrimonialistas, y frenan la construcción de ciudadanía y democracia.

Es decir, la "maldición de la abundancia" envuelve a todas las dimensiones de la sociedad, provocando varios "efectos derrame" (Gudynas 2015) proyectados más allá de la localización espacial de cada actividad extractiva. Estos efectos van desde las afectaciones materiales a la Naturaleza hasta los deterioros de diversas políticas públicas y de los sentidos de la política, la justicia y la democracia. También los "derrames" impactan en relaciones de propiedad, soberanía y vínculos entre países. Incluso las perspectivas de *desarrollo* y *progreso* se atan a los extractivismos bajo el argumento de que, si los países quieren *desarrollarse*, no pueden aislarse del mercado mundial. Asimismo, surge un escaso interés por invertir en el mercado interno. Esto impide integrar el sector exportador con la producción nacional, provocando dinámicas de *enclave*. También, las exportaciones financian una fuerte preferencia por las importaciones, al punto que estas sociedades prefieren lo *"made in cualquier parte"* antes que los productos locales, lógica perversa que se combina con las tendencias al consumismo exacerbadas incluso por los propios gobiernos en épocas de bonanza.

La "maldición" impide hasta descubrir las potencialidades propias. Esto podría responder a lo relativamente fácil que es aprovechar las rentas ganadas de la sobreexplotación de la Naturaleza y de una mano de obra barata propia de los países dependientes (Marini, 1973). El beneficio de estas actividades va a las economías ricas, importadoras de recursos primarios que luego los procesan y comercializan productos terminados, muchas veces vendidos a los propios exportadores-primarios. Mientras, estos últimos sufren no solo un intercambio económica y ecológicamente desigual, sino que también se llenan de pasivos ambientales y sociales. A su vez, las élites de las sociedades periféricas se enriquecen concentrando tanto los negocios de las exportaciones de productos primarios como las importaciones de manufacturas.

Si se contabilizaran los costos económicos de los impactos sociales, ambientales, productivos y de desigualdad causados por los extractivismos, así como los subsidios ocultos en estas actividades, desaparecerían muchos de sus "beneficios económicos". Sin embargo, tal contabilidad no interesa a los países centrales que externalizan sus costos a la periferia. Aquí también cabe reconocer la existencia de impactos económicamente no cuantificables, pues hay dimensiones de la vida que no admiten un precio.

Aparte de externalizar costos, pocos grupos poderosos y transnacionales concentran gran parte de las rentas de la Naturaleza. Estos grupos bien pueden recoger a amplios segmentos empresariales rentistas, así como a burocracias sustentadas en las rentas extractivas. Tales grupos pueden terminar bloqueando las alternativas productivas para los mercados domésticos y hasta prefieren fomentar el consumo importado. Con frecuencia estos grupos sacan sus ganancias del país, manejan sus negocios con empresas afincadas en 'paraísos fiscales', y son los primeros interesados en sostener el *statu quo* propio de la dependencia…

En definitiva, varios países de la periferia capitalista poseen estructuras políticas e institucionales que, junto con el poder de las élites locales, vuelven casi inviable invertir los ingresos por exportaciones primarias en fortalecer las economías internas. Es más, este entramado incluso complica invertir en las propias actividades exportadoras. Así, por ejemplo, la industria de refinación petrolera –distinta de las actividades de extracción– se ha desarrollado casi exclusivamente en países industrializados importadores de crudo, y no en países que lo extraen y exportan, exceptuando Noruega[5].

Igualmente, cabe considerar el papel de la especulación sobre las rentas extractivistas. En los mercados financieros internacionales, los precios de varios recursos naturales (como petróleo y otros *commodities*), muestran fluctuaciones drásticas y desvinculadas de la economía real. Como resultado, se vuelven altamente volátiles los ingresos de varios países exportadores periférico-dependientes, lo cual acentúa las distorsiones económicas, políticas y sociales en general. También queden condicionadas las dinámicas internas de estos países a los requerimientos del mercado mundial. Un triste ejemplo es el impulso para ampliar las fronteras extractivistas, sin importar las tensiones sociales y ambientales provocadas por dicha expansión.

Aquí vale recalcar que es imposible que todos los países que exportan productos primarios similares crezcan esperando que la demanda internacional sea suficiente para absorber su

---

[5] Noruega ya era un país capitalista "desarrollado" cuando empezó a exportar petróleo y tenía las condiciones socioeconómicas, a más de una fuerte institucionalidad democrática, para manejar de manera sustentable los ingresos obtenidos. Pero ni ese manejo "responsable" hace que en dicho país desaparezcan los impactos sobre la Naturaleza.

oferta. Es más, la demanda de varios productos primarios puede volverse incierta particularmente en crisis como la del coronavirus (p.ej. colapso de demanda de petróleo). El control real de esas exportaciones depende de la demanda de los países centrales. Incluso muchas empresas estatales de economías primario-exportadoras (con la anuencia de los respectivos gobiernos, por cierto) parecerían programadas para reaccionar solo a impulsos foráneos. De hecho, las operaciones de empresas estatales suelen producir tan o más graves impactos socioambientales que las transnacionales. Además, en ocasiones estos entes estatales apelan al nacionalismo para romper las resistencias de comunidades opuestas a ampliar las fronteras extractivas.

La dependencia en los mercados foráneos se acentúa en las crisis, pues casi todos los países periférico-dependientes exportadores de recursos primarios amplían las tasas de extracción de dichos recursos, incluso pese a que sus precios bajan. Esta realidad beneficia a los países centrales: mayor suministro de materias primas –petróleo, minerales o alimentos–, en épocas de precios deprimidos, ocasiona una sobreoferta, reduciendo aún más sus precios, generando una dinámica de "crecimiento empobrecedor" (Baghwaty, 1958). Asimismo, cabría pensar en el posible vínculo entre los precios de los productos primarios de exportación y los ciclos del capitalismo mundial (Kondratieff, 1935), con énfasis en los ciclos de economías extractivistas. Incluso las posibilidades de alcanzar la integración regional se frenan si los países vecinos producen similares materias primas, compiten entre sí, deprimen sus precios de exportación, y no logran encadenar en bloque sus procesos productivos.

De hecho, son muy limitados los encadenamientos productivos incluso generados desde las propias actividades extractivistas. En muy raras ocasiones dentro de los países extractivistas periférico-dependientes emergen conglomerados productivos alrededor de los extractivismos; tampoco emergen para satisfacer al mercado interno o diversificar la oferta exportable. Estas condiciones, además de sus características tecnológicas, hacen que los extractivismos tampoco promuevan una masiva generación de empleo, lo cual deteriora la distribución del ingreso. Así, las actividades extractivistas no requieren del mercado interno e incluso pueden funcionar con relativa independencia de los niveles salariales. No hay la presión social para reinvertir en mejoras de productividad ni a respetar la Naturaleza. Es más, la renta natural, en tanto fuente principal de financiamiento, determina la actividad productiva y el resto de las relaciones sociales.

Para colmo, el extractivismo –sobre todo petrolero o minero– promueve relaciones sociales perniciosas: véase, por ejemplo, las relaciones e inversiones comunitarias en donde las empresas extractivistas terminan sustituyendo al propio Estado, al dotar de servicios sociales, sin que ésta sea su función específica. Sin duda, entre los objetivos destaca la búsqueda –perversa– de legitimar la propia extracción de recursos naturales aprovechando las carencias de poblaciones que viven en los territorios. Otro elemento social pernicioso que aquí emerge es el fortalecimiento de un esquema cultural dependiente del exterior, que minimiza o definitivamente margina las culturas locales (y en varios casos, directamente las extermina). Además, se consolida un "modo de vida imperial" (Brand y Wissen 2017) en élites y estratos medias, con un efecto demostración incluso en segmentos populares.

Otro grave problema de los extractivismos son las violencias propias de un *modelo biocida* y que pasan por diversos grados: represión estatal, criminalización de los defensores de la vida, guerras civiles, guerras abiertas entre países, agresiones imperiales por parte de algunas potencias empeñadas en asegurarse por la fuerza los recursos naturales, sobre todo hidrocarburíferos o minerales en los últimos tiempos. La violencia en la apropiación de recursos naturales extraídos mediante el atropello a los Derechos Humanos y los Derechos de la Naturaleza, "no es una consecuencia de un tipo de extracción, sino que es una condición necesaria para poder llevar a cabo la apropiación de recursos naturales", como señala Eduardo Gudynas (2013, p.11).

Pero hay más. Los Estados rentistas construyen un marco jurídico favorable a las empresas extractivistas que, en varias ocasiones, aprovechan que sus propios exfuncionarios o intermediaros están incrustados en los gobiernos: el efecto de "puertas giratorias". Igualmente, hay todo un aparato de abogados, técnicos e incluso de políticos, medios de comunicación, organismos multilaterales, etc., que velan por aventajar a las empresas extractivistas con reformas legales.

Las violencias atadas a los extractivismos y su alcance vía "puertas giratorias" tienen una implicación profunda en el ejercicio de la democracia dentro de los países. Gracias a la violencia y a la capacidad de cooptar instituciones estatales, los capitales transnacionales extractivistas adquieren la posibilidad no solo de moldear los esquemas legales de los países: pueden incluso poner freno a mandatos populares celebrados en consultas populares, mandatos planteados desde los parlamentos, poseer sus propias fuerzas paramilitares, y hasta pueden violentar la soberanía territorial de los países. También, los capitales transnacionales pueden entrar en alianzas con los gobiernos para, por ejemplo, facilitar la ampliación de las fronteras extractivas. Tal fue el caso, en Latinoamérica, de varios gobiernos – tanto "progresistas" como neoliberales – que, aliados con capitales extractivos, fomentaron la ampliación de las fronteras extractivistas al mismo tiempo que se ridiculizó y criminalizó la lucha de los defensores de la Naturaleza (casos concretos pueden encontrarse en Ecuador o Bolivia).

En ciertos puntos sería como si el Estado-Nación en las sociedades periférico-dependientes pudiera ser pasado por encima, o volverse un mero instrumento, que facilita la expansión hasta geopolítica de los capitales extractivistas. Ejemplo de ello es Latinoamérica, que se ha ido tambaleando entre servir de proveedora de recursos primarios a la economía norteamericana y europea, o a la economía china en tiempos más actuales. Todo, sin importar que esas relaciones económico-políticas se vuelvan lesivas para los pueblos. Así, vemos que hay motivos para creer que extractivismos y democracia no se llevan nada bien.

La "cultura del milagro" como amenaza de la democracia

En el capitalismo, la democracia posee serios límites, pues el poder económico del capital suele cooptar al poder político. Grandes campañas mediáticas –a veces de millones de dólares– junto con todo un acervo de contactos, millonarios partidos políticos construidos alrededor de caudillos, y demás estructuras, vuelven casi imposible que los sectores populares y las clases trabajadoras puedan realmente acceder y ejercer el poder gubernamental (y si llegan a alcanzarlo, no tardan mucho en ser absorbidos). A la vez, la acumulación capitalista sofoca los intentos de organización autonómica de la sociedad, sea indirectamente a través de mecanismos hegemónicos transmitidos hasta en el consumismo, o directamente con el uso de la fuerza.

Tales límites de la democracia en el capitalismo se exacerban en aquellas sociedades agobiadas por la "maldición de la abundancia", donde los gobiernos buscan garantizar su permanencia con prácticas autoritarias y clientelares, además de aliarse con empresas voraces y también clientelares. Así, en el capitalismo periférico-dependiente y extractivista, la democracia se distorsiona con un manejo dispendioso de los ingresos obtenidos por las rentas naturales, junto con la ausencia de planificación económica. Como resultado, la institucionalidad primario-exportadora se vuelve una suerte de "caricatura deforme" de la institucionalidad de los países centrales (que, aclaremos, tampoco sirve de modelo si se busca una auténtica democracia).

África es un ejemplo vivo –y lacerante– en donde la crueldad y muerte asociadas a los extractivismos (minería en particular) se conjugan con la acumulación de grandes capitales transnacionales. Por ejemplo, Deneault et al. (2008) evidencian cómo las guerras de la República Democrática de Congo –los conflictos armados más mortales desde la Segunda Guerra Mundial– tuvieron como origen el control de los yacimientos minerales y petroleros del este del país africano. La historia igualmente es cruenta en Nigeria. Por su parte, Arabia Saudita y los Emiratos Árabes, entre otros países árabes (de ingentes recursos financieros y elevados ingresos per cápita) no logran incorporarse en la lista de países *desarrollados*: la inequidad registrada en muchos ámbitos –como el género y lo étnico– es intolerable y sus gobiernos, además de no ser democráticos, se caracterizan por profundas prácticas autoritarias (combinadas con múltiples desigualdades de género, étnicas y similares).

Respecto a América Latina, la región tiene amplia experiencia en este campo. Venezuela ha sido desde inicios del siglo XX un ejemplo paradigmático. Brasil tampoco se queda atrás, más aún con el surgimiento de Bolsonaro. Otros países latinoamericanos también han registrado períodos autoritarios en estrecho vinculados a la modalidad de acumulación primario-exportadora. Incluso, si se revisa el peso que los productos primarios históricamente han presentado en varios países de la región, hay tendencias que refuerzan la tesis de que los extractivismos no son favorables a la democracia.

Más allá de los detalles de cada país latinoamericano, Sudamérica ejemplifica la combinación de países con alta dependencia en exportaciones primarias (y muchos viviendo importantes procesos de reprimarización), y democracias frágiles: en la región, más allá de neoliberalismo o del "progresismo", los autoritarismos, los golpes de Estado, y la inestabilidad, siguen siendo parte de la vida política. Y todo porque América Latina durante el aumento de los precios de los *commodities,* en la primera década de los años 2000, buscó ampliar los extractivismos buscando ingresos para impulsar ambiciosos proyectos *desarrollistas* y sostener programas de apoyo o de transferencias a una sociedad con muchas carencias y que cada vez exige más. Todo eso sin pensar en transformaciones estructurales que permitan la superación del propio extractivismo.

De hecho, las demandas sociales son uno de los mayores alicientes – y hasta de los mayores legitimadores en los discursos políticos – para mantener y apoyar las actividades primario-exportadoras. Los gobiernos "progresistas" y neoliberales, buscaron fijar la atención a esas demandas sociales como justificativo para los extractivismos. Sin embargo, luego de más de una década de derroche y desperdicio, los problemas estructurales de la región persisten e incluso se han agravado por la crisis global asociada al coronavirus.

En general, durante las bonanzas, varios gobiernos de economías ricas en recursos naturales han llegado incluso a plantear discursos falaces en donde se hablaba de la "superación del subdesarrollo". Un caso que más recordará la historia reciente es el del Irán, del Sha Reza

Phalevi, uno de los mejores socios de Estados Unidos en el Medio Oriente quien, alentado por los elevados ingresos petroleros que recibía su país en los años setenta del siglo XX, aseguraba que antes del año 2000 su país estaría entre las cinco naciones más ricas y poderosas del planeta. El sueño no duró mucho, su gobierno fue derrocado por una amplia movilización popular impulsada por los ayatolas.

Como afirma Fernando Coronil (2002) para Venezuela (y quizá extrapolable a otros países), en estas economías aflora un "Estado mágico", capaz de desplegar la "cultura del milagro". Gracias a los cuantiosos ingresos por exportaciones de petróleo o minerales, muchas veces los gobernantes se asumen como portadores – hasta sagrados – de la voluntad colectiva y tratan de acelerar el salto hacia la ansiada modernidad occidental (capitalista). Y así surgen los – fugaces – modelos milagrosos, como pasó en Ecuador en pleno boom de los *commodities* durante el gobierno de Rafael Correa: en 2014 se auguraba un "milagro ecuatoriano" en donde se habrían superado las contradicciones entre el capital y el trabajo; en contraste, desde 2015 hasta la actualidad, el país ha permanecido en un estancamiento económico del cual no logra salir y que se ha vuelto un auténtico colapso económico tanto por la crisis del coronavirus como por las medidas de corte neoliberal arrancadas por el propio gobierno correísta y continuadas por su sucesor, Lenín Moreno.

Los extractivismos permiten que surjan Estados rentistas y paternalistas, cuya incidencia está atada a la capacidad política de gestionar una mayor o menor participación de la renta extractiva. Son Estados que al monopolio de la violencia política añaden el monopolio de la riqueza natural (Coronil, 2002). Aunque parezca paradójico, este tipo de Estado muchas veces delega parte sustantiva de las tareas sociales a las empresas petroleras o mineras y abandona amplias regiones. Y en estas condiciones de "desterritorialización", se consolidan respuestas propias de un Estado policial que reprime a las víctimas del sistema al tiempo que deja de cumplir sus obligaciones sociales y económicas. Ejemplo de esta situación es la región Amazónica en Ecuador, la cual pese a ser la sede de varios proyectos de extractivismo petrolero, muchas veces vive en el abandono por parte del Estado y ni siquiera llega a aprovechar de parte significativa de las propias rentas petroleras (y un futuro similar se espera en el país con el avance de la megaminería).

En estas economías extractivistas de enclave se configuran estructuras y dinámicas políticas voraces y autoritarias. Su voracidad, particularmente durante los booms exportadores, se plasma en un aumento muchas veces desproporcional del gasto público y sobre todo una discrecional distribución de recursos fiscales: un verdadero despilfarro, como se viviría en el caso del "milagro ecuatoriano" (Acosta y Cajas-Guijarro 2018). Este ejercicio político se explica también por el afán de los gobiernos de mantenerse en el poder y/o por su intención de acelerar varias reformas *desarrollistas* dominadas por visiones de colonialidad (que margina y reprime los conocimientos y prácticas ancestrales y hasta condena a muerte a sus portadores). Este incremento del gasto y las inversiones públicas es también el producto del creciente conflicto distributivo que se desata entre los más disímiles grupos de poder. De hecho, durante el desperdicio de la bonanza, varios grupos económicos privados buscan "enchufarse" con la expansión del Estado para consolidar sus procesos de concentración y centralización del capital; nuevamente el caso ecuatoriano brinda un ejemplo de dicha dinámica (Acosta y Cajas-Guijarro 2020). Como reconoce Jürgen Schuldt (2005): "se trata, por tanto, de un juego dinámico de horizonte infinito derivado endógenamente del auge. Y el gasto público –que es discrecional– aumenta más que la recaudación atribuible al auge económico (política fiscal procíclica)".

Este "efecto voracidad" provoca la desesperada búsqueda y apropiación abusiva de parte importante de los excedentes generados en el sector primario-exportador. Ante la ausencia de un gran acuerdo nacional y democrático para manejar los recursos naturales, sin instituciones democráticas sólidas (que sólo pueden construirse con una amplia y sostenida participación ciudadana), sin respetar los Derechos Humanos y de la Naturaleza, emergen diversos grupos de poder no-cooperativos desesperados por obtener una tajada de la renta extractiva, en particular de las rentas mineras y petroleras. Además, la apertura de amplias zonas boscosas provocada por las actividades mineras y petroleras incentiva a otros extractivismos que, a su vez, causan graves problemas ambientales y sociales, como las madereras o las plantaciones para monocultivos.

En la disputa por la renta natural intervienen, sobre todo, las empresas transnacionales involucradas directa o indirectamente en dichas actividades y sus aliados criollos, la banca internacional, amplios sectores empresariales y financieros, incluso las Fuerzas Armadas, así como algunos segmentos sociales con incidencia política. Igualmente obtiene importantes beneficios la "aristocracia obrera" vinculada a los extractivismos. Y para el desenvolvimiento de esta pugna distributiva, altamente conflictiva, se demanda el surgimiento de gobiernos autoritarios. No es novedad que varios países especializados en las exportaciones de productos primarios sean gobernados con "mano dura", sea con dictaduras militares como en la América Latina de las décadas de los 60 a los 80 o incluso con gobiernos neoliberales o "progresistas" que no dudan en emplear mecanismos represivos para acallar a quienes se oponen a los extractivismos incluso en sus propios territorios.

En muchos países primario-exportadores, los gobiernos y las élites dominantes, la "nueva clase corporativa", capturan no sólo el Estado (sin mayores contrapesos), también cooptan a importantes medios de comunicación, encuestadoras, consultoras empresariales, universidades, fundaciones y estudios de abogados. Así las cosas, incluso la privatización y la creciente mercantilización del conocimiento están a la orden del día. Hasta la ciencia es cada vez más dependiente de poderes hegemónicos que apuntan a la apropiación sistemática de la Naturaleza y el control de territorios estratégicos. Desde todos estos espacios surgen discursos que buscan legitimar a los extractivismos, vendiéndolos en varios casos como la única "salvación" para que las crisis recurrentes que viven las sociedades empobrecidas; discurso que persiste pese a que, en casos como Latinoamérica o África, décadas de extractivismos no han superado al subdesarrollo.

Así, las grandes transnacionales extractivistas devienen en un actor político privilegiado por poseer "niveles de acceso e influencia de los cuales no goza ningún otro grupo de interés, estrato o clase social" y, aún más, que les permite "empujar la reconfiguración del resto de la pirámide social (…) se trata de una mano invisible en el Estado que otorga favores y privilegios y que luego, una vez obtenidos, tiende a mantenerlos a toda costa", asumiéndolos como "derechos adquiridos" (Durand, 2006).

Esta realidad conlleva múltiples costos económicos: la subvaluación de las ventas externas o la sobrevaluación de los costos para reducir el pago de impuestos o aranceles; aparición de eventuales e incluso sorpresivas reducciones de la tasa de extracción para forzar mayores beneficios; creciente presencia de intermediarios de todo tipo que dificultan la producción y encarecen las transacciones; incluso la reducción de las inversiones sectoriales, al menos por parte de las empresas más serias. Por otro lado, depender tanto de la generosidad de la Naturaleza margina los esfuerzos de innovación productiva e incluso de mercadeo. Asimismo, con la "maldición de la abundancia", aparece la "deuda eterna". En pleno auge económico, la deuda pública, en particular externa, crece en desproporción con respecto al *boom* propiamente dicho (es cierto que también crece por condiciones externas derivadas de las demandas de acumulación capitalista). Aquí asoma nuevamente el "efecto voracidad", manifestado por el deseo de participar en el festín de los cuantiosos recursos de la banca internacional (privada y multilateral) o de países como China, corresponsables, junto a los organismos multilaterales, del grave endeudamiento externo de los países empobrecidos.

Por su parte, la elevada recaudación derivada de la explotación de los recursos naturales hace que los gobiernos descuiden otros ingresos fiscales, como el *impuesto a la renta*. En realidad, despliegan una mínima presión tributaria. Esto, como reconoce Schuldt, "malacostumbra" a la ciudadanía, y sobre todo permite que los grupos de poder económico aceleren su acumulación capitalista. Así, la población espera obras, sin exigir al gobierno transparencia, justicia, representatividad y eficiencia: un ejemplo es aquel lugar común de que un gobernante ladrón no es tan problemático si "hace obra". Un tema preocupante pues la demanda por representación democrática en el Estado, recuerda Schuldt (2005), surgió generalmente como resultado de los aumentos de impuestos. Por ejemplo, en Gran Bretaña hace más de cuatro siglos y en Francia a principios del siglo XIX.

Las lógicas del rentismo y del clientelismo, incluso del consumismo, impiden construir ciudadanía y democracia. Y estas prácticas clientelares, al alentar el individualismo, desactivan las acciones colectivas, afectando a las organizaciones sociales y, más grave, al sentido de comunidad. Dada la descomposición institucional, incluso cualquier empatía con el Estado-Nación puede perderse dentro de la población. A su vez, estos gobiernos tratan de subordinar a los movimientos sociales y, si no lo logran, plantean estructuras paralelas controladas por el propio Estado.

Sin minimizar la importancia de cubrir niveles de consumo adecuado sobre todo para la población tradicionalmente marginada, no faltará quien –ingenuamente- vea en el consumismo hasta elementos democratizadores, sin considerar ni los patrones de consumo importados que se consolidan ni que la creciente demanda se satisface, casi siempre, con la oferta de grandes grupos económicos (varios de los cuales incluso concentran la conexión económica de los países con el resto del mundo). El auge consumista, que puede durar mientras dure la bonanza, es una cuestión hasta psicológica y política. Este incremento del consumo material se confunde con una mejoría de la calidad de vida, en clara consonancia con el carácter fetichista de las mercancías. Así los gobiernos ganan legitimidad desde el consumismo, algo que no es ambiental ni socialmente sustentable y que se desvanece cuando caen los precios de los productos primarios en el volátil mercado internacional; y con la caída de precios, viene el desencanto de la población, el deterioro de las condiciones de vida y el espacio político oportuno para el surgimiento de corrientes aún más autoritarias y hasta fascistas.

En estas economías se mantiene una inhibidora "mono-mentalidad exportadora" que ahoga la creatividad y los incentivos de los productores nacionales que habrían estado dispuestos –potencialmente– a invertir en ramas de alto valor agregado y de retorno. También en el seno de los gobiernos, e incluso entre los ciudadanos, se difunde esta "mentalidad proexportadora" casi patológica. Todo esto lleva a despreciar las potencialidades humanas, colectivas y culturales disponibles en el país. Se impone una suerte de *ADN-extractivista* en toda la sociedad, empezando por sus gobernantes.

Los gobiernos de estas economías primario-exportadoras no sólo cuentan con importantes recursos –sobre todo en las fases de auge– para asumir la necesaria obra pública, sino que pueden desplegar medidas y acciones dirigidas a cooptar a la población para asegurar una base de 'gobernabilidad' que posibilite introducir las reformas y cambios que consideran pertinentes. Pero las buenas intenciones desembocan, con frecuencia, en ejercicios gubernamentales autoritarios y mesiánicos que se ocultan tras 'democracias delegativas', exacerbadas con las lógicas extractivistas.[6]

Además, la mayor erogación pública en actividades clientelares reduce las presiones latentes desde la población por una mayor democratización. Se da una suerte de *pacificación fiscal*, dirigida a reducir la protesta social (al menos, mientras las rentas extractivas lo permiten). Aquí observamos los diversos bonos, transferencias, programas de asistencia social y similares empleados para paliar la extrema pobreza, sobre todo aquellos enmarcados en un clientelismo puro y duro. Tales mecanismos incluso son perversos: aprovechando las claras urgencias de los más desposeídos, se busca comprar lealtades – y otros sentimientos – aprovechando las rentas extractivas.

Los altos ingresos de los gobiernos también les permiten desplazar del poder y prevenir la configuración de grupos y fracciones de poder contestatarias o independientes, que puedan demandar derechos políticos y otros (derechos humanos, justicia, cogobierno, etc.). Incluso se destinan cuantiosos recursos para perseguir a los contrarios y a quienes no entienden las "bondades indiscutibles" de los extractivismos. Estos gobiernos asignan cuantiosas sumas de dinero para reforzar sus controles internos incluyendo la vigilancia y la represión, o crean las condiciones para que sus opositores directamente sean exterminados por fuerzas paramilitares. Así, sin una efectiva participación ciudadana, e incluso con el miedo a un Estado autoritario capaz de descartar a sus opositores, se vacía la democracia, por más que se consulte repetidamente al pueblo en las urnas.

A más extractivismo menos democracia

La elevada dependencia en los recursos naturales no renovable, en muchas ocasiones, lleva a la constitución de gobiernos poco democráticos (por decir lo menos). Como anota Gudynas (2015) "existe una mutua relación: los extractivismos presionan hacia delegaciones democráticas más autoritarias, y a su vez, a los presidencialismos de este tipo les resulta más importante asegurarse beneficios económicos desde los extractivismos, aún a costa de la conflictividad social".

Estos regímenes extractivistas, de un presidencialismo exacerbado, con un enfoque clientelar de atención de demandas sociales, no abordan estructuralmente las causas de la pobreza y marginalidad. Mientras los significativos impactos ambientales y sociales, propios de estas actividades extractivistas a gran escala, aumentan la ingobernabilidad, lo que a su vez exige

---

[6] Los gobernantes legitiman su accionar extractivista en su triunfo electoral, con lo que a la postre terminan por deteriorar la misma institucionalidad democrática. Tema que aborda detalladamente Eduardo Gudynas (2015).

nuevas respuestas represivas. En ese contexto, el ejercicio de la democracia – y hasta de las libertades – se supedita a los ciclos de los precios de los commodities.

I.   Mientras se carezca de una adecuada institucionalidad, serán considerables los costos ambientales, sociales, políticos e incluso económicos (relacionados al uso de la fuerza pública) necesarios para controlar los enfrentamientos que provocan, por ejemplo, la minería a gran escala o la actividad petrolera. A esto se agrega la inestabilidad social de otras actividades productivas motivadas a crecer alrededor de los territorios enfermos de extractivismos (como en las zonas de influencia minera, por ejemplo, donde las violencias y la degradación generan el surgimiento de múltiples pandemias sociales). Todo esto demanda de los gobiernos extractivistas, independientemente de su filiación ideológica discursiva, respuestas – autoritarias– que frenen la disidencia, y que no dudan en emplear las fuerzas del Estado incluso para exterminar a quienes se resisten a los extractivismos, sobre todo desde los territorios. Y eso sin mencionar el explícito papel que pueden llegar a tener agentes paramilitares incluso en el control de actividades extractivas: nuevamente se puede tomar como ejemplo a la minería.

II.   Los efectos de estos conflictos y violencias también afectan a los gobiernos seccionales, municipales, por ejemplo. Estos pueden ser atraídos por los cantos de sirena de las empresas dedicadas al extractivismo masivo, que les ofrecerán algunos aportes financieros, obras de infraestructura, servicios sociales, etc. No obstante, tarde o temprano, los costos y conflictos – incluso socioambientales – de esta compleja y conflictiva relación entre las comunidades, las empresas y el Estado se vuelven inmanejables. Los planes de "desarrollo" locales estarán en riesgo, pues las actividades vinculadas a la minería o al petróleo tienen supremacía, incluso muchas veces hasta sobre la justicia; no sorprende, entonces, que esto pueda terminar por aniquilar aquellos planes elaborados participativamente y con conocimiento de causa por las poblaciones locales. A eso sumar que el poder de los capitales extractivos tiene la capacidad de influenciar hasta en la justicia, al punto de dejar impunes crímenes contra defensores de la Naturaleza (aquí puede citarse, por ejemplo, el exterminio de líderes sociales).

Para cerrar este punto sobre el impacto de la lógica primario-exportadora sobre la vida política de un país, debe recordarse que las economías extractivistas normalmente deterioran grave e irreversiblemente el medio ambiente natural y social en el que se desempeñan. Ese deterioro, a la larga, genera problemas económicos, sociales y ambientales que pueden generar problemas irreversibles, desde el agotamiento de varios recursos no renovables (e incluso renovables) hasta la caída en el bienestar de la población. Y mientras el bienestar se deteriora, la política se carcome entre el clientelismo, el rentismo y la subordinación a los capitales transnacionales.

Y todo esto demanda violencias y agresiones de diversa índole. Para colmo, todas estas contradicciones se exacerban cuando no se encuentra un nuevo producto de exportación que reemplace a aquellos en crisis. Es en ese momento que los fantasmas de la "ausencia de alternativas" fomentan la búsqueda de nuevos extractivismos incluso en actividades que previamente no se veían como rentables: en crisis, cualquier quimera extractivista se vuelve seductora, sin importar las vidas que se sacrifiquen en el camino.

A su vez, los gobernantes extractivistas, que asumen el papel de la Santa Inquisición para proteger la fe extractiva, apuntalados con los infaltables expertos de los cenáculos extractivistas, al arremeter contra los herejes ni siquiera debaten con argumentos, sino que caricaturizan, amenazan y descalifican a los contrarios, impidiendo cualquier debate mucho más profundo. Y esa lógica se transmite y se vuelve habitual incluso dentro de la propia población.

En síntesis, los gobernantes –neoliberales o "progresistas"– se aferran como náufragos a una sola tabla de salvación: acentuar la especialización en producir y exportar materias primas. De hecho, asumen esta visión ideológica, casi como una teología, sin importar la depredación humana y de la Naturaleza que provocan. Defienden una ideología consumista, con el mercado como único regulador de las relaciones socioeconómicas, y donde la explotación y la dominación son su razón de ser. Además, estos gobiernos son fervientes cultores de la religión del crecimiento económico. Todos estos factores impiden construir una visión más lúcida de los caminos a seguir para llegar a una vida digna y armoniosa para todos los seres humanos y de ellos con la Naturaleza. Podríamos incluso afirmar que mientras los países sigan encadenados a la dependencia capitalista y extractivista, la democracia será un mero formalismo.

Por tanto, en respuesta a la "maldición de la abundancia", urge una gran transformación pensada y ejecutada desde la vigencia de los Derechos Humanos y de la Naturaleza. Todo en clave de alternativas civilizatorias que enfrenten estos tiempos de crisis exacerbada por la pandemia del coronavirus, y que se irán complicando incluso después de la pandemia. A la final, la mayor amenaza a la democracia siempre termina siendo el dominio de una civilización basada en la desigualdad.

Referencias

Acosta, A. (2009). La maldición de la abundancia. CEP, Swissaid y Abya–Yala. Quito.

Acosta, A. (2009). "Maldiciones que amenazan la democracia". Nueva Sociedad, N° 229 / Septiembre - Octubre 2010. Disponible en https://www.nuso.org/articulo/maldiciones-que-amenazan-la-democracia/

Acosta, A. (2012). "Delirios a gran escala - Correa en los laberintos de la megaminería".Rebelion.org, enero 11 de 2012. Disponible en: < http://www.rebelion.org/noticia.php?id=142708 >

Acosta, A. (2016). "Las dependencias del extractivismo - Aporte para un debate incompleto", Revista Aktuel Marx N° 20, Nuestra América y la Naturaleza, Santiago de Chile.

Acosta, Alberto; "Extractivism, the curse of plenty", en el libro de varios autores y autoras editado por Ernesto Vivares (2020). TheRoutledge Handbook to Global Political Economy, Routledge, Nueva York.

Acosta, A. y Cajas-Guijarro, J. (2017). "Cruda realidad - Corrupción, extractivismos, autoritarismo", http://www.rebelion.org/docs/230588.pdf

Acosta, A. y Cajas-Guijarro, J. (2018). Una década desperdiciada. Las sombras del correísmo. CAAP, Quito.

Acosta, A. y Cajas-Guijarro, J. (2020). "El "hocico de lagarto ecuatoriano". Entre desigualdades coyunturales y estructurales", en el libro de varios autores coordinado por Carlos Pástor (2020). Concentración económica y poder político en América Latina, México, Friedrich-Ebert-Stiftung.

Acosta, A. y Brand, U. (2017). Salidas del laberinto capitalisa – Decrecimiento Postextractivismo, ICARIA, Barcelona.

Acosta, A., Cajas-Guijarro, J., Hurtado, F. y Sacher, W. (2020). El festín minero del siglo XXI ¿Del ocaso petrolero a una pandemia megaminera?. Abya-Yala, Quito. (En prensa)

Bhagwati, J. (1958). "Immiserizing growth: A geometrical note", Review of Economic Studies, 25(3).

Brand, U. y Wissen, M. (2017). Imperiale Lebensweise - Zur Ausbeutung von Mensch und Natur in Zeiten des globalen Kapitalismus, Oekom Verlag, München.

Cajas-Guijarro, J. y Pérez-Oviedo, W. (2019). "Center-Periphery Structures and Dependency: A Theoretical and Methodological Proposal". Disponible en SSRN: http://ssrn.com/abstract=3488904, http://dx.doi.org/10.2139/ssrn.3488904

Coronil, F. (2002). El Estado mágico. Naturaleza, dinero y modernidad en Venezuela, Consejo de Desarrollo Científico y Humanístico de la Universidad Central de Venezuela-Nueva Sociedad, Caracas.

Durand, F. (2006). La mano invisible en el Estado. Efectos del neoliberalismo en el empresariado y la política, Desco/FES, Lima.

Gudynas, E. (2009). "La ecología política del giro biocéntrico en la nueva Constitución del Ecuador", Revista de Estudios Sociales, No. 32, Bogotá, 2009.

Gudynas, E. (2013). "Extracciones, extractivismos y extrahecciones - Un marco conceptual sobre la apropiación de recursos naturales", en Observatorio del desarrollo, N° 18, febrero 2013. Ver: http://www.extractivismo.com/documentos/GudynasApropiacionExtractivismoExtrahecciones0de D2013.pdf

Gudynas, E. (2015). Extractivismos – Ecología, economía y política de un modo de entender el desarrollo y la Naturaleza, Claes y CEDIB, Cochabamba.

Gudynas, E. (2017). Naturaleza, extractivismos y corrupción. Anatomía de una íntima relación, La Libre, Cochabamba.

Kondratieff, N. (1935). "The long waves in economic life". The Review of Economic Statistics, Vol. XVII, No. 6.

Pinto, A. (1970). "Naturaleza e implicaciones de la "heterogeneidad estructural" de la América Latina". El Trimestre Económico. Vol.37. No.145.

Quijano, A. (2001). "Colonialidad del Poder, Globalización y Democracia", en Tendencias básicas de nuestra era. Instituto de Estudios Internacionales Pedro Gual. Caracas.

Schuldt, J. (1994). La enfermedad holandesa y otros virus de la economía peruana, Universidad del Pacífico, Lima.

Schuldt, J. (2005). ¿Somos pobres porque somos ricos? Recursos naturales, tecnología y globalización, Fondo Editorial del Congreso del Perú, Lima.

Schuldt, J. y Acosta, A. (2006). "Petróleo, rentismo y subdesarrollo: ¿Una maldición sin solución?", revista Nueva Sociedad, No. 204, Buenos Aires, julio/agosto 2006.

Stiglitz, J. (2006). Cómo hacer que funcione la globalización. Taurus. Madrid.

Watts, M. J. (1999). "Petro-Violence. Some Thoughts on Community, Extraction, and Political Ecology", Working Papers, Institute of International Studies, University of California, Berkeley. Disponible en https://escholarship.org/uc/item/7zh116zd

Yeiyá | ISSN: 2634-355X (Print) ISSN: 2634-3568 (Online)

Yeiyá

Julio-Diciembre 2020
Volume: 1 | Volumen 1 | Número 1 | Number 1 | pp. 21 – 45
ISSN: 2634-355X (Print) | ISSN: 2634-3568 (Online)
journals.tplondon.com/yeiya

TRANSNATIONAL PRESS®
LONDON

First Submitted: 15 September 2020 Accepted: 30 November 2020
DOI: https://doi.org/10.33182/y.v1i1.1302

Informal, ilegal, artesanal, tradicional, ancestral: desentrañando el entramado de los extractivismos por el oro en los ríos sudamericanos

Eduardo Gudynas[1], Axel Rojas[2]

Resumen

La minería de oro aluvial corresponde a los extractivismos. Más allá de las diferentes denominaciones que recibe, tales como informal, ilegal, artesanal, tradicional o ancestral, se aplica el instrumento de análisis de los modos de apropiación, para dejar en evidencia que es un conjunto diverso y heterogéneo. Considerando tres criterios clave se identificaron doce modos distintos. Se señalan algunos aspectos sobresalientes en esos modos, y se ofrece un estudio de caso en el sur de Colombia como ejemplo. Estimamos que más de 1,3 millones de personas participan de estas actividades en al menos ocho países sudamericanos. Son prácticas con severos impactos sociales y ambientales, que tienen una distribución espacial extendida y manchada, y discurren frecuentemente incumpliendo las salvaguardias de derechos y alta incidencia de violencia. Esa heterogeneidad a su vez afecta las propuestas de alternativas.

Palabras clave: *Extractivismos; minería de oro; minería ilegal; minería ancestral; modos de apropiación*

Abstract
Informal, illegal, artisanal, traditional, ancestral: unraveling the intricate gold extractivisms in South American rivers

Alluvial gold mining corresponds to extractivism. Beyond its different labels, such as informal, illegal, artisan, traditional or ancestral, an analysis following the modes of appropriation perspective shows that it is a diverse and heterogeneous set. Considering three key criteria, twelve different modes were identified. Some highlights of these modes are presented, and a case study in southern Colombia is offered as an example. We estimate that more than 1.3 million people participate in these activities in at least eight South American countries. These activities have severe social and environmental impacts, they are geographically extensive in a patchy pattern, and are frequently associated with human rights violations and violence. This heterogeneity affects the proposals for alternatives.

Keywords: *Extractivisms; gold mining; illegal mining; ancestral mining; modes of appropriation*

Introducción

En América del Sur se ha diseminado un tipo de extracción de oro usualmente vinculada con actores locales y que recibe múltiples denominaciones, tales como informal, ilegal, artesanal, tradicional o ancestral. Los casos más conocidos ocurren en las riberas de los ríos andinos y amazónicos, donde pueden agruparse decenas a centenas de personas, buscando el oro en esas arenas.

---

[1] Centro Latino Americano de Ecología Social. Montevideo, Uruguay. Correo electrónico: egudynas@ambiental.net
[2] Universidad del Cauca. Popayán, Colombia. Correo electrónico: axelrojasm@gmail.com

La situación se repite a nivel global. Se ha estimado que más de 40,5 millones de personas participaban en la minería de pequeña escala o artesanal a nivel mundial en 2017, por lo que unos 150 millones de personas dependen económicamente de esas actividades. Esa participación no ha dejado de crecer desde la década de 1990. Aunque actúan sobre distintos recursos minerales el oro juega un papel clave, estimándose que proveen el 20 % de su oferta global (IGF, 2018).

Es una actividad que ha estado en el centro de muchas polémicas. Algunos la acusan de generar severos impactos sociales y ambientales, que podrían hasta ser más graves que los provocados por la minería calificada como legal, en manos de grandes corporaciones. Además, advierten que frecuentemente ese tipo de minería está sujeto a la violencia. Otros la defienden señalando que son parte de tradiciones de grupos históricamente subordinados a los que se ha negado el acceso a cualquier tipo de riqueza y que por lo tanto debería ser permitida. Es más, la plantean como una alternativa a los extractivismos corporativos.

A pesar que estas discusiones son muy intensas, persisten en el tiempo y tienen múltiples implicancias en las políticas públicas, las revisiones conceptuales son limitadas. Esto en parte porque muchos análisis han seguido enfoques muy acotados, por ejemplo, al abordar los impactos ambientales o la conflictividad, y no siempre incorporan todas las dimensiones en juego.

El propósito de este artículo es ofrecer una primera revisión conceptual sobre ese amplio conjunto de extractivismos de oro. En primer lugar, se evalúa las condiciones por las cuales ese tipo de actividades corresponden a extractivismos. En segundo lugar, son analizados los distintos modos de organizarse, lo que permite señalar que estamos ante un conjunto muy diversificado llevado adelante por muy diferentes actores, bajo distintas condiciones sociales, tecnológicas, económicas y ambientales. En tercer lugar, se complementa ese análisis con un caso de estudio más detallado enfocado en sur de Colombia. Esto permite, en cuarto lugar, analizar algunos de los argumentos empleados en los debates recientes sobre estos extractivismos y sus implicancias para alternativas post-extractivistas.

Es necesario advertir que este es un ensayo de interpretación, que no pretende ser definitivo, sino que insiste en dejar en claro la pluralidad de este fenómeno, y por lo tanto requiere de análisis adicionales, el aporte de otras voces, y que seguramente deberá ser modificado con el tiempo.

La descripción de la situación en el norte del departamento de Cauca (Colombia) se basa en el estudio de campo realizado por uno de los autores (AR), entre 2014 y 2018; las informaciones complementarias para Bolivia, Ecuador y Perú consideran aportes de informantes calificados y trabajo de campo por otro de los autores (EG) entre 2012 y 2019. Se indica la fuente de todas las fotografías; donde se consideró apropiado no se identifican sitios o personas para preservar su seguridad.

El objeto del análisis

El tipo de minería al que se refiere este análisis está ejemplificado en las extracciones de oro que se realizan en los márgenes de ríos en zonas andinas o amazónicas. Muchos evocan una imagen convencional que retrata una persona o unas pocas personas en una playa arenosa, que, con una batea en sus manos, la agita para separar algunas pepitas de oro. Hoy en día se suman descripciones mucho más alarmantes: el sonido de los ríos "quedó enmudecido por lo motores de gigantes dragas chinas denominadas 'dragones' y otros planchones colombianos" que son utilizadas para remover el lecho arenoso y dejan en las orillas alfombras de piedras, como relata Jimena Mercado en la Amazonia de Bolivia[3].

Existe una multiplicidad de términos para referirse a ese tipo de actividades, y entre los más conocidos están los de minería a pequeña escala, artesanal, tradicional o ancestral, o siglas como MAPE (minería artesanal y de pequeña escala); *garimpo* en portugués; y *alluvial, artisanal o small-scale mining* en inglés (incluyendo las siglas ASM o ASGM para *artisanal small scale gold mining*).

Es común que se los califique como ilegal o informal, debido a que en casi todos los casos operan sin contar con títulos de concesión, permisos sociales o ambientales, etc., y sin pagar impuestos o regalías (una revisión para todos los países amazónicos en la recopilación de Heck, 2014). Por ejemplo, en el caso de Brasil, esa condición es tan antigua que el término garimpo se originó en la práctica de evadir esos pagos caracterizaba a los que explotaban la minería ilegal de oro o piedras preciosas. La diferenciación entre legalidad e ilegalidad cambia entre los distintos países, pero aún en varios de ellos puede ser ambigua, y en muchos casos la minería informal es también ilegal, o no se diferencia adecuadamente entre ellas (por ejemplo, de Echave, 2016 para Perú; PGN, 2011 para Colombia; MPF, 2020 para Brasil).

Otro criterio común es distinguir esa minería de aquella realizada por grandes empresas, usualmente transnacionales, que se expresan en extensos enclaves, casi siempre a cielo abierto. Esa distinción permite separar, por ejemplo, a la minera Yanacocha en el norte de Perú contra los mineros de oro en la vertiente amazónica en el sur de ese mismo país. El enclave de Yanacocha es la mayor explotación de oro a cielo abierto en América del Sur y sería un ejemplo convencional de minería corporativa transnacionalizada. El criterio empleado en este caso se basa en el tipo de agente que realiza la apropiación del recurso minero. Resulta en dicotomías tales como empresarial versus no-empresarial; corporativo versus grupos locales fuera de la economía formal, etc.

Al mismo tiempo, está implícita una distinción en la escala. De un lado estarían los enclaves mineros a cielo abierto, que pueden cubrir varias hectáreas, pero están claramente delimitados en el espacio y que remueven millones de toneladas de roca. Del otro lado se les opone un individuo, o un pequeño grupo de personas, que se asume que actúa en un sitio acotado, supuestamente en áreas de centenas de metros cuadrados y que removería kilogramos de materia para obtener de tanto en tanto unos pocos gramos de oro.

También se ha apelado a consideraciones morales. En algunos abordajes se asume una posición crítica contra la megaminería en manos de operadores empresariales, que son criticados o censurados por su ambición económica, por generar impactos sociales y ambientales, uso de la violencia, etc. En oposición, la minería informal estaría en manos de actores que son mirados con mucha más simpatía por distintos analistas y sectores de la opinión pública, en tanto son casi siempre pobres y marginalizados, incluyendo en ocasiones a campesinos e indígenas.

---

[3] Nueva fiebre del oro: la explotación ilegal entre dragones chinos y cooperativas. J. Mercado, Shorthand Social, 1 julio 2018, https://social.shorthand.com/noticiasfides/jyiI5AETKi/reportaje-nueva-fiebre-del-oro-la-explotacion-ilegal-entre-dragones-chinos-y-cooperativas

Finalmente, algunos entienden que las grandes explotaciones en manos de empresas transnacionales corresponderían a extractivismos, pero que las actividades llamadas ancestrales o tradicionales no lo serían. Esta diferenciación depende del concepto de extractivismo empleado. Si se siguen las definiciones que conciben esas actividades como propios de corporaciones transnacionales, entonces la minería de oro aluvial dejaría de representar un extractivismo. Por ejemplo, el delimitar el extractivismo minero en Colombia y otros países de América Latina, Göbel y Ulloa (2014:15) entre varios aspectos diagnósticos indican que implican la "instalación de un enclave transnacional en áreas periféricas". Siguiendo ese criterio, podría argumentarse que como las explotaciones de oro aluvial no están organizadas como un enclave corporativo transnacional, no serían extractivismos.

Este repaso muestra que existen muchos abordajes sobre ese tipo de minería. El mismo tipo de actividad puede recibir distintas denominaciones, se emplean diferentes criterios para esos calificativos, y aunque los casos extremos son obviamente distintos, hay muchas situaciones intermedias de difícil resolución. Las situaciones más evidentes se dan con las operaciones de grandes dragas flotantes en los ríos amazónicos de Perú y Bolivia o el uso de retroexcavadoras diseminadas en amplias zonas en Colombia, ya que si bien no están en manos de grandes corporaciones tampoco pueden ser equiparadas a las prácticas familiares de hurgar por oro en la orilla de un río. Del mismo modo, un enclave minero corporativo está espacialmente acotado, pero la minería aluvial de oro cuando es abordada en su conjunto tiene una ocupación espacial manchada, que al ser llevados adelante simultáneamente por miles de personas afectan enormes superficies.

La definición de extractivismos

Ante esta situación, un primer paso es determinar si ese diversificado conjunto de actividades corresponde o no a un extractivismo. La definición que se seguirá aquí entiende a los extractivismos como un modo de apropiación de recursos naturales, donde se remueven altos volúmenes y/o con alta intensidad, y que el menos la mitad son exportados como materias primas (Gudynas, 2015). Esas condiciones se aplican a todo el ciclo de la actividad, desde la exploración al abandono. Esta definición se basa tanto en los antecedentes en el empleo del concepto como en los debates ciudadanos, especialmente en América Latina.

Es obvio que la extracción de oro corresponde a una apropiación de recursos naturales. Como se extrae y separa un mineral específico, en este caso el oro, es un tipo de minería. Pero no todos los tipos de minería son calificables como extractivismos. Por ejemplo, las explotaciones de canteras para obtener piedra y materiales análogos para la construcción, expresan una minería que nutre mercados domésticos, y, por lo tanto, como no existe una exportación, no son calificables como extractivismos según la definición que aquí se sigue. Esto permite insistir en la relevancia de la conexión global bajo la cual operan los extractivismos, en tanto la apropiación masiva de recursos naturales está esencialmente dirigida a los mercados internacionales y no al consumo interno.

En el caso de los distintos tipos de minería de oro se cumplen con todas las condiciones de la definición de extractivismos. En efecto, estamos ante la remoción de recursos naturales en grandes volúmenes y alta intensidad, que en su mayoría son exportados como commodity, o sea, sin elaboración.

Las dificultades en concebir a ese tipo de minería como un extractivismo se debe a varias razones. Una de ellas parte de la imagen de una persona o unos pocos individuos separando oro con una batea en un río y que por lo tanto sería responsable de una muy modesta remoción de materia. No se toma en cuenta que esa actividad no se realiza en solitario, sino que involucra a muchas personas, que en algunas zonas suman miles. La definición de extractivismo no está centrada en el agente aislado, sino que, en su conjunto, y por lo tanto debe considerar a todos los que realizan ese tipo de minería. A su vez, no solamente se utilizan bateas, sino que operan otras tecnologías, como excavadoras o dragas, y eso hace que los volúmenes totales de materia que se remueven sean muy elevados. Condicionar la caracterización de esta minera a la imagen de un único individuo que usa su batea en un rio, sería como analizar el papel de una megamina a cielo abierto enfocándose en un único obrero o un pequeño grupo de ellos.

A su vez, los volúmenes removidos son muy altos. Recordemos que la determinación de esos volúmenes en la definición de trabajo involucra a toda la materia removida y no solamente al mineral finalmente separado. Para ilustrar esto, recuérdese que es necesario remover 540 toneladas de materia para obtener un kilogramo de oro (lo que corresponde a la llamada "mochila ecológica"; Lettenmeier et al., 2009); si bien este indicador refiere a un valor global, y la proporción exacta depende de cada yacimiento, sirve para dejar en claro los enormes volúmenes comprometidos. Esto es evidente en los sitios donde operan dragas donde se remueven centenas de toneladas de arenas por hora.

La intensidad también es muy alta. La ecotoxicidad de la minería de oro aluvial está entre las más severas, especialmente por el uso de mercurio. La pequeña minería se ha convertido en la principal fuente global de contaminación por mercurio a nivel global, y se estima que entre 10 y 19 millones de personas lo utilizan en la minería de pequeña escala de oro en más de 70 países (Esdaile y Chalker, 2018). Este producto contamina las aguas y los suelos, y desde allí afecta por ejemplo a los peces, a la dieta de otras comunidades, y a la salud de las personas tanto en los enclaves como en otras regiones (véase además a Rubiano Galvis, 2019, e IUCN NL, 2020).

Finalmente, el oro apropiado se inserta en cadenas de comercialización que están orientadas a la exportación. En América Latina, los principales proveedores son Perú (130 ton métricas), México (110), Brasil (85) y Argentina (72)[4]. A ellos se les debe sumar Colombia, Venezuela y Bolivia, pero en esos casos existen redes de contrabando tanto desde esos países como hacia ellos, y por lo tanto los indicadores formales de exportación son inciertos (por ejemplo, Colombia exporta más oro del que se reporta como extraído desde sus minas, y por lo tanto se estima que recibe contrabando desde países vecinos; véase OECD, 2018). Más allá de esto, el consumo nacional es marginal y por lo tanto casi todo el oro tiene un destino de exportación. Los principales destinos están en China, India y otras naciones de Asia y el Medio Oriente.

En este punto es apropiado advertir que la definición de extractivismos no depende del régimen de propiedad sea del recurso como de quienes realizan la extracción. En efecto, en América Latina predomina la propiedad sea estatal (o calificada como del pueblo o la nación, según los distintos marcos constitucionales), y éste otorga derechos de acceso (como ocurre con las concesiones o títulos de explotación minera). En la minería aluvial de oro se cumplen

---

[4]   Basado   en   Mineral   Commondity   Summaries,   Gold,   2020.   US   Geological   Survey, https://pubs.usgs.gov/periodicals/mcs2020/mcs2020-gold.pdf

esos formalismos en algunos pocos casos, pero predomina una apropiación de hecho debido a que el Estado o las comunidades locales no logran controlar el acceso (la distinción entre propiedad y acceso se describe en Gudynas, 2015). A su vez, entre los agentes mineros también hay todo tipo de regímenes de propiedad, desde corporaciones o personas que actúan por su cuenta, pueden ser nacionales, extranjeras o mixtas, etc.

Por lo tanto, se considera que los diferentes tipos de minería de oro aluvial corresponden a extractivismos según la definición que aquí se emplea.

Complementariamente es necesario recordar que esto no representa una industria en tanto depende exclusivamente de una materia prima (el término "industria extractiva" es errado, e invoca la idea de industria como forma de legitimación ante la opinión pública). También es necesario advertir que es incorrecto referirse a la "producción" de oro, ya que nada se produce, sino que esta actividad es una extracción (ese término también se usa de forma ambigua para legitimar esa actividad).

Caracterización de los extractivismos de oro aluvial

Un siguiente paso es caracterizar esos extractivismos de oro aluvial. Se están sumando estudios que analizan el fenómeno de la minería de oro; como ejemplo de los más recientes se puede mencionar a los muy detallados reportes de caso en Valencia (2015), y también De Theije (2020) para Brasil, Cortes-McPherson (2020) para Perú, Robles Mengoa y Urán (2020) para Colombia.

Considerando específicamente el caso de la explotación aluvial, una primera particularidad es que operan en enclaves difusos de mediana escala. En esto se diferencian de otros tipos de minería empresarial formal, las que se ubican en el espacio como enclaves localizados, con el obrador minero y sus instalaciones. Un ejemplo de éste es el enclave de minería de oro Buriticá, de Continental Gold, en Antioquia (Colombia), que cubre un área acumuladas de 61 749 hectáreas.

En cambio, la minería aluvial de oro se expresa en pequeños enclaves donde operan las personas que está practicando esa actividad. En tanto pueden ser centenas a miles, se genera un patrón de ocupación geográfica que es manchado, disperso y extenso. Por ejemplo, una estimación basada en sensores satelitales y enfocada únicamente en sitios donde opera maquinaria, encontró que en Colombia este extractivismo cubría 145 484 has (tanto en tierra como en agua, entre 2014 y 2019; UNODC, 2020). Además, el impacto espacial de esta minería es mayor ya que está continuamente desplazándose. En efecto, los mineros cambian de ubicación constantemente a lo largo de los ríos. Esto hace que ese patrón manchado se modifique continuamente. La figura 1 ofrece un ejemplo de ese patrón espacial manchado en Colombia, presente tanto en valles y laderas de montaña como en los ríos amazónicos.

Esta situación se repite en todos los demás países, y alcanza un número muy alto. En efecto, considerando toda la cuenca Amazónica, el número de enclaves mineros de oro aluvial detectados en 2018 alcanzaba a 2 312 sitios, 245 áreas y afectaba a 30 ríos, según la Red Amazónica de Información Socioambiental Georeferenciada (RAISG)[5].

---

[5] Illegal mining in the Amazon 'not comparable to any other period of its history, K. Brown, Mongabay, 20 diciembre 2018, https://news.mongabay.com/2018/12/illegal-mining-in-the-amazon-not-comparable-to-any-other-period-of-its-history/

Figura 1. Patrón espacial manchado de los enclaves de extractivismos de oro aluvial. Ejemplo para Colombia a partir de las evaluaciones satelitales.

Fuente: Reproducido con modificaciones de UNDOC (2020). EVOA: evidencia de explotación de oro de aluvión.

Por estas razones, este tipo de extractivismo se aleja de la típica megaminería de cielo abierto que opera en un mismo sitio por muchos años, y en cambio se asemeja más a los extractivismos agrícolas, los que son también difusos. En ellos hay agricultores de pequeño y mediano tamaño que ingresan o salen de monocultivos como la soya. Además, si bien el patrón manchado implica que hay sitios separados entre sí, todos están funcionalmente vinculados al insertarse en las cadenas de comercialización del oro.

El número de personas participantes en estos extractivismos es difícil de estimar, en buena medida porque muchos enclaves son ilegales. Se ha estimado que en América Latina, 1,4 millones de personas practican una minería de pequeña escala o artesanal en distintos minerales, aunque sobre todo oro (IGF, 2018). Otras evaluaciones indicaban que más de medio millón de personas podían ser calificados como mineros de pequeña escala o informales enfocados en el oro, en cinco países andinos amazónicos (Cremers y de Theije, 2013). Considerando otros aportes más recientes e incorporando otros países, nosotros estimamos que aproximadamente 1 327 500 personas participan de la minería de oro a pequeña escala o artesanal. Se reconoce que se debe tener presente que muchos individuos entran por momentos acotados a esa actividad y que el registro es difícil por su ilegalidad e informalidad, pero es suficiente para dejar en claro la magnitud del fenómeno. El mayor número de participantes ocurre en Brasil y Colombia.

Tabla 1. Estimación del número de mineros de pequeña escala o artesanales.

País	Número de mineros*
Brasil	467 500
Colombia	385 000
Bolivia	170 000
Ecuador	105 000
Perú	100 000
Venezuela	50 000
Guyana	30 000
Suriname	20 000

Fuente: Valores promedios de 2014, según IGF (2018); además Torres Cuzcano (2015) para Perú; y los aportes de Cremers y de Theije (2013). En estos países la amplia mayoría de estos mineros se extraen oro.

Como ocurre con otros extractivismos, entre los enclaves existen redes de conexión, como caminos, veredas, ríos, etc., a través de las cuales reciben insumos (por ejemplo, herramientas, maquinaria, mercurio), y envían el recurso (oro). Del mismo modo, necesitan áreas de soporte que, al menos en la minería aluvial, dependen de los cursos de agua donde operan.

Estos extractivismos tienen múltiples impactos, y han sido varias veces analizados. No es el objetivo repasarlos en este artículo, pero entre ellos existe alarma por el vertido de mercurio y por la deforestación (véase como ejemplos, el reporte en cinco países amazónicos en Valencia, 2015; sobre mercurio y metales pesados en Pavilonis et al., 2017, De Souza Hacon et al., 2020; sobre la deforestación en Alvarez-Berríos y Aide, 2015). La contaminación por mercurio tiene efectos directos en la salud de las personas y consecuencias sobre el ambiente, y esto desencadena deterioros asociados, tales como comunidades indígenas que se alimentan con peces contaminados. Los impactos ecológicos incluyen la remoción de arenas, modificación de márgenes, deforestación, etc., con pérdida de biodiversidad. También se han indicado múltiples impactos sociales, económicos y fiscales (que van desde la reproducción de las condiciones de pobreza, la violencia, al movimiento ilegal de dinero, contrabando, etc.; véase como ejemplo a Torres Cuzcano, 2015

Como ya se advirtió, existen distintos marcos de reconocimiento legal de estas prácticas, en definir la ilegalidad, en calificarlas como ancestral o tradicional, y separarlas entre sí. Por ejemplo, en Perú la normativa reconocía actividades concebidas como informales, denominadas como minería aluvial o de "lavaderos", y recién en 2010 se formalizó el concepto de "minería ilegal", aunque sin distinguirlo claramente de la categoría de "minería informal", como advierte De Echave (2016). En Brasil, el *garimpo* original del siglo XIX y XX que correspondía a prácticas con muy limitados complementos tecnológicos y dentro de áreas habilitadas, llegó a contar con su propio estatuto, desembocó en imprecisiones, a lo que se sumaron prácticas ilegales tales como extraer oro en sitios prohibidos, pero declararlos desde enclaves habilitados (la problemática está detalladamente descrita por la fiscalía federal de Brasil en MPF, 2020). La ilegalidad ocurría por practicar la minería en sitios de exclusión, en áreas protegidas, por procedimientos que ponen en riesgo la vida, salud o patrimonio de las personas, que afectan el agua de consumo o irrigación, se emplea a menores de edad, se cometen delitos al realizarla, o la encamina un funcionario público. Como contracara, en la minería legal se comenzó a igualar la condición artesanal con la pequeña escala (ver además Torres Cuzcano, 2015).

A esa condición dual, legal – ilegal, se le debe agregar la alegalidad (en el sentido de aprovechar los vacíos o limitaciones normativas para llevar adelante una práctica que esas mismas normas buscaban evitar; véase Gudynas, 2015). Es más, puede argumentarse que este tipo de minería de oro es crecientemente alegal, y se aprovecha de esa condición para reubicar esa distinción legal – legal.

Diferentes modos de apropiación

Si bien estamos ante extractivismos de oro aluvial, las denominaciones generalistas como informal o ancestral, no son adecuadas para dar cuenta de su diversidad. Aplicando alguna de esas etiquetas se caería en la simplificación de considerar que, por ejemplo, la extracción de oro que realiza un padre con su hijo con una batea en una playa, es análoga a la actividad desplegada por un conjunto de tres dragas agrupadas, que se mueven en un río.

Para dejar en claro esas diferencias, así como para precisar la organización y dinámica de cada variedad, con sus alternativas posibles, se cuenta con la herramienta de análisis de los modos de apropiación. Este concepto, inspirado y reformulado a partir de la idea de modos de producción, permite describir la organización, estructura y funcionamiento de ese primer paso por el cual los humanos extraen los recursos naturales (el concepto se discute, por ejemplo, en Gudynas, 2019).

En la descripción de los modos de apropiación se pueden considerar al menos ocho dimensiones: ecológica (comprendiendo el tipo de recurso natural apropiado, el contextos ambientales, los impactos, etc.); territorial (uso del espacio, territorios afectados, concesionamientos, etc); tecnológica (tipos de tecnologías utilizadas, manejo de impactos ecológicos, etc); propiedad (regímenes de propiedad y acceso a los recursos); social (tipos de actores que participan en la apropiación, afectación de las comunidades locales, niveles de violencia, etc.); capital (flujo de capital, inversiones, disputas por excedentes, etc.); político (rol de grupos político partidarios, organización política para la defensa de la actividad, etc.); estatales (papel del Estado, regulaciones y manejo de los extractivismos, control policial y militar, fiscalización y judicialización, etc.).

Es importante tener presente que la finalidad en este artículo no es describir en detalle los posibles modos de apropiación, sino dejar en claro que estamos ante un conjunto heterogéneo, y que etiquetas como informal o ancestral impiden reconocer esa diversidad. Pero un abordaje preliminar de esas ocho dimensiones muestra que pueden tener muy distinto contenido, desplegándose una amplia diversidad.

Desde un punto de vista ecológico, existe una condición común que se debe a la extracción del mismo mineral (oro), en ambientes ribereños, usualmente andinos y amazónicos, pero con impactos ecológicos diferenciados debido a las tecnologías empleadas (por ejemplo, si utilizan mercurio o no). En la dimensión territorial se observa que las condiciones de propiedad han quedado relegadas en varios casos, en tanto el acceso es de hecho, sin que existan concesiones o titulaciones formales. Pero a la vez, esas actividades pueden insertarse en territorios previamente reconocidos, como pueden ser los de algunos pueblos indígenas, o en zonas reservadas a otros fines, como los parques nacionales.

Considerando las dimensiones en tecnología, capital y actores intervinientes, se hacen todavía más evidentes la diversidad de tipos. Los extractivismos de menor complejidad artesanal y más baja inversión en capital, corresponde a prácticas tradicionales que utilizan bateas u otros recipientes, con medios mecánicos de separación del oro, a cargo de una o unas pocas personas, que viven en esos mismos sitios, y que representa una actividad ocasional o complementaria a otras, tales como la agricultura. Los extractivismos de complejidad media pueden ilustrarse con la utilización de tecnología como palas mecánicas, de donde los volúmenes removidos son mayores, separación del mineral utilizando el mercurio, multiplicándose sus impactos. Existe una mayor inversión en capital, el número de participantes aumenta dramáticamente, con diferentes roles entre ellos (tales como mineros, barequeros, vigilantes, etc.), y los niveles de violencia pueden escalar. Hay extractivismos de oro aluvial con tecnología de más escala, con mayor inversión en capital, tales como las grandes dragas que operan agrupadas en ríos amazónicos de Perú y Bolivia.

Por ejemplo, al describir la situación en el río Madre de Dios en su curso en el norte de Bolivia, en un reporte de 2019, se habían detectado 540 balsas[6]. Cada una de ellas emplea un estimado de seis personas, y por lo tanto 3 240 personas participan de ese sector. Se asocian con cooperativas mineras bolivianas y de esa manera acceden a permiso. Estas balsas están construidas de madera, son artesanales, y cuentan con una manguera de succión de seis pulgadas de diámetro, que opera con motores de 20 a 60 caballos de fuerza (véase además el detallado reporte de Campanini y Gandarillas, 2015). En el oriente boliviano también actúan dragas, inicialmente a cargo de brasileños, y más recientes otras de mayor tamaño, llamadas "dragones", en manos de ciudadanos chinos. Estas son embarcaciones de gran envergadura, de varias toneladas de peso, todas de metal, con motores de 200 a 300 caballos de fuerza, y mangueras con una circunferencia de 12 a 18 pulgadas. Son transportadas pieza por pieza y ensambladas en plena selva.

Los actores participantes pueden ser de cada localidad, incluyendo a grupos locales, indígenas, afro, etc., de otras localidades del país, o incluso de extranjeros. En casi todos los casos, la mayor parte de esos participantes sufren condiciones de pobreza, marginalidad, y exclusión. En algunos sitios se han organizado sectorialmente (como asociaciones de mineros, de balseros, etc.), e incluso han actuado en la política partidaria (como en Perú).

Las diferentes combinaciones resultantes a su vez pueden operar bajo condiciones de legalidad, alegalidad o ilegalidad. El tránsito de los insumos (como mercurio o gasolina), del mineral y del capital, puede también seguir canales legales o ilegales.

---

[6] Tacanas se convierten en mineros para detener avance chino en el río Madre de Dios, J. Merado C., Agencia Nacional Fides, La Paz, 28 setiembre 2019, https://agenciadenoticiasfides.shorthandstories.com/Tacanas-se-convierten-en-mineros-para-detener-avance-chino-en-el-Madre-de-Dios/index.html

Así como el punto de partida está en la remoción del oro, la vía de salida en estos extractivismos también converge en comercializar el mineral para su exportación. Todo el entramado está globalmente subordinado.

En la mayor parte de estos modos de apropiación del extractivismo de oro se observan incumplimientos en la salvaguardia de derechos y crecientes niveles de violencia. En efecto, hay modos de apropiación que necesitan de la violencia para invadir territorios de otras comunidades, especialmente indígenas; la practican en su funcionamiento para imponer el control sobre el manejo del oro, para sus articulaciones con redes de contrabando, y como forma de seguridad.

Figura 2. Deforestación, remoción de arenas, y dragado en la minería de oro aluvial en la Amazonia de Perú. Enclave en el Parque Nacional Tambopata.

Fuente: Fotografía de V. Romo, en Mongabay; disponible en: https://es.mongabay.com/2020/03/peru-tambopata-mineria-ilegal-ausencia-de-policia/

Figura 3. Draga en un río amazónico de Bolivia. Las grandes dragas son denominadas "dragón" y están operadas por ciudadanos chinos o colombianos.

Fuente: Fotografía de J. Mercado, en La Brava; disponible en: https://revistalabrava.com/los-cooperativistas-devoran-el-oro-amazonico/

La minería de oro en el norte del Cauca (Colombia)

Es posible ofrecer un abordaje más detallado de estos tipos de extractivismos a partir de las prácticas en minería de oro aluvial en el norte del departamento de Cauca (Colombia). Por ejemplo, en la zona del río Quinamayó y otros afluentes al Río Cauca, existe una población de afrodescendientes desde la época colonial. En aquel período, se utilizaba mano de obra esclava para la extracción de oro aluvial, pero una vez abolida la esclavitud, con el paso del tiempo, sus descendientes compraron las tierras y se dedicaron a la agricultura. En su mayoría se desentendieron de la minería y solo unas pocas personas, usualmente mujeres mayores, lavaban oro con sus bateas en la actividad conocida como *mazamorreo*.

Ese modo de apropiación se practicaba en terrazas o barrancos de los ríos por procedimientos similares a los de tiempos coloniales, pero que al conectarse a la exportación pasaba a corresponder a extractivismos de primera generación (Gudynas, 2015). Los mineros cavan con barras de hierro, y dejan caer la arena y grava en un canal por donde se hace pasar agua, para remover los materiales más livianos, mientras los más grandes se separan manualmente. El "cascajo restante se lavaba gradualmente, mientras el oro se depositaba en el fondo del canalón", se removía la arcilla que lo contenía, para finalmente "el fino residuo, rico en polvo de oro concentrado, se apilaba dentro del canal y se lavaba el precioso metal cuidadosamente en bateas de madera redondas y aplanadas", según describe West (1972: 54) para los tiempos coloniales.

Hasta las primeras décadas del siglo XIX, se practicó esa minería sobre los ríos, pero en el siglo XX en algunos sitios se amplió a la extracción en filones o vetas, con una mayor complejidad. En ambos casos hoy en día se siguen empleando técnicas y herramientas que se usaron en la época colonial. Ya en el siglo XXI, en esa zona no se registraba extracción de oro hasta 2001; entre 2002 y 2011, la cantidad se mantuvo en promedio por debajo de los cinco kilogramos por año. Sin embargo, la actividad eclosionó con la difusión de otros modos de apropiación, de mayor complejidad tecnología y diferente organización social. Como resultado, la extracción de oro en 2012 se elevó a 107 kg, y en 2013 a 856 kg[7].

En esta región se pueden describir diversos modos de apropiación, y que así son reconocidos ya que reciben denominaciones específicas. En efecto, para las explotaciones de oro no aluvial, se practica la llamada minería de *socavón*, utilizando técnicas rudimentarias y escasa intervención de maquinarias; de *chorreo*, por lo cual se inyecta agua a presión; *cúbicos*, en la cual la excavación es rectangular y perpendicular. Son por lo menos tres modos distintos; en algunas situaciones se suma otro que corresponde a pequeños grupos de personas, en su mayoría mujeres, que "recicla" rocas desechados en minas de socavón, en busca de partículas de oro que hayan pasado desapercibidas la trituración y lavado previo.

En la minería de oro aluvial se observa aquella que es similar a las prácticas coloniales, que utiliza bateas en las orillas de ríos y quebradas, tal como se indicó arriba. Le sigue, con niveles crecientes de complejidad, en zonas como en la vertiente sobre el Océano Pacífico, el uso de pequeñas dragas para la remoción y separación de arenas, y el apoyo de buzos. Contando con más inversión para un mayor movimiento de materiales, se utilizan retroexcavadoras, que a su vez pueden estar complementadas con molinos para la trituración de la roca y montajes para el lavado final de las arenas que contienen el oro; a la vez, aumenta el número de personas intervinientes.

Figura 4. Uso convencional de una batea para lavar oro en Colombia.

Figura 5. Minería de socavón tradicional, en el norte del departamento del Cauca, Colombia.

Fuente: Solicitud de inclusión del barequeo en el espacio cultural del cañón del Río Cauca, en Movimiento Ríos Vivos; disponible en: https://riosvivoscolombia.org/afianzamiento-cultural/el-barequeo-como-patrimonio-cultural-inmaterial/

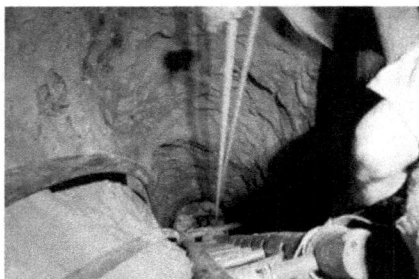

Fuente: Fotografía de los autores.

Bajo estos modos, los diferentes modos pueden ser llevados adelante por núcleos familiares, en algunas situaciones con trabajadores asalariados; pueden existir asociaciones intermitentes

---

[7] Datos de la Unidad de Planeación Minero-Energética (UPME), https://www1.upme.gov.co

donde cada participante provee aporte en dinero, o por medio de permisos de acceso mediante el pago de comisiones, o incluso propietarios de una mina que autorizan a un familiar o compadre a trabajarla por un corto período para su propio beneficio en busca de una "suerte".

Figura 6 .Mina de oro por chorreo, en el norte del departamento del Cauca.

Figura 7. Minería de oro aluvial con apoyo de buzo y pequeña draga, en la región del Pacífico, departamento del Cauca. Foto de los autores.

Fuente: Fotografía de los autores

Fuente: Fotografía de los autores

En la región, entre 2008 y 2014 proliferaron enclaves mineros, conocidos como *entables*, ubicados en un curso de agua o en sus orillas, donde operan una o más máquinas retorexcavadoras, y nucleando a diferentes actores que actúan coordinadamente. Ese conjunto incluye a los dueños de las máquinas retroexcavadoras, conocidos como *retreros*, los operarios de esas y otras maquinarias, individuos armados encargados de la seguridad en el sitio, y los llamados *barequeros*.

La extracción de oro discurre por dos vías, una principal que está basada en la maquinaria y las personas que son parte del grupo que controla la operación, y otra por los barequeros, a quienes se les concede acceso a los sitios en determinados momentos del día.

La denominación de barequero se aplicó desde mucho tiempo atrás a quienes usaban bateas para el lavado de oro, pero fue resignificada en tiempos más recientes para este tipo de minería. Constituye un número cambiante de hombres y mujeres que pueden ser de la región, del departamento o de otros departamentos de Colombia. Concurren diariamente a los entables, se ubican en las cercanías del lugar donde trabajan las retroexcavadoras y esperan por una señal de permiso de ingreso. Cuando reciben esa autorización, extraen parte del material de tierra y roca que han removido las máquinas, para luego lavarlo por su cuenta y obtener pequeñas cantidades de oro. Usualmente esos permisos se dan en horarios establecidos por los mineros, y suelen ser de una o dos horas al día.

Para dejar en claro la dimensión de la actividad, a lo largo de aproximadamente ocho kilómetros del Río Quinamayó, llegaron a estar presentes entre dos mil y cinco mil barequeros. Eso además ocurrió en un sitio próximo a la segunda ciudad del departamento de Cauca y a poca distancia de una base militar.

Figura 8. Cúbico: minería de oro por excavación, en el norte del Cauca.

Figura 9. Minería de oro aluvial con retroexcavadora, en la región del Pacífico del Cauca.

Fuente: Fotografía de los autores.

Fuente: Fotografía de los autores.

La cantidad de oro que resulta del barequeo suele ser suficiente para obtener el mismo o más dinero del que se paga por un jornal en la región, por lo que algunos trabajadores agrícolas o de otras actividades económicas, optan por cambiar de actividad e incluso migran de un lugar a otro siguiendo la huella de las retroexcavadoras.

Toda la operación está bajo control de seguridad que es parapolicial, con personas armadas, y que pueden desplegar violencia física.

Esta descripción muestra que en un mismo sitio se encuentran varios modos de apropiación, superpuestos entre ellos pero no idénticos. Se observan por lo menos dos vías en la extracción de oro, una de ellas se basa en el uso de maquinaria, y por ello es más tecnificada, de mayor duración, y con el movimiento de mayores volúmenes de arenas. Otra, ocurre en paralelo, y descansa en decenas a centenas de barequeros que ingresan por corto tipo al lugar. Esta segunda está subordinada a la primera.

El barequero tiene una vinculación con prácticas que podrían calificarse como ancestrales, y además se realiza en sitios donde en tiempos pasados se practicaba el lavado de arenas de modo artesanal. Pero en la actualidad pueden utilizar maquinaria para la excavación, el triturado y el lavado de rocas y arenas, y emplea químicos para la separación final del oro, lo que la hace maquinizada. En cuanto a su dimensión, dependiendo del número de personas y retroexcavadoras puede ser de tamaño pequeño a medio. A la vez, casi todos ellos son ilegales, ya que operan sin títulos ni licencias, e incluso pueden ser criminales si resultan de la violencia o están vinculados a redes de comercio ilegal.[8]

La participación de los barequeros brinda respaldo social ante una eventual presencia de autoridades o reclamos de habitantes locales. El entable minero puede ser defendido por los mismos barequeros, lo que es entendible en tanto les resulta indispensable ingresar a esos sitios para asegurar su sustento diario.

Como la mayoría de barequeros viene de lugares distantes, aquellos que no pueden regresar en el mismo día a sus lugares de origen pernoctan en los alrededores de estos enclaves. Se crea de esta manera asentamientos informales, con viviendas improvisadas con todo tipo de

---

[8] El caso del consejo comunitario Renacer Negro, en la costa pacífica caucana, ilustra estas complejidades: https://verdadabierta.com/con-historica-sentencia-afros-recuperan-su-territorio-en-timbiqui-cauca/

materiales (*cambuches*), que son ocupadas por meses. También se instalan del mismo modo tiendas y cantinas, que comercializan todo tipo de productos, como alimentos, bebidas, ropas, pero incluso armas según afirman los lugareños.

Figura 10. Entable minero en el Cauca en momentos que se permite el ingreso de barequeros.

Fuente: Unidad Restitución de Tierras, Colombia; disponible en: https://verdadabierta.com/en-timbiqui-suenan-con-librarse-del-oro-y-la-coca/

Figura 11. Restaurante en una zona de alojamientos temporales de plástico y madera, conocidos como cambuches, próximo a un entable minero. Departamento de Cauca.

Fuente: Fotografía de los autores.

El acceso a las tierras está en manos de inversores, quienes identifican propietarios interesados en vender o que pudieran ser contactados a través de intermediarios, lo que actúan por una comisión o porcentaje. En numerosas ocasiones la compra de tierras se hizo a precios por encima de los habituales en el mercado local.

Una vez que un sitio es explotado, se trasladan al siguiente. Solamente en las primeras excavaciones, una vez concluida la extracción de oro, fueron cubiertas y de ese modo se promovió la idea que las tierras podían volver a ser productivas. A eso se sumó la expectativa de posibles beneficios económicos para las poblaciones locales.

El entable tiene una vida útil acotada al agotamiento del oro, y una vez abandonado, el suelo se vuelve casi totalmente inservible. La destrucción y contaminación ambiental es impactante. Por ejemplo, según la Agencia Nacional de Minería, en la localidad de Buenos Aires, en el norte del Cauca, se extrajeron 3,5 toneladas de oro entre 2006 y 2015, y como en promedio se requieren 14 gr de mercurio para amalgamar un gramo de oro, perdiéndose el 90% al ambiente, resulta en que en esos años se liberaron unas 40 toneladas de mercurio [9].

Los mineros no pagan por predios o por el acceso, ni aplican la violencia para acceder a los predios con la expectativa de permanecer en el sitio. Son itinerantes, y la tierra es concebida como un medio, eventual y perecedero. Así que estos modos de apropiación modifican las concepciones locales sobre la tierra y desplaza actividades preexistentes en los ríos como la pesca o la recreación que estaban en manos de comunidades locales. Al mismo tiempo, el

---

[9] Veneno en la sangre, E. Montaño, Semana Sostenible, Bogotá, 8 marzo 2017, https://sostenibilidad.semana.com/medio-ambiente/multimedia/mercurio-en-colombia-veneno-en-la-sangre/37266

control armado del espacio establece horarios y reglas para el desplazamiento por caminos o ríos.

En los modos de apropiación también deben considerarse las implicaciones territoriales, y el caso del norte del Cauca ilustra situaciones comunes en otros países. En efecto, la llegada de mineros impone territorialidades extractivistas de hecho, en buena medida sostenidas por la violencia, y que se superponen a territorialidades de distintos tipo, tales como títulos formales de concesión a una corporación, territorios de comunidades afrocolombianas o indígenas, divisiones municipales, etc.

En el norte del Cauca existía una concesión formal a una corporación minera (Anglo Gold Ashanti), la que a su vez afectaba a tierras pertenecientes a grupos étnicos (indígenas o comunidades negras). El hecho destacable es que la corporación no actúo frente a la presencia de mineros ilegales que permanecieron al menos por seis años, dejando en claro que desde la perspectiva empresarial y bajo ciertas condiciones, se tolera la minería ilegal.

Al mismo tiempo, las comunidades afrocolombianas buscan controlar sus territorios apelando a los instrumentos legales disponibles. Para lograrlo, optaron por la creación de Consejos Comunitarios de Comunidades Negras, cuyas juntas directivas ejercen funciones de representación ante el Estado, empresarios y otros actores presentes en el lugar. Pero de todos modos eso no resuelve los conflictos sobre el espacio ya que esas territorialidades están enfrentadas por un lado a las concesiones mineras a las empresas y por el otro al avance de la minería de retroexcavadoras, mientras que, además, no se concretan adecuadamente los procedimientos de consulta previa, libre e informada, o se sufren irregularidades administrativas (Vargas Ramírez, 2012).

El contexto político es también determinante. El modo de apropiación del barequeo se redujo drásticamente tras un grave accidente ocurrido en 2014, que desencadenó mayores controles estatales y presencia policial. Se volvió más dominante otro modo de apropiación basado en excavación en socavones construidos rudimentariamente, llamados *cúbicos*. Este cambio tecnológico posiblemente fue una respuesta tanto de actores locales que decidieron involucrarse directamente en la minería controlando los enclaves, como de inversores externos que de todos modos optaron por seguir actuando en la región.

Todos esos modos de apropiación son ilegales. Según el último censo disponible, las unidades mineras sin títulos alcanzaban el 87,5 %, y el resto era considerado informal, y de ellas, un 87,2 % no pagaba regalías (MME 2012: 20). Aunque esos indicadores subestiman la situación, dado que muchos emprendimientos no son censados, queda clara la abrumadora prevalencia de la ilegalidad. A pesar de todo esto, las exportaciones de oro desde Colombia crecieron, por lo menos hasta 2013.

Para poder insertarse en las cadenas de exportación, así como para obtener capital, se mantienen diversos tipos de relacionamiento con el ámbito empresarial. Algunas grandes corporaciones se aprovechan de la situación y compran el oro proveniente de los enclaves extractivistas. Podría decirse que aceptan "tercerizar" la extracción, y aunque pueda ser ilegal, parecería que interpretan que en el mediano plazo les ocasiona menos problemas. Por ejemplo, dejan en manos de los mineros locales el enfrentamiento y control con las comunidades sin que estas corporaciones aparezcan directamente involucradas.

Estos modos están subordinados a la comercialización global. Lo que se extrae en el Cauca termina en intermediarios que a su vez exportan el oro. Es más, los vaivenes en el precio del oro internacional han determinado los avances y retrocesos en este tipo de minería.

Tipología provisoria de los extractivismos de oro aluvial

Lo que corrientemente se viene calificando como minería ilegal, informal o ancestral o cualquier otro término análogo, en realidad corresponde a un conjunto heterogéneo de distintos modos de apropiación. Estos comparten la condición de ser extractivismos basados en la remoción del oro aluvial, pero se organizan, estructuran y funcionan de muy distintas maneras.

La necesidad de hacer explícita esa diversidad asoma en varios reportes que reconocen las dificultades en lidiar con delimitaciones simplistas, tales como legal o ilegal (como se advirtió antes; véase además Willer, 2014). Por ejemplo, analizando la minería de oro en la Amazonia de Brasil, Coelho et al. (2017) señala con claridad la existencia de varias situaciones, que incluye a mineros artesanales e informales, que no tienen capital; los trabajadores que lo hacen por porcentajes; los dueños de los enclaves, de balsas o que tienen dinero para invertir; cooperativas, algunas de ellas familiares; y las empresas.

El análisis basado en los modos de apropiación permite dejar en evidencia esa heterogeneidad y a la vez ofrece opciones para ordenarla. Siguiendo esa perspectiva es posible ofrecer una primera clasificación de esos modos. Entre sus distintas dimensiones de análisis hay por lo menos tres que consideramos que son claves para esa tarea.

La primera corresponde al reconocimiento de la ilegalidad o legalidad en los emprendimientos; esto a su vez depende del marco normativo en cada país. La segunda dimensión considera a los actores directamente responsables de la apropiación del oro, pudiéndose distinguir allí donde la mayoría son personas de la localidad o región, frente a los sitios donde es dominado por quienes son de otras regiones o incluso de otros países. Una tercera condición se refiere a las tecnologías utilizadas, y aquí se distingue entre tres opciones: modos artesanales tales como los que se basan en la fuerza humana y que no emplean maquinarias, los que apelan a una baja maquinación, como bombas, o una o dos retroexcavadoras, y los que utilizan una maquinación intensa, como se observa con las dragas en los ríos.

Considerando esas tres dimensiones, y las opciones dentro de cada una de ellas, es posible reconocer al menos doce tipos de extractivismos de minería de oro aluvial (se resumen en la figura 12). Sin duda existen situaciones mixtas, y las variables que así se presentan como binarias simplifican la tipificación; del mismo modo, se podrían utilizar otras dimensiones que desembocarán en distintas clasificaciones. Pero esas advertencias no afectan nuestro objetivo de dejar en claro la diversidad de condiciones y organizaciones en estos extractivismos.

Figura 12. Clasificación provisoria de los modos de apropiación en los extractivismos de minería de oro aluvial atendiendo a tres criterios claves (explicados en el texto).

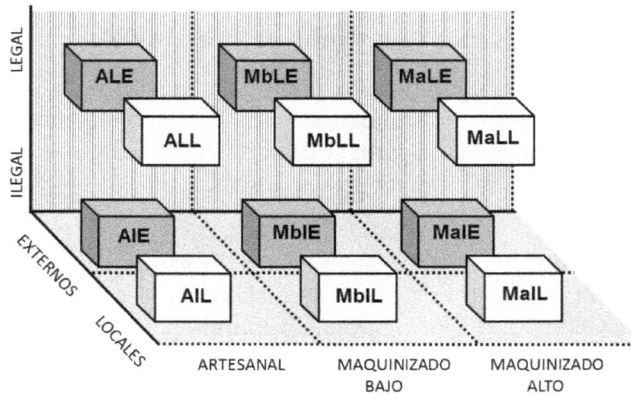

Se derivan doce tipos distintos (de izquierda a derecha, de arriba abajo, de atrás hacia adelante):

- ALE: artesanal, legal, externo; MbLE: maquinizado bajo, legal, externo; MaLE: maquinizado alto, legal, externo.
- AIE: artesanal, ilegal, externo; MbIE: maquinizado bajo, externo; MaIE: maquinizado alto, externo.
- ALL: artesanal, legal, local; MbLL: maquinizado bajo, legal, local; MaLL: maquinizado alto, legal, local.
- AIL: artesanal, ilegal, local; MbIL: maquinizado bajo, ilegal, local; MaIL: maquinizado alto, ilegal, local.

Fuente: Elaboración propia.

Entre los distintos tipos, las practicas convencionales que son manejadas directamente por grupos locales corresponde a los tipos ALL y AIL (nomenclatura como en la figura 1), que para el caso colombiano está ejemplificado en el mazamorreo. También existen prácticas artesanales realizadas por agentes externos, como sucede en Perú cuando personas de la "sierra" se trasladan por cortos períodos de tiempo a buscar oro en localidades amazónicas próximas (tipo AIE). Las prácticas con una balsa o una retroexcavadora pueden catalogarse como MbIL o MbIE, junto a los emprendimientos de socavón, chorreo o cúbicos. La proliferación del uso de retroexcavadoras, dragas y otras maquinarias, organizados por actores externos, y que casi siempre es ilegal, corresponde al tipo MaIE.

A su vez, bajo una mayor inversión, la maquinación se incrementa. En enclaves donde actúan más de dos retroexcavadoras y otras maquinarias asociadas como trituradoras, o donde proliferan dragas en los ríos, como las flotillas de dos a tres de ellas que operan en conjunto, se configuran los modos de alta maquinación. El número de trabajadores se multiplica. En el caso de los ríos amazónicos bolivianos, en muchos de ellos operan personas externas, incluyendo ciudadanos chinos y colombianos (modo MaIE). La inversión en maquinaria puede ser muy importante; en el armado de balsas está en el orden de US$ 20 mil, y en las grandes dragas que se ensamblan en los ríos bolivianos, Jimena Mercado sostiene que oscilan de US$ 1 a 1,5 millones[10]. Los costos de operación también son importantes, ya que incluyen combustible, mercurio, alimentos, salarios o porcentajes, etc. (por ejemplo, para la minería aluvial en Ecuador, con pequeñas dragas y buzos, se lo estima en US$ 3 750 por mes; Fierro, 2015).

---

[10] Nueva fiebre del oro: la explotación ilegal entre dragones chinos y cooperativas, J. Mercado C., Agencia de Noticias Fides (ANF), La Paz, 7 julio 2018, https://social.shorthand.com/noticiasfides/jyiI5AETKi/reportaje-nueva-fiebre-del-oro-la-explotacion-ilegal-entre-dragones-chinos-y-cooperativas

Existe una entrada y salida de actores locales a esas actividades. Incluso, se ha registrado que grupos indígenas se pueden organizar para ese extractivismo, a veces operando legalmente, como medida de defensa ante el ingreso de actores externos[11].

Los distintos grupos pueden entrar en conflicto entre ellos por el acceso a los sitios con oro, y junto a ellos, los que controlan el capital o ejercen la violencia, pueden actuar aceptando a unos y expulsando a otros. Pero, de todos modos, es importante advertir que estos modos no son desorganizados ni caóticos. Por el contrario, tienen estructuras precisas, que toleran cierta flexibilidad, pero mantienen una dinámica precisa que les permite proveer el oro, controlar a los participantes, y articularse de distinta manera con otros actores e instituciones, sea por vías legales como por la corrupción o la violencia, o una mezcla de esto. Son modos que poseen sus reglas, y necesitan de la estabilidad en tanto se insertan en cadenas comerciales. Incluso aquellos que están asociados con grupos armados en Colombia, que obtienen recursos financieros desde esa actividad, la controlan y regulan, e incluso operan en su comercialización (véase por ejemplo, Ortíz-Riomalo y Rettberg, 2018).

La distinción entre legalidad e ilegalidad está inmersa en múltiples contradicciones del Estado y el sistema judicial en estos países. Es que, los gobiernos apoyan por vías directas e indirectas a los extractivismos mineros en general, y a las exportaciones de oro en particular, y de ese modo caen en distintos niveles de tolerancia, complacencia o complicidad con esas actividades. La minería en sí misma no está en discusión, sino que se intenta regularla de distintos modos, se establecen zonas de exclusión, o se traba el acceso a insumos como el mercurio. Pero de todos modos se mantienen las corrientes exportadoras, y ello es clave para la reproducción de los extractivismos de oro aluvial.

A su vez, existen superposiciones legales e ilegales, y un papel clave de las alegalidades. Por ejemplo, en la Amazonia de Bolivia, las dragas operadas por trabajadores chinos o colombianos operan en áreas concesionadas a cooperativas mineras de ese país; éstas reciben de un 20% a 30% de lo extraído[12]. Las comunidades locales denuncian la situación, pero las autoridades nacionales la toleraban. En otros casos se amplían las alegalidades, y las agencias estatales se escudan en ello para no actuar, como sucede en otros países.

Esas condiciones se deben en parte a los efectos derrame que modifican las políticas públicas para apoyar a la minería a gran escala, formal y legal. Las flexibilizaciones en control y regulación por ejemplo en la titulación de derechos mineros o en las condiciones ambientales indicadas para todos los países, no solo favorecen la minería legal sino que también amparan a los extractivismos ilegales y alegales (véase, por ejemplo la confluencia de reformas nacionales, incumplimientos, ilegalidades, etc., en la minería de oro aluvial en Bolivia descrita por Campanini y Gandarillas, 2015). En esas condiciones, la alegalidad cobra relevancia y sus ejemplos más claros están en las dificultades de las normas y la gestión en distinguir entre minería ilegal o informal, o en tolerar transferencias de concesiones o acuerdos de operación entre actores formales e informales. Esas condiciones de alegalidad son activamente promovidas por los grupos de poder involucrados en este tipo de minería.

---

[11] Esto se reportó, por ejemplo, en Bolivia: Tacanas se convierten en mineros para detener avance chino en el río Madre de Dios, citado arriba.

[12] Nueva fiebre del oro: la explotación ilegal entre dragones chinos y cooperativas, J. Mercado C., Agencia de Noticias Fides (ANF), La Paz, 7 julio 2018, https://social.shorthand.com/noticiasfides/jyiI5AETKi/reportaje-nueva-fiebre-del-oro-la-explotacion-ilegal-entre-dragones-chinos-y-cooperativas

Además, varios de estos modos de apropiación ocurren bajo dramáticos incumplimientos de la salvaguarda de los derechos y mediante uso de violencia. Los derechos humanos son violados repetidamente, por ejemplo, en las condiciones de trabajo, la salud, la calidad ambiental, etc. En varios sitios se suman distintas actividades ilícitas, como el tráfico de niñas y adolescentes para los prostíbulos, venta de armas, contrabando, etc., y que pueden llegar a asesinatos. En el sur de Perú se han reportado, desde hace años, el tráfico de personas hacia los campamentos de mineros (véase, por ejemplo, CHSA, 2012). El contrabando se vuelve una dinámica importante, tanto para acceder a insumos, como el mercurio, así como para encaminar el oro (por ejemplo, el tráfico de mercurio está descrito en IUCN NL, 2020). Esas redes implican corrupción y eventualmente violencia.

En el caso colombiano, en el norte del Cauca, los mineros ilegales buscaban tanto protegerse de acciones de delincuentes que pretendan apoderarse del oro, como controlar a la población local; instalaron puestos de vigilancia custodiados por hombres armados e imponen limitaciones a la movilidad en las áreas circundantes. Se promovió la venta y uso ilegal de armas de fuego, inicialmente entre los mineros foráneos y luego entre algunos de los habitantes locales, lo que elevó el número de agresiones y muertes violentas.

Al mismo tiempo, el flujo de dinero generado por la actividad minera atrajo a los grupos armados colombianos, en particular a la guerrilla de las FARC y bandas neoparamilitares[13]. Su vinculación a la minería ilegal respondió a circunstancias diversas; en el caso de los grupos guerrilleros, fue parte de su estrategia de cobro de 'vacunas' o 'impuestos revolucionarios' a actividades económicas en las regiones en las que estaban presentes (véase, por ejemplo, a Ortíz-Riomalo y Rettberg, 2018). En el caso de los grupos neoparamilitares también se buscó financiamiento, aunque pudieran existir alianzas con mineros ilegales. Algunos de esos grupos delictivos controlan directamente enclaves y son parte de un entramado de operaciones que incluyen cultivos ilícitos en las mismas regiones (y una situación similar se repite en Brasil con la asociación del garimpo con el tráfico de drogas[14]). A su vez, la respuesta del Estado también es violenta, como ocurre con las acciones militares o policiales contra esta minería en Colombia y Perú.

Bajo estas condiciones se generan conflictos locales, ya que en varios sitios las comunidades locales reaccionan contra los mineros de oro. Se elevan denuncias, se organizan protestas, se ventila la problemática en los medios, etc., que no sólo deben enfrentar a esos mineros sino también a otros grupos locales que apoyan ese tipo de actividades.

Todas estas condiciones corresponden a las llamadas extrahecciones (extractivismos con incumplimiento de los derechos de las personas y de la Naturaleza, y altos niveles de violencia; Gudynas, 2015). Se produce una dinámica donde los modos de apropiación de oro aluvial imponen creciente violencia, requerida para invadir territorios, desplazar comunidades si es necesario, sostener redes de comercialización ilegal, etc.

---

[13] Como neoparamilitares o bandas criminales (Bacrim) se conoce a los grupos delincuenciales organizados, conformados luego del proceso de desmovilización de algunos grupos paramilitares a comienzos de la década de dos mil. Luego de 2016, una vez firmados los Acuerdos de Paz, la guerrilla salió de estos territorios, aunque surgieron nuevos grupos armados que continuaron con acciones armadas.

[14] Por ejemplo, Conexão entre tráfico de drogas internacional e garimpo ilegal expõe política de mineração de Bolsonaro, Jornal GGN, 15 diciembre 2020, https://jornalggn.com.br/a-grande-crise/conexao-entre-trafico-de-drogas-internacional-e-garimpo-ilegal-expoe-politica-de-mineracao-de-bolsonaro/

Figura 13. Violencia en los extractivismos de oro aluvial: intervención militar en el río Pachitea, en la Amazonia de Perú.

Fuente: Abordaje de una de cinco balsas, conocidas localmente como "gringas", que luego serán destruidas en un procedimiento judicial; agosto de 2020. Fotografía de la Fiscalía Especializada en Medio Ambiente de Perú (FEMA); disponible en: https://www.facebook.com/FEMAPeru/

Figura 14. Violencia en los extractivismos de oro aluvial: mujeres trabajadoras sexuales en un establecimiento en la zona minera de Madre de Dios en el sur de Perú.

Fuente: Muchas de esas mujeres están atrapadas en redes de tráfico de personas. Descripción y foto de Marco Garro; disponible en: https://ojo-publico.com/301/las-victimas-de-la-fiebre-del-oro-ilegal ; https://marcogarro.com/hijas-de-la-fiebre-del-oro/

Discusión y conclusiones

La denominación de minería de oro ancestral o tradicional, así como la de legal o ilegal, casi nunca es suficiente para abordar estos extractivismos y elaborar alternativas a ellos. Esas dos dimensiones, la caracterización, por un lado, y las alternativas por otro, están íntimamente vinculadas.

En esas discusiones es frecuente que se cuestionen los modos de apropiación que utilizan maquinaría, para postular como alternativa procedimientos más limitados, que son defendidos como expresión de tradiciones o ancestralidad. En esa perspectiva se mezclan varios componentes.

En efecto, se pueden considerar aspectos tecnológicos y en la gestión, asumiéndose que una minería ancestral o tradicional en tanto no utilizaría maquinaria a gran escala, sería más tolerable o gestionable desde el punto de vista ambiental y sanitario. Al mismo tiempo, la invocación a la ancestralidad, y otras ideas cercanas, como la de propiedad comunal o control local, parecería que proveería un equivalente a una "licencia social". Son defensas de un modo de apropiación ALL; ese es un espacio en el que operan muchos grupos locales, como algunos afrocolombianos. Incluso, se postula que las prácticas calificadas como ancestrales o tradicionales no serían extractivismos, y reservan ese término sea para empresas o para modos de alta maquinización (pero como se analizó arriba, todos ellos son extractivismos).

La determinación de esa condición de ancestralidad no es sencilla. Si se refiere a una escala histórica podría implicar aceptar que son tolerables los extractivismos que, pongamos por caso, tenían lugar en los siglos XVIII y XIX. De alguna manera implica postular una alternativa bajo la cual los extractivismos actuales de tercera generación fueran reemplazados por los anteriores de segunda generación (el concepto de generaciones en los extractivismos describe los balances entre tecnologías, insumos aplicados y recursos extraídos; véase

Gudynas, 2015). En todo esto se enfrenta una discusión de enorme complejidad para determinar qué se entiende por ancestral o tradicional ya que son ideas debatibles.

A su vez, otros modos de apropiación, como por ejemplo los de baja maquinación, pueden reclamar ser ancestrales. Inmediatamente se generaría una discusión sobre los umbrales (por ejemplo, ¿un enclave con una estación de bombeo podría ser ancestral? ¿otro con dos bombas dejaría de serlo?).

En casos como el del río Quinamayó, la mayor parte de la población no se dedicaba a la minería de oro aluvial en el siglo XX, por lo que su vinculación es reciente y en parte es resultado del ingreso de los mineros foráneos propietarios de las retroexcavadoras. La defensa que algunos hoy hacen de esa minería vinculando por un lado la ancestralidad con la resistencia y autonomía de los antepasados, ha calado en la memoria local a tal punto que gran parte de los trabajadores en esos enclaves, sobre todo los más jóvenes, asume que esas prácticas siempre existieron y están repitiendo lo que hacían sus mayores.

De un modo u otro, la ancestralidad en algunos países ha sido manejada para defender unos ciertos actores sociales en sus prácticas extractivistas. Pero incluso al interior de esas comunidades tampoco hay acuerdos porque se ha observado, por ejemplo, que así como hay comunarios que defienden esa minería (usualmente varones), otros la rechazan (muchas veces mujeres).

La defensa de un tipo de extractivismo a partir del agente que lo practica no es rara. Entre sus expresiones más conocidas está plantear como alternativa a los extractivismos empresariales uno que esté en manos de actores locales o el Estado. Esa condición se observa por ejemplo en Bolivia con las cooperativas mineras, las que se acercan a un extractivismo popular que se declara socialista y revolucionario. Sin embargo, existe abundante evidencia que esos emprendimientos tienen todo tipo de impactos sociales, territoriales y ambientales. No sólo eso, sino que como ya se apuntó, hay cooperativas mineras que extraen oro aluvial, repitiendo todos sus efectos negativos, tanto legales como ilegales.

Otros argumentos consideran que las alternativas deberían estar centrados en el eje ilegalidad – legalidad, y desde allí se asume que la alternativa es formalizar esos enclaves, lo que permitiría dotarlos de una adecuada tecnología para reducir sus impactos, y fiscalizarlos adecuadamente. Esta perspectiva no se enfoca en el tipo de agente que realiza la apropiación, sino en la tecnología, la gestión y el gerenciamiento, o su legalidad. En varios casos esto incluye la posición de anular a los mineros locales y reemplazarlos por empresas, lo que brindaría mayores seguridades sociales y ambientales, aseguraría cobrar regalías e impuestos, y evitaría las redes ilegales. Entre los defensores más explícitos de esa postura se encuentra la bióloga colombiana Brigitte Baptiste, quien sostiene que la minería legal en su país es "muy responsable", y el problema se debe a un Estado débil que no ha controlado a las explotaciones ilegales.[15]

Es importante advertir que, en ese tipo de abordajes, el extractivismo de oro no está en discusión, sino que se atiende su legalidad, distintos modos de gestión y tecnologías o los actores que lo llevan adelante. Los modos ilegales deberían desaparecer, y se aceptarían no sólo las opciones ancestrales, sino aquellos que utilizan maquinaria (es un amplio conjunto

[15] La minería legal en Colombia es muy responsable: Baptiste, Portafolio, Bogotá, 5 marzo 2019, www.portafolio.co/economia/la-mineria-legal-en-colombia-es-muy-responsable-baptiste-527114

que incluiría a los modos MbLL, MaLL, MbLE y MaLE). Cualesquiera de esas opciones son funcionales a los extractivismos del oro aluvial, y no implican necesariamente soluciones a problemas como la contaminación o la debacle ambiental.

En paralelo, otra línea de argumentación prioriza su formalización, pero con intereses económicos, en particular asegurar que el Estado cobre regalías y tributos. Esta es una reacción ante la repetida denuncia de que la minería de oro aluvial ilegal no produce riqueza económica ni para las comunidades ni para el país. Aquí también se mantienen los extractivismos y lo que se disputan son sus excedentes económicos. Pero para que ese excedente exista no sólo debe continuar la minería de oro aluvial, sino que debe externalizar todos los efectos que pueda, de manera que pueda incrementar sus ganancias y reducir sus costos. O sea que se mantendrán sus impactos sociales y ambientales locales.

Tampoco puede olvidarse que estos modos de apropiación se insertan en modos de producción, y las condiciones por las cuales se comercializa el oro son determinantes. Eso determina que estén subordinados a las redes de exportación global, los precios en los mercados internacionales y los controles sobre el comercio internacional.

Este breve repaso de algunas de las discusiones frente a los extractivismos de oro aluvial deja en evidencia la importancia de distinguir entre distintos modos de apropiación. Si bien se estableció que la minería de oro que se identifican como informal, tradicional, ancestral, artesanal o ilegal, corresponden a extractivismos en la definición que se maneja en esta revisión, no debe asumirse que es un conjunto homogéneo, o que etiquetas como su ilegalidad, bastan para describirlos.

No son adecuadas ni suficientes las descripciones simplificadas de los actores y dinámicas extractivas, como si fueran lo mismo pongamos por caso los barequeros que los inversores que son dueños de maquinaria. Los abordajes minimalistas no abordan adecuadamente la problemática de actores locales que se vuelcan a esa minería, o aquellos que la resisten, e incluso los que la rechazan, pero no encuentran otra opción que realizarla ellos mismos para evitar la llegada de individuos extraños a sus comunidades. La simplificación alimenta las estigmatizaciones como ocurre cuando se critican todas las actividades ilegales como si todos esos actores fueran idénticos. Además, como se acaba de discutir, es sencillo caer en alternativas simplistas como asumir que basta legalizar ese sector para resolver sus problemas.

En realidad, estamos ante muy distintos tipos de extractivismos en el oro aluvial. El procedimiento analítico de los modos de apropiación, al estar inspirado en la idea de modos de producción, obliga a diferenciar distintos estilos de acuerdo a los actores involucrados, sus relaciones sociales, los contextos ecológicos, las tecnologías empleadas, o el papel del capital, entre otras dimensiones. De ese modo, más allá de que todos esos extractivismos parten de la extracción de oro, es posible dejar en evidencia una diversidad muy importante. Esto es clave para caracterizar adecuadamente a cada variedad, pero también para proponer alternativas, ya que pueden ser diferentes para cada uno de esos tipos.

En el ejercicio de clasificación ensayado en este análisis, a partir de priorizar tres dimensiones fue posible distinguir doce distintos modos de apropiación de oro aluvial. Si bien se mantiene la atención a la distinción entre las condiciones de legalidad o ilegalidad, esta clasificación no está restringida a ella. Ese abordaje permite dejar en evidencia la pluralidad de actores participantes, modos de organización, y de estructuración. Es más, más de un modo pueden coexistir en un mismo sitio.

Este primer ejercicio deja también en evidencia la necesidad de estudios más detallados de estos modos dada su diseminación geográfica, los impactos en el ambiente y la salud que ocasionan, el creciente número de personas que participan, y los altos niveles de violencia que ocurren en algunos de ellos.

Referencias

Alvarez-Berríos, N.L. y T. M. Aide (2015) Global demand for gold is another threat for tropical forests. Environmental Research Letter 10: 014006.

Campanini, O. y M.A. Gandarillas (2015) Bolivia. El caso de Riberalta, pp 18-75, En: Las rutas del oro ilegal. Estudios de casos en cinco países amazónicos (L. Valencia, coord.). Sociedad Peruana de Derecho Ambiental (SPDA), Lima.

CHSA (2012) La trata de personas en la región de Madre de Dios. Capital Humano y Social Alternativo (CHSA), Lima.

Coelho, M.C., L.J. Wanderley y R. Costa (2017) Garimpeiros de Ouro e cooperativismo no século XXI. Exemplos nos rios Tapajós, Juma e Madeira no Sudoeste da Amazônia Brasileira. Confins (Revista Franco-Brasileira de Geografia) 33: http://journals.openedition.org/confins/12445; https://doi.org/10.4000/confins.12445

Cortes-McPherson, D. (2020) Peru: Curtailing smuggling, regionalizing trade, pp 135-149, En: Global gold production touching ground (B. Verbrugge y S. Geenen, eds). Palgrave McMillan, Cham.

Cremers, L. y M. de Theije (2013) Small-scale gold mining in the Amazon, pp 1-16, En: Small-scale gold mining in the Amazon. The cases of Bolivia, Brazil, Colombia, Peru and Suriname (L. Cremers, J. Kolen y M. de Theije, eds). Cuadernos del CEDLA, 26, Amsterdam.

De Echave, J. (2016) La minería ilegal en Perú. Entre la informalidad y el delito. Nueva Sociedad 263: 131-144.

De Souza Hacon, S., M. Oliveira-da-Costa, C. de Souza Gama, R. Ferreira, P.C. Basta, A. Schramm y D. Yokota (2020) Mercury exposure through fish consumption in traditional communities in the Brazilian northern Amazon. Environmental Research and Public Health 17 (15), 5269.

De Theije, M. (2020) Brazil: Forver informal, pp 117-134, En: Global gold production touching ground (B. Verbrugge y S. Geenen, eds). Palgrave McMillan, Cham.

Esdaiole, L.J. y J.M. Chalker (2018) The mercury problem in artisanal and small-scale gold mining. Chemistry European Journal 24: 6905-6916.

Fierro, C. (2015) Ecuador: el caso de Zamora-Chinchipe, pp180-235, En: Las rutas del oro ilegal. Estudios de casos en cinco países amazónicos (L. Valencia, coord.). Sociedad Peruana de Derecho Ambiental (SPDA), Lima.

Göbel, B. y A. Ulloa (2014) Colombia y el extractivismo en América Latina, pp 15-33, En: Extractivismo minero en Colombia y América Latina (B. Göbel y A. Ulloa, eds). Ibero-Amerikanisches Institut y Universidad Nacional de Colombia, Bobotá.

Gudynas, E. (2015) Extractivismos. Ecología, economía y política de un modo de entender el desarrollo y la Naturaleza. Cochabamba: CEDIB.

Gudynas, E. 2(019). Development and Nature: Modes of appropriation and Latin American extractivisms, pp 389-399, En: Handbook of Latin American Development (J. Cupples, M. Palomino-Schalscha & M. Prieto, eds), Routledge, Londres.

Heck, C. (2014) La realidad de la minería ilegal en países amazónicos. Sociedad Peruana de Derecho Ambiental (SPDA), Lima.

IGF (2018). Global trends in artisanal and small-scale mining (ASM): A review of key numbers and issues. International Institute for Environment and Development (IIED) e Intergovernmental Forum on Mining, Minerals and Sustainable Development (IGF), Winnipeg.

IUCN NL (2020) Opening the black box: local insights into the formal and informal global mercury trade revealed. IUCN National Committee of The Netherlands, Amsterdam.

Lettenmeier, M., H. Rohn, C. Liedtke y F. Schimitt-Bleek (2009) Resource productivity in 7 steps: How to develop eco-innovative products and services and improve their material footprint. Wuppertal Spezial, No. 41.

MME (2012) Censo minero departamental 2010-2011.Ministerio de Minas y Energia (MME), Bogotá.

MPF (2020) Mineração ilegal de ouro na Amazônia : marcos jurídicos e questões controversas. Ministério Público Federal (MPF), Brasília.

OCED (2018) Due diligence in Colombia's gold supply chain. Where does Colombian gold go? Paris, OCED.

Ortíz-Riomalo, J.F. y A. Rettberg (2018) Minería de oro, conflicto y criminalidad en los albores del siglo XXI en Colombia: Perspectivas para el posconflicto colombiano. Colombia Internacional 93: 17-63.

Pavilonis, B., J. Grassman, G. Johnson, Y. Diaz y J. Caravanos (2017) Characterization and risk of exposure to elements from artisanal gold mining operations in the Bolivian Andes. Environmental Research 154: 1-9.

PGN (2011) Minería ilegal en Colombia. Informe preventivo. Procuraduría General de la Nación (PGN), Bogotá.

Robles Mengoa, M.E. y A. Urán (2020) Colombia: Legal loopholes behind illegal gold trade, pp 151-167, En: Global gold production touching ground (B. Verbrugge y S. Geenen, eds). Palgrave McMillan, Cham.

Rubiano Galvis, S. (2019) El bioma amazónico frente a la contaminación por mercurio. WWF y Gaia Amazonas, Gland.

Torres Cuzcano, V. (2015) Minería ilegal e informal en el Perú: impacto socioeconómico. Cooperacción, Lima.

UNODC (2020) Colombia. Explotación de oro de aluvión. Evidencias a partir de percepción remota. United Nations Office Drugs and Crime (UNODC) y Ministerio de Energía, Gobierno de Colombia, Bogotá.

Valencia, L. (coord.) (2015). Las rutas del oro ilegal. Estudios de casos en cinco países amazónicos. Sociedad Peruana Derecho Ambiental (SPDA), Lima.

Vargas Ramírez, N. (2012) Minería y consulta previa: pruebas de la invisibilización de los grupos étnicos. Observatorio Territorios Etnicos, Universidad Javeriana, No 14.

West, R.C. (1972) La minería de aluvión en Colombia durante el período colonial. Bogotá, Imprenta Nacional.

Willer, H. (2014) 12 hipótesis sobre la minería ilegal (¿o es informal?). Ideele Revista, Lima, No 238, https://revistaideele.com/ideele/content/12-hip%C3%B3tesis-sobre-la-miner%C3%ADa-ilegal-%C2%BFo-es-informal

Yeiyá | ISSN: 2634-355X (Print) ISSN: 2634-3568 (Online)

Yeiyá
Julio-Diciembre 2020
Volume: 1 | Volumen 1 | Número 1 | Number 1 | pp. 47 – 62
ISSN: 2634-355X (Print) | ISSN: 2634-3568 (Online)
journals.tplondon.com/yeiya

TRANSNATIONAL PRESS°
LONDON

First Submitted: 14 September 2020 Accepted: 29 November 2020
DOI: https://doi.org/10.33182/y.v1i1.1252

Los efectos de la financiarizacion sobre la naturaleza en el contexto de la pandemia COVID-19

Gabriel Alberto Rosas Sánchez[1]

Resumen

El objetivo de este trabajo es mostrar las repercusiones de la financiarización sobre la velocidad e intensidad de explotación de la naturaleza. Bajo una visión antropocéntrica, los ecosistemas reducidos a su expresión monetaria se vuelven objeto de rentabilidad y especulación. La crisis financiera del 2007-2008, cuyos efectos persisten y se magnificaron a raíz de la crisis sanitaria de la COVID-19, genera las condiciones propicias para acelerar el proceso de financiarización del sistema ecológico al convertirse en vía de rentabilidad de corto plazo. El riesgo de la pandemia radica en la profundización de los mecanismos de financiarización ecológica como salida de la crisis económica y climática a partir de las normas y objetivos operativos que rigen el funcionamiento de los principales acuerdos internacionales en materia ambiental.

Palabras clave: *financiarización; naturaleza; COVID-19*

Abstract
Financialization effects on naturalization in the context of COVID-19

The objective of this paper is to show the repercussions of financialization on the speed and intensity of exploitation of nature. Under an anthropocentric vision, ecosystems reduced to their monetary expression become the object of profitability and speculation. The financial crisis of 2007-2008, whose effects persist and were magnified as a result of the health crisis of COVID-19, creates the conditions to accelerate the process of financialization of the ecological system by becoming a means of short-term profitability. The risk of the pandemic lies in the deepening of the ecological financialization mechanisms as a way out of the economic and climate crisis based on the rules and operational objectives that govern the operation of the main international agreements on environmental matters.

Keywords: *financialization; nature; COVID-19*

Introducción: contexto de la financiarización y la pandemia

El ascenso de las actividades financieras sobre la estructura económica real ha dejado en el camino severos desenlaces durante los últimos años. El transcurso de la década de los años noventa tuvo como protagonistas de la crisis a países emergentes quienes habían enseñado la facilidad que se podía perder la soberanía estatal (Tooze, 2018), convirtiéndose en ejemplo del proceder incorrecto en materia económica.

Las lecciones no se quisieron aprender; por el contrario, la desregulación de las actividades financieras se convirtió en el vehículo conductor de la política y un pilar fundamental de la competitividad económica nacional[2]. El ascenso de las actividades financieras de manera

---

[1] Universidad Autónoma Metropolitana. Ciudad de México, México. Correo electrónico: rosassanchezgabriel@gmail.com
[2] Véase por ejemplo los criterios de competitividad establecidos en cada reporte de competitividad global publicado por el Foro Económico Mundial donde destaca el papel del sistema financiero.

asimétrica respecto a las actividades reales de la economía provocó la consolidación de un árbol con raíces extremadamente frágiles. La extensión y dominio de estas raíces sobre la estructura social, política y principalmente económica (producción de mercancías) se define en este trabajo como financiarización.

Ese proceso desplaza a las actividades del sector real, convirtiéndose este último únicamente en referencia para seguir generando expectativas de ganancias. El caos que puede provocar el sector financiero radica en la especulación sobre el rendimiento futuro, es decir, en el juego donde los inversores intentan predecir el precio actual de un instrumento bursátil considerando la variación de su precio futuro. La brecha entre las expectativas de ganancias y las expectativas de los precios futuros en un elemento que puede desencadenar en burbujas especulativas. La euforia que impacta sobre el comportamiento de los inversores termina por controlar el destino de la economía real a costa de daños sociales inmensos cuando la burbuja estalla, mientras en épocas de bonanza las ganancias se acumulan de manera privada.

La evolución tecnológica del siglo XX creó las condiciones idóneas para la movilidad a gran escala de activos financieros, la creación de sofisticados instrumentos de inversión y, sobre todo, la capacidad de ejecutar acciones coordinadas mundialmente de manera instantánea gracias a la interconexión de los mercados financieros mundiales.

El contexto actual es tan endeble que la movilidad de capitales depende más de las conexiones de internet y no de la regulación gubernamental. El caso reciente y catastrófico en la época actual del capitalismo es la crisis del 2008. El vínculo entre múltiples bancas de inversión y agencias de seguros en colusión de las bancas centrales al proveer dinero barato (Tooze, 2018), convirtieron al sector inmobiliario en objeto de especulación que provocó en el momento de euforia una ola de créditos sin ninguna garantía de pago, mientras que el sector crecía sustentado en cimientos de castillos ficticios. Como resultado, millones de personas perdieron sus trabajos, familias quedaron sin casas, los niveles de ingreso nacional cayeron y siguen sin recuperarse a pesar de los miles de millones de dólares gastados por los gobiernos para evitar que la crisis tomara mayores dimensiones. Las consecuencias de la crisis persisten y la pandemia de la COVID-19 vino a reivindicar y profundizar el hecho que la turbulencia nunca desapareció por completo.

A pesar de los daños por el comportamiento desmedido del sector financiero las economías del mundo siguen considerando los resultados de las bolsas de valores como indicadores adecuados del desempeño de la economía real. Siguiendo a Jeannot (2020) la economía numérica ha tomado auge al considerar los movimientos de capital, tasas de cambio y líneas de crédito el timón de la economía en lugar que sea la economía real productora de bienes y servicios.

El increíble comportamiento de esta economía simbólica pudo verse en meses recientes donde, en plena contingencia acompañada de caída de la producción, empleos e incremento de la población en condiciones de pobreza, los indicadores bursátiles como el Nasdaq celebraron máximos históricos[3], haciendo creer que la economía iba en plena recuperación. Mientras el Informe de prospectivas globales de crecimiento del Banco Mundial (2020) estima caídas en el Producto Interno Bruto real mundial del 5.2 %, para la Zona Euro del 6.1% y

---

[3] De acuerdo con información de Bloomberg, el mes de julio de 2020 el Nasdaq Composite registró un máximo histórico (10,767 puntos) manteniendo semanas al alza, incluso llegando a los 11 mil puntos por primera vez en su historia el mes de agosto, mientras el S&P 500 inició el mes de septiembre en 3,526 unidades, un nuevo registro histórico.

América Latina del 7.2%. La discordancia entre el desempeño de ambas economías puede catalogarse como cínica y fuera de lugar.

Frente al panorama sanitario que desafía el mundo, los riesgos de la financiarización son latentes. En los últimos años se han incorporado nuevos elementos en busca de la rentabilidad de corto plazo, entre ellos, la naturaleza en sus múltiples expresiones (Bruckmann, 2016). Desde el inicio del siglo un espacio preferido en los portafolios de inversión ha sido el sector agrícola, en especial, los denominados commodities. El mercado de futuros del maíz, trigo, arroz, soya, entre otros granos han venido en ascenso, comprometiendo las cosechas de muchos años por delante y generando sobreexplotación de las tierras para mantener el nivel de productividad. Es decir, el pacto presente de cierta cantidad de productos naturales en las bolsas de valores obliga a los productores a mantener o incluso incrementar los niveles de rendimiento a través de la intensificación de los procesos productivos y con ello comprometiendo el equilibrio ecológico futuro a costa del mayor deterioro medioambiental.

Este trabajo intenta mostrar el riesgo de la financiarización sobre el medio ambiente en contexto de crisis como el que atraviesa el mundo magnificada por la presencia del SARS-CoV-2. El argumento principal del presente refiere al posible riesgo que conlleva la obsesión por el desempeño de la economía simbólica sobre la economía real provocando que el sector financiero sea la vía de corto plazo para la recuperación económica mundial sustentado en el rendimiento de los principales indicadores bursátiles sobre expectativas de ganancias futuras. En este proceso, el medio ambiente ve incrementado su vulnerabilidad al ser tratado como una mercancía sujeta a la valorización por su potencial de rentabilidad en el corto plazo y de menor incertidumbre gracias a su reducción monetaria en los mercados internacionales dejando de lado su importancia cultural y esencial para la vida misma del ser humano y las especies naturales.

Esta presión puede generar un proceso intensivo y extractivo sobre los ecosistemas por considerarse vía de emergencia frente al contexto de la pandemia. El riesgo recae sobre el papel de la especulación sobre los precios de los bienes naturales, así como la posibilidad de crear un nuevo episodio de especulación como aconteció en la crisis del 2008 sobre los precios de los commodities que afectó severamente a países latinoamericanos. Los principales acuerdos en materia ambiental promueven dentro de sus principios de acción procesos que intensifican la financiarización. Para justificar esta idea el trabajo se desarrolla en 6 apartados. El primero refiere al rol de la desregulación de las actividades financieras, el segundo apartado se aborda de manera detallada el proceso y mecanismos de la financiarización. En tercer lugar, se presentan los riesgos e implicaciones de este fenómeno sobre la economía, sociedad y medio ambiente. El cuarto inciso se profundiza en los riesgos de la financiarización sobre la naturaleza y las posibles consecuencias sobre el agravamiento del deterioro ambiental. El quinto apartado consiste en una reflexión de la financiarización del medio ambiente en el contexto de la pandemia sanitaria actual como una herramienta de recuperación económica y el peligro que implica para los ecosistemas en beneficio de los rentistas financieros. Por último, el texto concluye con reflexiones finales.

La desregulación financiera

Durante los últimos años el mundo ha sufrido las consecuencias de la euforia financiera. Cabe preguntarse ¿Qué hay detrás de ello? De acuerdo con Kindleberger y Aliber (2005) las crisis financieras y quiebras bancarias de los últimos treinta años fueron de carácter sistemático a causa principalmente a la implosión de las burbujas de precios de los activos y especulación en los mercados bancarios. El origen del gran desconcierto internacional puede asociarse particularmente a la desregulación financiera.

La Gran Depresión en Estados Unidos durante los años treinta trajo serias lecciones sobre el daño que puede causar el libre actuar de las finanzas. Frente a las corridas bancarias previas al colapso de 1929 la regulación se convirtió en aspecto relevante. En 1933 surge la Ley Glass-Steagall que puso límites a la tasa de interés de los créditos y ofreció garantías a los depósitos de los consumidores. Al año siguiente se consolidó una serie de reformas complementarias como fueron la Securities Exchange Act y la Securities and Exchange Commission que regularon las actividades secundarias de la bolsa de valores. En la misma década se establecieron modificaciones jurídicas que fortalecieron los depósitos de la población y creación de agencias regulatorias para vigilar al sector financiero (Peretz y Schroedel, 2009). La normativa regulatoria en Estados Unidos permitió la estabilidad del sistema económico y la regulación del capital financiero a nivel internacional.

De acuerdo con Sherman (2009) durante los 40 años posteriores de la Gran Depresión el marco constitucional tuvo pocos cambios, en cambio, los últimos 30 años, el sistema financiero internacional sufrió grandes modificaciones. A partir de 1970 el contexto mundial en materia de política económica cambió debido a los límites que mostró los planes económicos de corte keynesiano donde el Estado era el personaje vital de la dinámica económica. Los altos niveles de inflación, déficit fiscal y estancamiento económico fueron los síntomas del agotamiento del paradigma (Skildesky, 2018). La ofensiva contra la ineficiente intervención gubernamental condujo hacia el extremo. La nueva comprensión del mundo llevó al límite la idea sobre la eficacia del capital privado convirtiendo cualquier actividad púbica objeto de privatización. El consenso dominante en la economía estableció que la política monetaria podría llevarse a cabo sin apoyo de regulación financiera (Goodfiend y King, 1988).

Los golpes desde la conformación legislativa contra la regulación guiaron a la derogación de la Ley Glass-Steagall en 1999, episodio conocido como la Ley Gramm-Leach-Bliley. El gran pilar que daba soporte y seguridad a los depositantes fue eliminado bajo la premisa de modernización del sistema financiero. Este acto representó el mayor problema. La consolidación de instrumentos financieros sin regulación permitió la participación de diversos fondos de inversión magnificando sus operaciones gracias a la autonomía de la banca central cuyo papel fue importante en la relajación de la tasa de interés e incremento de la emisión monetaria. Ambos instrumentos motivaron el ascenso de las actividades financieras de alto riesgo.

En efecto, aquellos mecanismos que blindaron la actividad bancaria y financiera en favor de la población fueron removidos. El retiro de límites a la tasa de interés provocando que los créditos se dirigieran hacia la usura, el surgimiento de la banca múltiple posibilitando el uso de los depósitos de los contribuyentes en actividades especulativas, convertir los fondos para el retiro de los trabajadores en instrumentos financieros sujeto a las fluctuaciones de los mercados financieros y la creación de créditos sin respaldo bancario fueron las principales consecuencias de la desregulación financiera.

Dejar campo libre al crecimiento de actividades especulativas ha propiciado vulnerabilidad sistemática debido al surgimiento de burbujas, crecientes expectativos a futuro que se convierte en fracaso, pánico y finalmente crisis. Estos elementos gestaron la última gran crisis planetaria vinculada al sector hipotecario en 2008. Frente a la irresponsabilidad de las principales instituciones financieras, aseguradoras, bancarias y calificadoras surgió nuevamente la necesidad de regular, transparentar y disminuir el riesgo financiero: la Ley Dodd-Franken en 2010. Sin embargo, la administración de Donald Trump se encargó de su derogación en 2018 a fin de incrementar la competitividad de la economía estadunidense vía sector financiero al eliminar las restricciones a la creación del empleo y crecimiento económico. Esto es ejemplo de lo que sucede a nivel internacional; el ascenso y desregulación del sector financiero sobre el espacio real y el aparato político, son muestras de la financiarización.

El proceso de financiarización

La evolución del capitalismo ha desarrollado grandes transformaciones. Epstien (2005) indica que son 3 los cambios asociados: el neoliberalismo, la globalización y la financiarización. Del último fenómeno existen complicaciones para conceptualizarlo en una categoría única (Mader *et al.*, 2019). Las múltiples definiciones son agrupadas por Ioannou y Wójcik (2019) en dos grandes conjuntos.

La primera surge a raíz de la definición más difundida que ofreció Epstien (2005) quien de manera general asocia el crecimiento de las actividades financieras sobre la estructura económica real a fenómenos como la creación deliberada del crédito hacia actividades de consumo y especulación, el papel de la banca en las sombras y el dinero creado de manera endógena por la banca privada sustituyendo a la banca central. El otro conjunto de conceptos se sustenta en otra definición que proliferó expuesta por Krippner (2005) quien identifica la financiarización como un nuevo patrón de acumulación en el que las ganancias se producen principalmente a través de canales financieros en lugar del comercio. Como resultado, el proceso implica una serie de transformaciones estructurales en la esfera política, económica y social.

En esta investigación, como se vislumbró en la introducción, se opta preferentemente por el segundo enfoque, aunque la compleja estructura de relaciones del sistema financiero requiere de las dos, por lo cual, ambas conceptualizaciones no son necesariamente excluyentes. La transformación del sistema (segunda definición) puede alimentar algún mecanismo de la primera definición.

En un breve recuento Baran y Sweezy (1966) vieron la financiarización como evolución histórica del capital, específicamente en el surgimiento del capital monopolista en los Estados Unidos a inicios del siglo XX. El exceso de recursos generados por las actividades industriales se tradujo en expansión del capital financiero. Mientras Hilferding (1973) apunta que la creación de estos monopolios y estructuras oligopólicas se debió a la articulación de las instituciones bancarias para financiar fusiones. Esta ruptura en la lógica del capital industrial provocó la división del capital en actividades financieras y productivas dejando de lado las inversiones de largo plazo en favor de las especulativas y de rentabilidad inmediata.

Otro estudioso de la dinámica del sector financiero fue Hyman Minsky (1992) quien en su obra argumenta el carácter endógeno de la inestabilidad del sector a causa del comportamiento empresarial por el afán de conseguir ganancias extraordinarias a partir de la expansión de actividades bursátiles. Por su parte Palley (2016) señala que este proceso se manifiesta en el incremento de la economía financiera por encima de la economía real produciendo transferencia de ingresos del sector real hacia las actividades especulativas y que finalmente contribuye a la concentración de ingresos e incremento de la desigualdad.

La financiarización es un concepto holístico y dinámico, por lo que sus impactos se manifiestan en el conjunto de sistemas sociales. Lapavitsas (2010) incorpora el papel de la banca privada en el otorgamiento de créditos a los hogares sin considerar las posibilidades de pago, mientras que Van der Zwan (2014) enfatiza en el cambio de las corporaciones hacia expectativas de ganancias futuras creando una cultura de "financiarización del cotidiano" gracias a la extensión del crédito en los hogares e incentivos para incorporar a las familias en la compra de activos financieros, principalmente en países con estructuras financieras desarrolladas.

Por otro lado, Jeannot (2020) señala que el ascenso del capital financiero tiene origen en una clase rentista, cuyo éxito reside en configurar un proceso de apropiación particular de rentas[4] Como resultado, la clase rentista es causante de inestabilidad sistemática. En efecto, el sistema financiero se convierte en instrumento clave para el ejercicio del poder; los rentistas piensan el dinero como vehículo perfecto para realizar cualquier actividad especulativa en plena confianza de su inteligencia y habilidad para dominar el riesgo. Siguiendo al autor, el poder de esta clase llega a la esfera del gobierno al consolidar una estructura económica en favor de la captura de rentas. La financiarización de los servicios proveídos por el Estado es un rasgo esencial del fenómeno (Aalbers, 2019).

La fragilidad y riesgos de la financiarización

La acelerada integración financiera de los años noventa acompañada de la revolución de las tecnologías de la información y comunicación permitieron que los mercados internacionales se conectaran de manera automática. La visión favorable de la financiarización ha sido defendida desde distintas posturas: i) desde la tradición ortodoxa de la economía se piensa que los mercados en ausencia de cualquier institución del Estado llegan a resultados óptimos y eficientes. Es decir, los acuerdos entre individuos libres permiten alcanzar la mejor solución. La hipótesis de Fama[5] (1991) sobre mercados eficientes ha sido el principal instrumento de validación; ii) bajo una visión armónica del mercado, la intermediación financiera se concibe como un vínculo entre ahorradores y prestamistas; iii) el crédito ofrecido es utilizado en actividades productivas; iv) existe un vínculo virtuoso entre el crecimiento financiero y desarrollo económico.

El listado de virtudes atribuidas a la financiarización es considerado por Assa (2020) como los mitos de las finanzas. La idea de eficiencia de los mercados financieros deviene de un marco analítico desarrollado en la economía ortodoxa donde no existe incertidumbre, no existe el Estado ni moneda, los agentes económicos tienen información completa y su comportamiento es racional[6], entonces, el precio de las acciones es el óptimo al reflejar toda la información del mercado y de las decisiones de los agentes. Esto desecha la posibilidad de

---

[4] A diferencia de las ganancias y salarios que proceden del proceso de acumulación, la renta deriva de la contraprestación en especie o monetaria sobre el usufructúo temporal de cierto bien. (Jeannot, 2020)

[5] De manera general señala que en condiciones de equilibrio los precios de los activos financieros reflejan de manera perfecta las condiciones del mercado.

[6] La economía neoclásica, la corriente dominante en la ciencia económica, parte de considerar el comportamiento de los individuos de manera racional. Es decir, los consumidores buscan en todo momento la satisfacción de su bienestar y los productores se ven motivados por maximizar las ganancias.

crisis; en todo caso, la crisis es causa de factores exógenos. A través de este frágil esquema analítico se pugna por la ausencia de regulación y se justifican las crisis como resultado de sucesos que acontecen fuera de los mercados. El problema es el poder de estas figuras teóricas arcaicas para interpretar y defender el funcionamiento real de la economía financiera.

Referente al punto dos, la relación armónica entre ahorradores y prestamistas está entre dicho. Actualmente la cantidad de créditos que se otorgan no necesariamente tienen respaldo de garantía en los bancos, tan solo es resultado de un ejercicio contable (Nadal, y Aguayo, 2020). Actualmente la creación de dinero por parte de la banca privada sobrepasa de manera estratosférica la cantidad de depósitos. El resultado es la crisis del 2008 de la cual la economía mundial no logra salir. El mismo Tooze (2018) señala que la quiebra del banco de inversiones Lehman Brothers el 15 se septiembre del 2008 debió celebrarse como el día del libre mercado. Esto se vincula al punto tres, los créditos que provee la banca tienen mayores incentivos para canalizarse hacia el consumo suntuario o actividades especulativas[7] a través de una compleja red de instrumentos e innovaciones financieras que ocultan a los compradores el riesgo del paquete adquirido. Por último, diversos trabajos señalan un vínculo entre el crecimiento del sector financiero y el desarrollo económico, sin embargo, las relaciones de causalidad se justifican principalmente en la evidencia empírica más no en la parte teórica (Yang, 2019, Bucchi *et al.* 2019; Čižo *et al*, 2020)

La noción de un sistema financiero en armonía y promotor de las capacidades productivas se sostiene sobre pilares demasiados frágiles. En realidad, el ascenso de las finanzas sobre la estructura real de la sociedad ha dejado estragos severos convirtiéndose en un espacio de dominación, no sólo de los mercados, sino influyendo en las estructuras políticas dirigiendo la política económica en beneficio de las actividades rentistas y especulativas.

Al existir una economía numérica (Jeannot, 2020) y la mencionada economía ficticia el sistema económico y social corren serios peligros. La historia reciente nos demuestra que las consecuencias sociales han sido altísimas. Actualmente el obsesivo interés por el desempeño de los mercados financieros como el nivel de índices bursátiles, el incremento en los precios de los hidrocarburos en los mercados energéticos, el alza generalizada de los precios de las acciones gracias a un escenario menor incierto por la creación de la vacuna, acompañado de una política monetaria que provee dinero barato[8] al mundo y obsesionada por el control de la inflación[9] se desvincula severamente de aspectos urgentes como desempleo, inversión, servicios públicos, etc. Además, acarrea otro tipo de riesgos como la intensificación de la

---

[7] Es importante señalar el papel de la política monetaria al facilitar las condiciones de especulación. En un entorno donde la tasa de interés de referencia de los bancos centrales es baja, la banca privada tiene condiciones ideales para solicitar préstamos. El exceso de liquidez incentiva a los jugadores financieros para canalizar los recursos hacia actividades especulativas en lugar de las productivas que requieren mayor tiempo de retorno. Para un ejemplo de este mecanismo véase el trabajo de Sherman (2009) y el papel de la Reserva Federal de Estados Unidos durante la crisis del 2008.

[8] A inicios del 2020 las reuniones de la Reserva Federal estadunidense apuntaban hacia el alza gradual de la tasa de interés. Sin embargo, la emergencia sanitaria provocó un retorno al esquema utilizado para reactivar la economía después del 2008 que fue la flexibilización monetaria. Es decir, inyección de miles de millones de dólares por parte de los bancos centrales hacia los mercados internacionales.

[9] Si bien el control de la inflación es un elemento necesario en el desempeño económico se ha convertido en el único objetivo de la política monetaria en países latinoamericanos y varios países del mundo. Esto resulta de modelos económicos abstractos e irreales donde la estabilidad del sistema depende del control de precios. Habría que hacerse la pregunta planteada por Skildesky (2018) ¿realmente la estabilidad de una economía compleja del siglo XXI depende del control de precios? El mismo autor en el capítulo 13 de la obra referida demuestra lo anticuado de esta idea.

financiarización en múltiples sectores de la economía y sobre la principal fuente de valor en cualquier sociedad: la naturaleza.

Efectos de la financiarización sobre la naturaleza

La financiarización de la naturaleza expresa una nueva forma de vulnerabilidad en países poseedores de inmensa biodiversidad (Isaacs y Kaltenbrunner, 2018). No obstante, los principales acuerdos internacionales en materia ambiental como el Acuerdo de París, los Objetivos del Desarrollo 2030, los programas de Naciones Unidas contra el Cambio Climático y para el Medio Ambiente sitúan en lugar estelar a las innovaciones tecnológicas e instrumentos de compensación ambiental como los mercados de carbono. Estos dos proyectos carecen de fundamentos sólidos si realmente intentan combatir el deterioro ambiental y evitar el incremento de la temperatura planetaria más allá de 2 grados centígrados. A continuación, una serie de argumentos en favor de la última afirmación.

En primer lugar, la noción de la tecnología se vincula a la posibilidad de transitar hacia un desarrollo sustentable. A saber, un esquema productivo que procure la creación de empleo, erradicación de la pobreza, inclusión social, bienestar, seguridad energética, solución de conflictos ambientales, competitividad económica y protección ecológica. La relación entre los diversos términos está sustentada mayoritariamente en el plano de las estadísticas que verazmente en la realidad[10].

Las bondades de la tecnología sobre todo a una visión donde es posible remediar el daño ambiental gracias a los procesos de reciclaje y minimización del gasto energético. Sin embargo, no consideran los ciclos de la naturaleza y la irreversibilidad de las leyes naturales en términos energéticos; esto es la imposibilidad natural de restituir cualquier tipo de energía o materia, aspecto abordado de manera sobresaliente por Georgescu-Roegen (1971)[11].

Otro elemento vinculado a la tecnología es la idea de reducir la huella ecológica siempre y cuando se consuman productos provenientes de procesos tecnológicos ecológicamente responsables. Sin embargo, esta idea genera sobre las personas un sentimiento de compensación (Sörqvist y Langeborg, 2019). Efectivamente, en lugar de reducir su consumo se ven motivados a incrementarlo en vista de que el daño por unidad de consumo es tan bajo que se justifica consumir más sin sentimiento de culpa. Este resultado es lo que se denomina la paradoja verde (Sinn, 2012) donde la innovación tecnológica incrementa la intensidad de explotación de la naturaleza.

A pesar de las dos objeciones presentadas, las grandes instituciones supranacionales apuestan al rol de la tecnología como la salvadora de los ecosistemas en el futuro. Nadal y Aguayo (2020) mencionan que la imposibilidad de esta idea radica en las condiciones actuales del capitalismo donde la inversión productiva y tecnológica no es atractiva prefiriendo canalizar los recursos monetarios en actividades rentistas. Si bien para la composición actual del

---

[10] Véase por ejemplo los trabajos de Redmond y Nasir (2020); Erdoğan *et al.* (2020); Zaidi *et al.* (2019) donde se vinculan las variables enlistadas cuya relación responde mayoritariamente al método de estimación confundiendo correlación y causalidad, en lugar de indagar de manera teórica-analítica en el vínculo de fenómenos correspondientes a la esfera social, ecológica y económica.

[11] Para el economista y matemático rumano todo proceso de producción tiene límites por las leyes naturales, en particular, el efecto de la entropía. Toda energía o materia utilizada en la producción ocasiona una pérdida energética irremediable sin importar el estado del progreso técnico o procesos de recuperación a través del reciclaje. La entropía incrementa mientras más intensivo en recursos naturales sea la producción, convirtiéndose en el elemento más dinámico de toda la producción. A diferencia de la teoría dominante en la economía donde no existen límites naturales, esta perspectiva replantea la teoría de la producción tradicional donde el cambio tecnológico es el aspecto vital para incrementar los rendimientos y combatir el deterioro ambiental.

capitalismo no resulta prioritario invertir en tecnologías físicas, éstas se utilizan como referentes para crear una serie de activos financieros idóneos para la especulación, velo que esconde los intereses de rentistas bajo la idea de sustentabilidad ambiental. A este punto se regresa más adelante.

Otro elemento clave en los planes de acción internacional es la creación de mercados de carbono. Este instrumento expreso de la financiarización (Assa, 2020) en idea permite a cada país tener un límite de emisiones anuales de dióxido de carbono. En caso de superarlo, podrá negociar con otros países quienes no lo hayan utilizado en totalidad. En términos estadísticos, el exceso de un país se compensa con el faltante de otra nación, logrando el equilibrio numérico. La idea detrás de este mecanismo es la mercantilización de la naturaleza.

En efecto, reducir la complejidad biológica a términos estrictamente económicos permite introducir a la naturaleza al espectro del resto de mercancías sujetas a la oferta y demanda de mercado. A su vez, la expresión monetaria permite configurar una serie de instrumentos financieros a su alrededor haciendo participes a los países del mundo en un mercado común integrado para intercambiar saldos de emisiones contaminantes. Por lo cual, retorna la idea de compensación a través de su equivalente monetaria. En consecuencia, la naturaleza como principal creador de valores culturales y sociales (Valdés, 2004) se limita a la expresión cuantitativa, además de beneficiar a los intermediarios financieros que facilitan esta operación.

La acelerada integración financiera desarrolló un conjunto de complejos activos en el corto plazo para lograr comercializar acciones relacionadas con bienes naturales y no sólo un mercado financiero de bonos de carbono de escala mundial como se presentó en líneas arriba. Dentro de la diversa gama de innovaciones financiera el mecanismo más utilizado es la creación de mercados a futuros (Meydroidt, 2018; Keucheyan, 2018). El grado de penetración de la financiarización se manifiesta en diversas escalas. El caso más estudiado se vincula a medios naturales que forman parte de la canasta básica alimenticia y energética de poblaciones en el mundo, los denominados commodities.

A partir del año 2000, de acuerdo con Falkowsky (2011) se vivió una escalada en los precios de los productos como el maíz, trigo, café, azúcar, carne porcina, oro, petróleo, gas, oro, entre otros, además del precio de las viviendas. Las variaciones de precios se justifican principalmente por la creciente demanda de países asiáticos e industrializados, aun cuando existe evidencia para señalar que se debe a la influencia de manipulación de acaparadores, grandes comercializadoras y especulación financiera[12].

Los mercados a futuro son un motor clave en la degradación medioambiental. El régimen de acumulación basado en las rentas de instrumentos bursátiles con respaldo en commodities acelera la destrucción de la naturaleza. El poder de los contratos a futuros permite hipotecar grandes volúmenes de producción durante un lapso de tiempo y crear una gran cantidad de activos financieros a partir de una expectativa de producción.

Los activos financieros garantizan cierto nivel de producción con el fin de obtener rentas favorables. El endeudamiento compromete los rendimientos de la naturaleza durante varios años en vista de garantizar precios a favor del inversor, en contraparte, la intensidad de explotación incrementa. La búsqueda de rentabilidad genera mayores niveles de extracción comprometiendo la recuperación de los ciclos naturales. Mantener la rentabilidad de la tierra

---

[12] Al respeto véase Cheng y Xiong (2014).

implica incrementar el uso de pesticidas, químicos o mutaciones genéticas además de proliferación de monocultivos que terminan con las propiedades naturales de la tierra y contra la diversidad de especies. Bajo la idea de soberanía alimentaria se ha defendido este proceder invisibilizando múltiples prácticas desleales.

El poder de grandes comercializadora para acceder a financiamientos, además en un entorno como el actual, como se mencionó, con dinero a bajo costo en el sistema de pagos internacional, les permite influir sobre los precios nacionales e internacionales a través de la especulación. Al respecto, Randall Wray (2008) señala que el ascenso de los precios de las materias primas en los últimos años se debe a prácticas de acaparamiento. El auge de la burbuja incentiva inversiones en estos instrumentos y compromete mayores niveles de producción a futuro. Esta renta producto de la intermediación queda en manos de los inversores institucionales. En cambio, la caída de los precios acomete contra los productores quienes esperaban vender a un precio superior y que, debido a los movimientos de precios, por factores financieros, incurren en pérdidas.

Los daños de la financiarización en bienes y energías básicas implican mayores niveles de estrés ecológico y daños en el patrimonio de productores, en vista de un panorama vulnerable, quedan sometidos al poder de las grandes comercializadoras. Además, en las etapas de auge, la codicia por privatizar las tierras bajo el control de las comunidades incrementa generando conflictos por la defensa de la propiedad (Meyfroidt, 2018)

Otro mecanismo donde opera la financiarización es la inversión en tecnologías renovables. Como se mencionó algunas líneas anteriores, el consenso a nivel internacional para combatir el cambio climático y arribar a un esquema sustentable es el fomento del desarrollo técnico. El principal problema con esta visión es la ausencia del progreso financiero en la exploración de nuevas fuentes energéticas.

Efectivamente, la explotación de materiales raros es clave para la revolución digital. Balaram (2019) enlista los 17 elementos químicos presentes en dispositivos tecnológicos, computadoras, baterías para autos eléctricos, iluminación, resonancia magnética y otros dispositivos vinculados a procesos de alta tecnología y elementos de la transición energética, cuyo funcionamiento depende principalmente de minerales obtenidos a través la explotación de minas. Dawid (2019) señalan diversos conflictos en América Latina por la disputa del litio en países como Bolivia, Argentina y Chile, mientras Carpintero y Naredo (2018) apuntan el surgimiento del neoextractivismo liderado a nivel mundial por China en busca de componentes estratégicos para la industria informática y tecnologías renovables.

Bajo el argumento de las tecnologías renovables y productos energéticamente sostenibles puede intensificarse el conflicto social e incrementar el desastre ambiental a nivel planetario, asimismo incentivar la participación de inversores financieros en actividades relacionadas a la extracción de minerales raros y promoción de tecnologías renovables que siguen siendo altamente contaminantes. Siguiendo a Martin e Iles (2020) la competencia por los minerales raros encargadas del tránsito energético ha dejado a su paso conflictos por la tierra, destrucción del paisaje y explotación abusiva de otros elementos naturales como el agua.

Otro mecanismo en que opera la financiarización es deslindar a las empresas de sus responsabilidades ecológicas. De acuerdo al Carbon Majors Report (2017) cien empresas son generadoras del 70% de las emisiones de dióxido de carbono en el mundo principalmente relacionadas al sector de hidrocarburos. A pesar de lo contundente de las cifras, cierto segmento de empresas se dedica a encontrar ganancias de la catástrofe ecológica a través de la creación de estructuras de seguros y coberturas contra desastres ambientales para las empresas y familias. Vale decir, por un lado, empresas que producen emisiones de efecto invernadero nunca antes vistas en la historia de la humanidad (Balzani, 2019) y por otro, empresas del sector financiero creando un mercado contra riesgos.

Keucheyan (2018) apunta en últimas fechas al desarrollo de instrumentos que blindan de daños por cualquier catástrofe natural. Esto a su vez incentiva a las empresas por incluir en sus activos financieros las coberturas de seguros para seguir operando y cumplir con las normas ambientales. Esta secuencia no termina allí, Höck *et al.* (2020) mencionan que actualmente las compañías han incorporado en sus balances la noción de contabilidad ambiental. Esto es, una herramienta donde las empresas reportan, a nivel contable, esquemas de reducción de impacto ecológico con el fin de atraer a consumidores con cierto nivel de conciencia del problema ambiental e igualmente ofrecen seguros a las familias contra cualquier tempestad. Estos nuevos espacios acaparan la atención de diversas instituciones crediticias y promueven la innovación financiera a cambio de captar dinero con alto riesgo de crear burbujas especulativas. La razón se debe a la posibilidad casi nula de acertar en el pronóstico sobre cierto acontecimiento natural.

El uso de seguros y coberturas debería ser altamente cuestionado por la visión detrás del mecanismo en que operan. Esta perspectiva solapa el agresivo modo de producción de las empresas porque mientras mayor contaminación exista las posibilidades de generar ganancias incrementa. Dicho proceder lucra con el acelerado nivel de daño ecológico creando una atmosfera comunicativa donde justifican su pertinencia al generar instrumentos mitigadores del cambio climático.

No obstante, la misma dinámica de acción los lleva a una gran contradicción. En la práctica, a medida que incrementa el peligro ambiental, el sector financiero se ve motivado a incrementar el número de instrumentos e innovaciones financieras para diversificar el riesgo y ampliar la cobertura de clientes, tanto empresas y familias. A su vez, al enfrentarse a fenómenos extremadamente aleatorios, la especulación de los instrumentos incrementa. El ascenso de la estructura financiera y la velocidad de deterioro ecológico crecen sincrónicamente y seguiría el mismo camino que el sector inmobiliario durante el 2008. En otros términos, una estructura inmensa que supera la posibilidad real de la economía para sostenerlo.

El problema ambiental llegará al punto donde las exigencias de pago de las diversas pólizas y seguros será mayor a la capacidad financiera de solventarla; nuevamente vendría un colapso donde miles de familias perderán su patrimonio. De vital importancia la preocupación de los gobiernos frente a esta manifestación de la financiarización. Existe un riesgo a causa de la creciente estructura especulativa en este sector que, como afirmó Stglitz (2015) en lugar de gestionar el riesgo, el riesgo se creó. En caso de no poner límite a este régimen de acumulación basado en la captura de rentas y mientras el daño ambiental no se detenga, el camino por delante es demasiado sombrío.

Las instituciones financieras observan en los campesinos grandes clientes para sus instituciones bajo el discurso de inclusión financiera. Frente al entorno de volatilidad en los precios en las mercancías agrícolas básicas generado por el poder de control de las comercializadoras en el mercado internacional, los campesinos se ven obligados a adquirir coberturas de protección contratando bajo condiciones desfavorables. Por otro lado, si las comercializadoras emiten un mayor volumen de compromisos financieros en los mercados a futuro, los pequeños productores requerirán de financiamiento para incrementar el volumen de producción, creando mayores presiones al medio ambiente. La vulnerabilidad y destrucción es un rasgo esencial de la proliferación de actividades especulativas en áreas que buscan la explotación de la naturaleza.

El peligro de la financiarización frente a la pandemia

Durante los últimos años se han concentrado las preocupaciones del mundo en dos grandes problemáticas: el estancamiento económico y la crisis medioambiental. Frente a los retos que implica contrarrestar ambos fenómenos, se ha planteado construir un conjunto de políticas que evocan al paquete de reformas instauradas durante los años treinta en Estados Unidos para superar la gran depresión. En busca de una versión ambiental del New Deal la senadora Alexandria Ocasio-Cortez nombró el Green New Deal.

El nuevo pacto medioambiental constituye una hoja de acción que insta a los gobiernos a construir un plan de transición energética mientras se lucha por la desigualdad económica. Los principales mecanismos pueden resumirse en: i) disminución de las emisiones de dióxido de carbono em 100% para 2050; ii) modernización tecnológica a nivel sectorial que promueva el uso de energías renovables; iii) incentivos fiscales para promover el cambio tecnológico con miras a la mitigación y adaptación frente al cambio climático; iv) proveeduría de servicios energéticos a los hogares de fuentes renovables; v) creación de plazas de trabajo con alta remuneración resultado del impacto tecnológico del tránsito energético; vi) flexibilización para la creación de mercados de carbono e implementación de impuestos a emisiones con la finalidad de transferir recursos monetarios a las poblaciones afectadas; vii) creación de fideicomisos para financiar las diversas acciones contra el cambio climático.

Esta serie de medidas son ampliamente promovidas como el camino que las economías del mundo deberían seguir. Como se observa, el plan de acción internacional sigue la misma línea argumentativa y complementaria al resto de acuerdos internacionales vigentes. Como se ha intentado mostrar, los pilares que sustentan los mecanismos carecen de comprensión referente a elementos vitales como el impacto de las leyes naturales sobre los procesos sociales y la homogenización de múltiples esferas de acción a partir del criterio monetario.

Ahora bien, un elemento persistente y protagónico es el impulso hacia del cambio técnico como figura protagónica para mitigar el cambio climático, crear empleos, reducir la desigualdad e incrementar el crecimiento económico. Sin embargo, como se ha pretendido argumentar, la integración de los mercados y gobiernos se han convertido en espacios ideales para los rentistas. La aceleración de la financiarización consolida un esquema de acumulación y configura un esquema de desarrollo destructivo y depredador contra el medio ambiente. Igualmente, la idea de desarrollo imperante justifica la integración de economías emergentes en el esquema rentista con la finalidad de conseguir recursos económicos para llevar a cabo sus objetivos en materia ambiental a costa de intensificar y comprometer ciertos volúmenes de minerales, energético y materias primas hipotecando el futuro de la naturaleza.

El mundo transita ciegamente hacia pactos medioambientales que suponen integrar el desarrollo económico y el cuidado ecológico. El término de sustentabilidad se ha convertido en una categoría de uso común cuyas implicaciones en la realidad son débiles. El esquema tradicional no cuestiona el actual estilo de producción incluso acepta el dominio de la estructura económica por parte de las finanzas.

El discurso de la sustentabilidad imperante opera bajo el esquema de racionalidad ambiental donde los individuos delegan la solución a los mecanismos de mercado (Leff, 2004). Muchas veces se acusa la resistencia "al progreso y desarrollo" de ciertos comunidades originarias o pequeños productores agrícolas a las bondades que brinda la financiarización, aun cuando estas actividades resultan en dominio de los intereses rentistas sobre la naturaleza y la vida de las personas.

La situación que afronta la humanidad por la pandemia a raíz del virus SARS-CoV-2 necesitará de respuestas en materia económica a corto plazo. Frente a la coyuntura es probable que se piense en rutas de emergencia como el Green New Deal debido a lo atrayente de su discursiva tanto en el aspecto político y ámbito social, generando entusiasmo dentro de un ánimo de social deprimido.

Aun cuando resulte una luz alcanzable sus impactos profundizarían el proceso de financiarización contra la naturaleza. En efecto, seguir ciegamente los principios del nuevo pacto verde alimentaría el papel del sector financiero en las múltiples escalas que se mencionaron en el apartado anterior. Además, la fragilidad de los Estados nacionales después políticas neoliberales durante los últimos años (Skildesky, 2018) requerirá respaldo de los mercados financieros internacionales quienes, bajo el discurso de impulso al desarrollo expresado en empleos, crecimiento y sustentabilidad ambiental, incrementarán su dominio sobre la estructura real además de los riesgos sociales y ambientales. Es relevante reflexionar sobre las rutas que podría tomar los gobiernos del mundo para la era post-covid. Algunos puntos iniciales de diálogo que podrían ser parte de un esquema fuerte de sustentabilidad frente a la financiarización y la inherente capacidad del capitalismo de aniquilar el ambiente se desarrollan en el apartado final.

Conclusiones

El actual esquema de sustentabilidad profundiza e incentiva el desarrollo de actividades intensivas en el uso de la naturaleza gracias a que cualquier daño ecológico es posible remediarlo a través del dinero. Este trabajo intenta demostrar los peligros de la financiarización de la naturaleza, en particular, el riesgo que existe de que se convierta en estrategia internacional para salir del estancamiento generado por la pandemia como la que promueve el Green New Deal.

Todo riesgo incrementa debido a que tanto los empresarios, individuos y gobiernos deslindan sus responsabilidades ecológicas en tanto sigan fielmente los diversos mecanismos prevalecientes en los acuerdos internacionales sin ser conscientes de que la crisis ecológica en términos de materia y energía se profundiza, aunado a la creciente estructura rentista especulativa que resulta beneficiada del incentivo de rentabilidad. El entorno macroeconómico promovido por los bancos centrales que se ha encargado de llenar los mercados de dinero a bajo costo a través de la flexibilización monetaria es un espacio ideal para estas actividades y que seguirá siendo clave en los meses venideros como estrategia de recuperación posterior a la pandemia.

La contingencia sanitaria, dentro de sus múltiples factores, es resultado del dominio de los seres humanos sobre la naturaleza. La explotación de diversas especies, el comercio ilegal, modificación genética entre otras consecuencias son causa de un factor clave: la consideración de la naturaleza en su expresión puramente mercantil y monetaria.

El proceso de financiarización prioriza la creación de valores financieros sobre las mercancías, por lo cual, los principios que podrían fungir como alternativa parten de reconsiderar esta visión. En primer lugar, cambiar radicalmente la consideración de la naturaleza en términos monetarios. Existe un gran debate sobre la importancia de valorar la biodiversidad como creadora de valores culturales y sociales[13].

Debe concebirse la relación ser humano-naturaleza como miembros de un sistema superior donde cualquier sistema social es parte del sistema ecológico, no para servirse de ella sino comprender que la sobrevivencia de cualquier sistema cultural y de la vida misma depende de la naturaleza. A nivel social permitiría al ciudadano crear una idea fuerte sobre el cuidado ambiental y no pensar que el reciclaje es una verdadera estrategia ecológica.

Otro elemento es la consideración y construcción de diversas formas alternativas de desarrollo partiendo de la pregunta ¿Para quién? Concebir otras formas de desarrollo depende de la diversidad cultural y múltiples ópticas existentes. En particular, el respeto hacia esquema de desarrollo implementadas por comunidades rurales en zonas del mundo como América Latina han demostrado crear estructuras mercantiles fuera de la racionalidad ambiental en relación con el capitalismo dentro de un entorno de respeto ecológico. Estas ideas no son discursos morales sino constituyen diálogos reales que permitirían transitar a una situación favorable.

Por último, a pesar de respuestas a nivel particular, se requiere prácticas al nivel donde existen los grandes intereses económicos y políticos, sin embargo, no están desarticulados. El cambio de consideración de la naturaleza fuera de criterios mercantiles retira el incentivo a los rentistas de apreciar los instrumentos financieros como valor monetario. El papel de los Estados tendría que ser el desaliento a las actividades especulativas. Para ello se requiere configurar una estructura económica orientada a las ganancias de productividad (Jeannot, 2020) y colocar restricciones a nivel mundial de los capitales especulativos. La promoción de la recuperación económica post COVID-19 tendría que orientar sus esfuerzos hacia la creación de trabajo y reducir la desigualdad a partir de criterios diferentes y no utilizar el argumento ecológico de por medio.

Como se mencionó en el apartado correspondiente, si no se toma el problema real de la financiarización del medio ambiente traería problemas graves, principalmente en un futuro donde la ausencia de regulaciones provocaría un daño mayor y las catástrofes serían frecuentes. El papel del Estado en la regulación, desincentivo de la especulación y mecanismos para retirar el valor monetario de la naturaleza tendrían que ser estrategias para un futuro que intentará dejar en recuerdo la pandemia en un contexto de globalización del siglo XXI.

Referencias

Aalbers, M. (2016). "Financialization". En D. Richardson, N. Castree, M. Goodchild, A. Kobayashi and R. Marston (eds.) *The International encyclopedia of geography: People, the earth, environment and technology*. Oxford: Wiley.

Assa, J. (2020). "Liquidating Society and the Planet: Financialization vs. Sustainability". Disponible en https://www.researchgate.net/profile/Jacob_Assa2/publication/344191278_Liquidating_Society_and

[13] Véase el trabajo clásico de Leopold (1949)

_the_Planet_Financialization_vs_Sustainability/links/5f5a285192851c078958bfa5/Liquidating-Society-and-the-Planet-Financialization-vs-Sustainability.pdf.

Balaram, V. (2019). "Rare earth elements: A review of applications, occurrence, exploration, analysis, recycling, and environmental impact". *Geoscience Frontiers*, 10(4): 1285-1303.

Balzani, V. (2019). "An energy transition to save the planet". *Substantia*, 3 (2): 1-10.

Banco Mundial (2020). *Global Economic Prospects June 2020*. Disponible en https://www.worldbank.org/en/publication/global-economic-prospects#:~:text=Global%20Outlook,-COVID%2D19%20has&text=The%20baseline%20forecast%20envisions%20a,economies%20will%20shrink%20this%20year

Baran, P. y Sweezy, P. (1966). *El capital monopolista: un ensayo sobre la economía estadounidense y el orden social.* Madrid, Siglo XXI editores.

Bruckmann, M. (2016). "La financierización de la naturaleza y sus consecuencias geopolíticas". *América Latina en Movimiento*, 517: 13-16.

Bucci, A., La Torre, D., Liuzzi, D. y Marsiglio, S. (2019)." Financial contagion and economic development: An epidemiological approach". *Journal of Economic Behavior and Organization*, 162: 211-228.

Carbon Majors Report (2017). *The Carbon Majors Database*. Disponible en https://6fefcbb86e61af1b2fc4-c70d8ead6ced550b4d987d7c03fcdd1d.ssl.cf3.rackcdn.com/cms/reports/documents/000/002/327/original/Carbon-Majors-Report-2017.pdf?1501833772

Carpintero, O., y Naredo, J. M. (2018). "Sobre financiarización y neoextractivismo". *Papeles de relaciones ecosociales y cambio global*, 143: 97-108.

Chang, H. (2012). *23 things they don't tell you about capitalism.* Bloomsbury Publishing

Cheng, I. y Xiong, W. (2014). "Financialization of commodity markets". *Annual Review Financial Economics*, 6(1): 419-441.

Čižo, E., Lavrinenko, O., y Ignatjeva, S. (2020). "Analysis of the relationship between financial development and economic growth in the EU countries". *Insights into Regional Development*, 2(3): 645-660.

Dawid, D. (2019). *Naturaleza y Conflicto: La explotación de recursos en América Latina.* Ediciones Akal.

Epstein, G. (Ed.). (2005). *Financialization and the world economy.* Edward Elgar Publishing.

Erdoğan, S., Yıldırım, D. y Gedikli, A. (2020). "Natural resource abundance, financial development and economic growth: An investigation on Next-11 countries". *Resources Policy*, 65: 101-159.

Falkowski, M. (2011). "Financialization of commodities". *Contemporary Economics,* 5(4): 4-17.

Fama, E. (1991). "Efficient capital markets: II". *The journal of finance*, 46(5): 1575-1617.

Georgescu-Roegen, N. (1971). *The entropy law and the economic process.* Cambridge Press.

Goodfriend, M. y King, R. (1988). *Financial deregulation, monetary policy, and central banking.* Federal Reserve Bank of Richmond Working Paper.

Hilferding, R. (1973). *El capital financiero.* Tecnos.

Höck, A., Klein, C., Landau, A. y Zwergel, B. (2020). "The effect of environmental sustainability on credit risk". *Journal of Asset Management*, 21:1-9.

Ioannou, S., y Wójcik, D. (2019). "On financialization and its future. Environment and Planning". *Economy and Space*, 51(1): 263-271.

Isaacs, G., y Kaltenbrunner, A. (2018). "Financialization and liberalization: South Africa's new forms of external vulnerability". *Competition and Change*, 22(4): 437-463.

Jeannot, F. (2020). "La competitividad imperfecta en el umbral del coronavirus". *Contribuciones a la Economía,* Abril 2020: 1-52

Keucheyan, R. (2018). "Insuring climate change: new risks and the financialization of nature". *Development and Change*, 49(2): 484-501.

Kindleberger, C. y Aliber, R. Z. (2005). *Manias, panics and crashes: A history of financial crisis.* Palgrave Macmillan.

Krippner, G. (2005). "The financialization of the American economy". *Socio-economic Review*, 3(2): 173-208.

Lapavitsas, C. (2010). *Financialisation and capitalist accumulation: structural accounts of the crisis of 2007-2009.* Research on Money and Finance Discussion Papers, (16).

Leff, E. (2004). *Racionalidad ambiental: la reapropiación social de la naturaleza.* México: Siglo XXI.

Leopold, A. (1949). *A Sand County almanac, and sketches here and there.* Oxford University Press.

Mader, P., Mertens, D., y Van der Zwan, N. (2019). *Financialization: An Introduction.* The Routledge international handbook of financialization. Abingdon: Routledge.

Martin, A. y Iles, A. (2020). "The Ethics of Rare Earth Elements Over Time and Space". *International Journal for Philosophy of Chemistry*, 26: 5-30.

Meyfroidt, P. (2018). "Financialization and the Forestry Sector". En: C. Farcy, E. Rojas-Briales e I. de Arano (Eds.). *Forestry in the Midst of Global Changes*. CRC Press.

Minsky, H. (1992). *The financial instability hypothesis*. The Jerome Levy Economics Institute Working Paper, (74).

Nadal, A., y Aguayo, F. (2020). *Los motores de la degradación ambiental: el modelo macroeconómico y la explotación de los recursos naturales en América Latina*. Ciudad de México: CEPAl.

Palley, T. (2016). *Financialization: the economics of finance capital domination*. Springer.

Peretz, P. y Schroedel, J. (2009). "Financial regulation in the United States: Lessons from history". *Public Administration Review*, 69(4): 603-612.

Redmond, T. y Nasir, M. (2020). "Role of natural resource abundance, international trade and financial development in the economic development of selected countries". *Resources Policy*, 66: 10-15

Sherman, M. (2009). *A short history of financial deregulation in the United States*. Center for Economic and Policy Research, (7).

Sinn, H. (2012). *The green paradox: a supply-side approach to global warming*. MIT Press.

Skidelsky, R. (2018). *Money and Government: A Challenge to Mainstream Economics*. United Kingdom: Penguin.

Sörqvist, P. y Langeborg, L. (2019). "Why people harm the environment although they try to treat it well: An evolutionary-cognitive perspective on climate compensation". *Frontiers in psychology*, 10: 1-5.

Stiglitz, J. (2015). *La gran brecha: qué hacer con las sociedades desiguales*. Taurus.

Tooze, A. (2018). *Crashed: How a decade of financial crises changed the world*. Penguin.

Valdés, M. (2004). *Naturaleza y valor*. Fondo de Cultura Económica.

Van der Zwan, N. (2014). "Making sense of financialization". Socio-Economic Review, 12(1): 99-129.

Wray, L. (2008). *The commodities market bubble: money manager capitalism and the financialization of commodities*. Public Policy Brief, (96).

Yang, F. (2019). "The impact of financial development on economic growth in middle-income countries". *Journal of International Financial Markets, Institutions and Money*, 59: 74-89.

Zaidi, S., Wei, Z., Gedikli, A., Zafar, M., Hou, F. e Iftikhar, Y. (2019). "The impact of globalization, natural resources abundance, and human capital on financial development: Evidence from thirty-one OECD countries". *Resources Policy, 64*: 14-46.

Yeiyá

Julio-Diciembre 2020
Volume: 1 | Volumen 1 | Número 1 | Number 1 | pp. 63 – 70
ISSN: 2634-355X (Print) | ISSN: 2634-3568 (Online)
journals.tplondon.com/yeiya

TRANSNATIONAL PRESS®
LONDON

First Submitted: 5 September 2020 Accepted: 24 November 2020
DOI: https://doi.org/10.33182/y.v1i1.1314

Extractivismo, neoextractivismo y commoditties de ilusión desarrollista

Elizabeth Concha[1]

Resumen

2020 es la expresión del cúmulo de consecuencias provocadas por un capitalismo rapaz. La degradación del medio ambiente por la explotación de los recursos naturales crece en forma exponencial y a un ritmo nunca visto en otra época de la historia económica. Por lo que, dar a conocer las alternativas al desarrollo económico y compartir conocimiento de entrelazamiento de estas con la sociedad, son necesarios en las discusiones de cualquier lugar, desde centros de investigación hasta una pequeña comunidad o localidad, qué es el extractivismo y el neoextractivismo como modo de relación social de crecimiento económico a base de la explotación y destrucción de los recursos naturales, remarcar que a pesar de que pueden ser medio de crecimiento económico ciertos productos como los minerales, su explotación se ve inmersa en una ilusión desarrollista, dominada por el capital financiarizado, y por último sus consecuencias y manifestaciones de los que reconocen la importancia de la tierra, agua, aire y que nos anuncian de que sin la recuperación de esa conexión ancestral de esos elementos, no habrá desarrollo económico.

Palabras clave: *extractivismo; neoextractivismo; ETFs; ETP; commodities*

Abstract
Extractivism, neo-extractivism and developmentalist illusion commodities

2020 is the expression of the cumulus of consequences caused by a rapacious capitalism. The degradation of the environment due to the exploitation of natural resources is growing exponentially and at a rate never seen in any other time in economic history. So, make known the alternatives to economic development and sharing knowledge of their intertwining with society are necessary in discussions anywhere, from research centers to a small community or locality, what is extractivism and neo-extractivism as a form of social relationship of economic growth based on the exploitation and destruction of natural resources, emphasize that although certain products such as minerals can be a means of economic growth, their exploitation is immersed in a developmental illusion, dominated by financialized capital, and finally its consequences and manifestations of those who recognize the importance of the land, water, air and who announce to us that without the recovery of that ancestral connection of these elements, there will be no economic development.

Keywords: *extractivismo; neo-extractivism; ETFs; ETP; commoditie*

Introducción

2020 es la expresión del cúmulo de consecuencias provocadas por un capitalismo rapaz. La degradación del medio ambiente por la explotación de los recursos naturales crece en forma exponencial y a un ritmo nunca visto en otra época de la historia económica. La manifestación de una crisis multidimensional económica-política-social-financiera-sanitaria-ambiental, da como resultado una situación de alerta, solo por señalar un ejemplo, de la crisis sanitaria

---

[1] Universidad Autónoma Metropolitana. Ciudad de México, México. Correo electrónico: egcr@xanum.uam.mx

mundial actual causada por el virus SARS-COv-2 (Covid-19), ha cobrado más de 1 millón 560 mil muertes y 68 millones de infectados (cifras a 9 de diciembre, CNA, 2020). Una manifestación de la reacción de la capacidad del planeta tierra de saneamiento. Por lo que, dar a conocer las alternativas al desarrollo económico y compartir conocimiento de entrelazamiento de estas con la sociedad, son necesarios en las discusiones de cualquier lugar, desde centros de investigación hasta una pequeña comunidad o localidad, qué es el extractivismo y el neoextractivismo como modo de relación social de crecimiento económico a base de la explotación y destrucción de los recursos naturales, remarcar que a pesar de que pueden ser medio de crecimiento económico ciertos productos como los minerales, su explotación se ve inmersa en una ilusión desarrollista, dominada por el capital financiarizado, y por último sus consecuencias y manifestaciones de los que reconocen la importancia de la tierra, agua, aire y que nos anuncian de que sin la recuperación de esa conexión ancestral de esos elementos, no habrá desarrollo económico.

Extractivismo y neoextractivismo

La historia económica pone al extractivismo como un componente del capitalismo (*acumulación original-acumulación financiera*), con rasgos que atraviesan los sucesivos ciclos económicos, dependientes de las necesidades del mercado mundial y la consolidación de Estados Nacionales, más cuando una de sus fuerzas era en base en la producción de bienes provenientes del petróleo y productos mineros.

En las aportaciones teóricas y de análisis de Alberto Acosta encontramos que el extractivismo es *"… una modalidad de acumulación que comenzó a fraguarse masivamente hace 500 años"*, así mismo, Horacio Machado concreta al extractivismo como *"un rasgo estructural del capitalismo como economía-mundo"* (citado por Svampa, 2015:15). Para Gudynas (2009, 2011, 2014), el extratvismo es un tipo de extracción de recursos naturales, en gran volumen o alta intensidad, orientados esencialmente a ser exportados como materias primas sin procesar, o con un procesamiento mínimo, entonces lo refiere a la extracción de todos los bienes de los llamados recursos renovables y no renovables (hidrocarburos, monocultivo, pesquerías, etc.), y no solo a la minería y agricultura (Gudynas, Acosta, 2011). Su manifestación en economías como las latinoamericanas es bajo las llamadas "economías de enclave", es decir, como si fueran una "isla", sin relación y vinculación con el resto de la economía nacional. Esto se debe a que una parte importante de sus insumos y tecnologías son importadas, una proporción significativa de su personal técnico es extranjero, y sin relación a las cadenas industriales nacionales. Esto hace que las contribuciones a las economías locales o regionales sean muy limitadas, y el grueso de sus ganancias quedan en sus casas matrices. El extractivismo no debe confundirse con una economía primario-exportadora, más bien una economía primario-exportadora puede tomar la modalidad de enclaves extractivistas, un modo de apropiación antes de un modo de producción, un modo de producción que refiere a un crecimiento exponencial de la explotación de los recursos naturales, no procesados con el uso intensivo de agua, energía y otros recursos, conocidos en la actualidad como extractivismismo de tercera y cuarta generación (Svampa, 2019:15).

Finalmente, Svampa Maristella (2019:16) señala que, *"la dimensión histórico-estructural del extractivismo está vinculada a la invención de Europa y la expansión del capital. Asociada a la conquista y el genocidio"*, *"Desde tiempos de la conquista, los territorios latinoamericanos han sido coto de destrucción y de saqueo. Rica en recursos naturales, la región se fue reconfigurando una y otra vez al calor de los sucesivos ciclos económicos, impuestos por la lógica del capital, a través de la expansión de las fronteras de las mercancías; una reconfiguración que a nivel local conllevó grandes contrastes entre rentabilidad extraordinaria y extrema pobreza, así como una gran pérdida de vidas humanas y de degradación de territorios, convertidos en áreas de sacrificio",* "a comienzos del siglo XXI, el extractivismo se encargó de nuevas dimensiones", el neoextractivismo.

Por lo que, a partir de 2008 los llamados países progresistas motivaron una reflexión conceptual sobre la diferenciación de lo que se conoce como extractivismo clásico y el neoextractivismo o nuevo extractivismo progresista. La diferencia esta en la función del Estado, en el primero tiene un papel secundario, su presencia es en apoyo de las inversiones principalmente extranjeras y las exportaciones con bajos niveles de tributación, dejando al mercado el funcionamiento de la economía, aquí las grandes empresas son las que sobresalen, ejemplo de países son Colombia y México. En el segundo, el Estado participa con empresas paraestatales o mixtas, el nivel de las regalías y la imposición es más elevada, y hay mayores controles a la explotación, este extractivismo desplegado por los gobiernos progresistas, lo aplicaron y legitimaron de otra manera dimensionándolo a un nuevo concepto, el neoextractivismo, justificado políticamente ante la opinión pública como necesario para el progreso, y en particular para captar mayores proporciones de riqueza, la que será devuelta a la sociedad mediante programas sociales, ejemplo de países son Bolivia, Ecuador y Venezuela. En el neoextractivismo, si bien el Estado juega un papel más activo, y logra una mayor legitimación por medio de la redistribución de algunos de los excedentes generados, por ese extractivismo, de todos modos, se repite los impactos sociales y ambiéntales degenerativos (Gudynas, 2009: 188). Para Lander Edgardo (2014), como modelo de desarrollo, no hay diferencias sustantivas entre uno y el otro, sino una continuidad o profundización de la primera del patrón productivo primario exportador y subutilización de los recursos naturales.

Sin embargo, Svampa Maristella (2019:21), dice que el neoextractivismo no debe ser solo una visión plana, sino un concepto complejo *"una ventana privilegiada para leer en sus complejidades y diferentes niveles las múltiples crisis que recorren las sociedades contemporáneas",* lo define como *"un modelo de desarrollo basado en la sobreexplotación de bienes naturales, cada vez más escasos, en gran parte no renovables, así como la expansión de las fronteras de explotación hacia territorios antes considerados como improductivos desde el punto de vista del capital".* El neoextractivismo contemporáneo se caracteriza por; a) exportación de bienes primarios a gran escala; b) incluye a otras actividades, megaminería, petroleras, energía, hidroeléctricas, infraestructura, monocultivos, sobreexplotación pesquera o monocultivos forestales, etc; c) Por ser un modelo sociopolítico-territorial el conflicto de intereses alcanzan la escala nacional, regional y local; d) gigantescas inversiones en megaproyectos de grandes empresas mineras, petroleras, etc.; e) ocupación intensiva del territorio y el acaparamiento de tierras y con ello una redefinición de las disputas por la tierra, una relación abismal de los interés de los agentes involucrados *sociedad-gobierno-empresa.*

Colocar a los recursos naturales y la producción de commodities en el eje del discurso oficial e internacional de un progreso económico y social, da como resultado un crecimiento exponencial del Producto Interno Mundial (1960, 1.4 miles de millones de dólares, mmdd; 1980, 11.2 mmdd; 2000, 33.6 mmdd; y 2019, 86.6 mmdd, datos del Banco Mundial), a expensas de la destrucción de la naturaleza y una expresión del capitalismo actual, la financiarización. Así como propuestas de tomar la explotación de ciertos productos como vías para el logro de un crecimiento y desarrollo económico.

Commodities en la ilusión desarrollista, oro y plata

Al inicio del nuevo milenio *"llegaron sin anticipación el auge de los commodities, por fuerzas inerciales y antrópicas"*, donde muchas economías de América Latina y México, ante altos precios de bienes primarios tuvieron el efecto de provocar un proceso de "re-primarización", lo que provocó un aumento de las actividades agropecuarias, mineras y petroleras, principalmente; un aumento de las actividades de menor procesamiento industrial de los productos primarios, aumento de la infraestructura para los enclaves primarios exportadores; aumento masivo de stocks de bienes primarios no perecederos y una especulación financiera de los commodities (Cypher, 2016) .

En el caso de la minería su proceso de producción ya no es solo subterránea, sino se le suman los de cielo abierto y marino, para lograr un alcance de explotación de minerales en cantidades exponenciales. Con respecto a los metales preciosos oro y plata, con datos de la U.S Department of the Interior y Geological Survey de Estados Unidos, se puede constatar que lo producido en solo 13 años supera al doble de lo producido en 4 siglos. En la producción de oro a nivel mundial, en el periodo de 1493-1910 se produjo 19 miles de toneladas (mdt) de oro, y en el periodo 2006-2019 se produjo 39.4 mdt. Asimismo, pasa con la plata, 302.1 mdt y 344.3 mdt, respectivamente (Concha, 2017).

Este auge expansivo de la explotación de los recursos naturales como los minerales preciosos oro y plata, se presentan bajo una ideología financiarizada, es decir, se les nombra *"inversiones refugio"*, activos financieros menos expuestos a las fluctuaciones de un ciclo económico y por tanto un refugio del capital en época de crisis, mostrando una mayor participación en los años posteriores de la crisis financiera de 2008, en las demandas mundiales de oro los Exchange Traded Funds (ETFs)[2], y de la plata de los Exchange Traded Products (ETP).

En el periodo de 2003 a 2019, los ETFs de oro acumularon aproximadamente 2.9 mil toneladas de oro, por un valor de 143 mil millones de dólares. El crecimiento es particularmente por la incorporación de nuevos inversores en oro en todo el mundo, principalmente de Europa. A este peculiar elemento se suma uno más, rendimientos positivos, de largo plazo, y superiores al de las acciones y bonos, de 10.5 por ciento promedio anual desde 1971 (World Gold Council, 2020: 2), y en el periodo de confinamiento por el Covid-19, el oro es el commoditie más rentable, como se puede ver en la gráfica 1.

A pesar de que la demanda de oro se concentra en la joyería, inversión en barras y monedas, el uso industrial en electrónicos, con un notable incremento en los últimos años; uso dental y médico, en 2020 la inversión mundial del oro presentó un fuerte crecimiento, a pesar de la desaceleración económica y las restricciones provocadas por el Covid-19. Los ETFs respaldados en oro, aunque presentaron un ritmo más lento, el primer semestre del 2020, la inversión en este activo financiero tuvo un flujo record de 1,003.3 toneladas, como se muestra en la gráfica 2.

---

[2] Los contratos a futuro también se denominan papel-oro o ETF y son certificados que garantizan la posesión de cierta cantidad de oro, monedas o lingotes, que el vendedor se compromete a entregar físicamente si el comprador la exige. Este tipo de mercado se clasifica dentro de los no-regulados y está bajo el sistema OTC (Over-the-Counter).

Gráfica 1. Rendimiento internual de los principales activos mundiales a junio de 2020 (%).

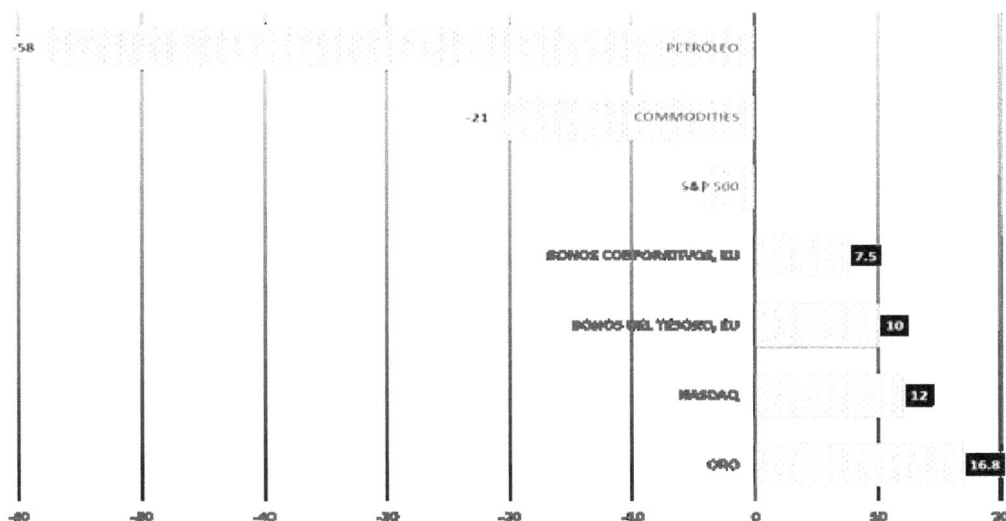

Fuente: Elaboración propia con información de World Gold Council (2020), Gold mind-year outlook 2020. Recovery paths and impact on performance. Chart 1, Disponible en www.gold.org

Gráfica 2. Demanda de toneladas de oro por EFTs y productos similares.

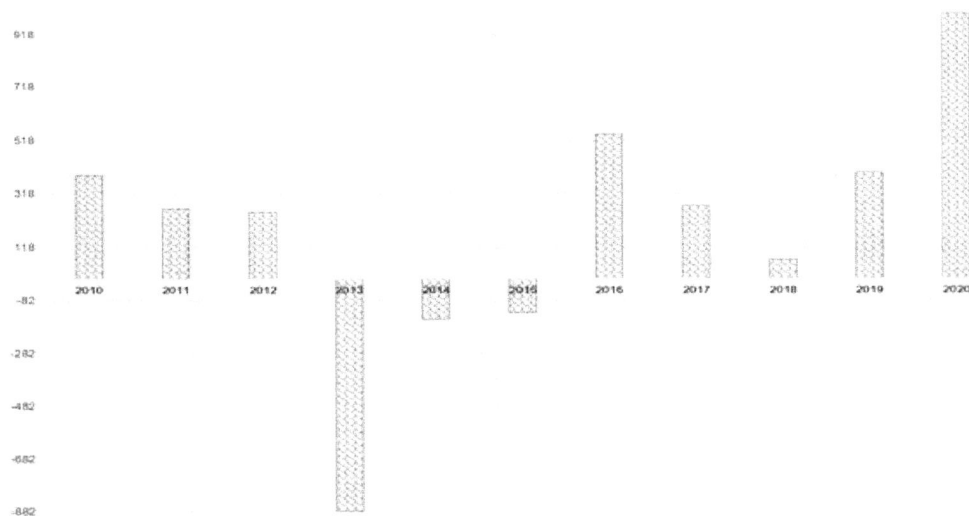

Fuente: Elaboración propia con información de World Gold Council, "Gold Demand Trends Q3 2020", Table Gold Demand, www.gold.org, datos a septiembre de 2020.

En el caso de la plata el mayor uso es el industrial en la producción de eléctricos y electrónicos, soldaduras y fotografía; le sigue la joyería y artículos de joyería; inversión en monedas y barras; y finalmente ETFs y ETPs. Los ETP (*Exchange Traded Products*) son un tipo de instrumentos financiero recién propuesto (2006), cotizados en mercados regulados, y reflejan valores subyacentes, de un índice u otros instrumentos financieros. Los ETP son valores que cotizan en bolsa y ofrecen exposición a los precios de plata mediante la tenencia de posiciones físicas de futuros o OTC, no son ETF, ya que no cumplen con el requisito de la diversificación. Los ETP con respaldo físico están respaldados por cantidades asignadas almacenadas en una bóveda reconocida. Uno de sus rasgos a partir de su lanzamiento es la participación de inversionistas minoristas, que aprovechan las caídas en los precios para comprar y sus participaciones tienden a ser resistentes. A pesar de que ha tenido altas y bajas las tenencias de plata en ETP han alcanzado máximos históricos en términos de volumen, en la gráfica 3, muestra como a partir del 2020 los ETP pasan de 700 millones de onzas (Moz) a finales de 2019 a 925 Moz (28.77 toneladas) a septiembre de 2020, aproximadamente 13 miles de millones de dólares ($bn) a 30 miles de millones de dólares, respectivamente, impulsados por los fondos estadounidenses, y los mercados lideres de Europa (The Silver Institute, 2020 y Newman 2000).

Gráfica 3. Tenencias de ETP.

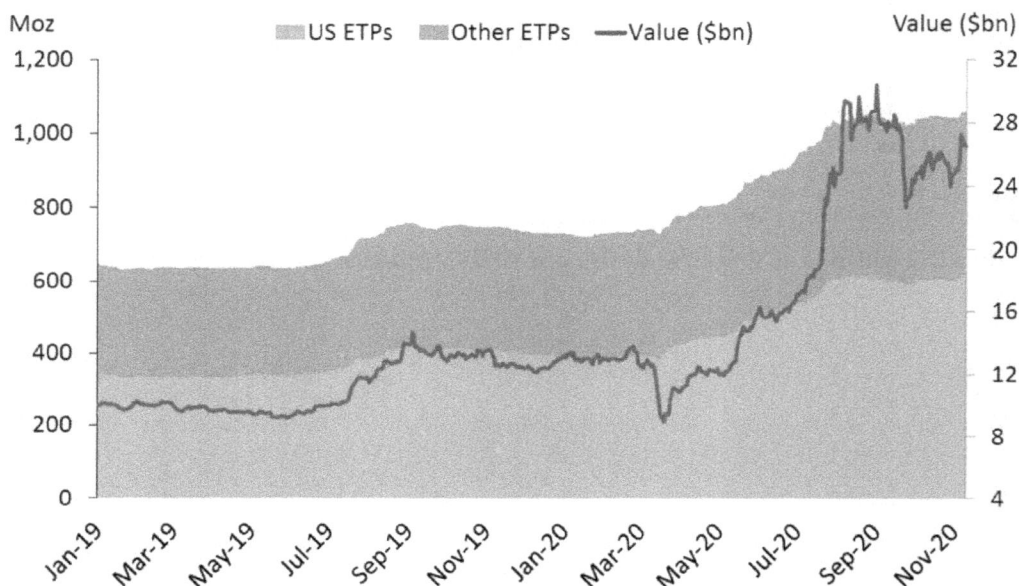

Fuente: Newman P. y Webb A (2020), Interim Silver Market Review 2020", November 17th, pág. 13, Disponible en www.silverinstitute.org/.

Consecuencias de la ilusión desarrollista

Entonces pensar en un nuevo neoextractivismo como medio para un desarrollo económico, resulta una imagen recóndita, ya que sus resultados son la marginación social, pobreza, destrucción del tejido social ante un vacío en la participación social. Estados permisivos en la violación de la legitimidad de los marcos legales respecto a los recursos naturales y derechos humanos. Una configuración del trabajador (a) a corto plazo. Grandes empresas transcendentes en lo cultural, político y jurídico, para conformar un poder corporativo que nutren y renuevan con el proceso actual de acumulación financiera (con un conjunto de estrategias), se presentan como grandes desarrollos o planes de megaproyectos de sus matrices instalados en sus subsidiarias, convertidos en un instrumento corporativo de arrebato de los espacios territoriales, en economías en desarrollo (Concha, 2017 y Fernández, 2019).

Además, el neoextractivismo como una expresión central de la etapa actual del capitalismo basada en la sobreexplotación de los recursos naturales, para la producción de bienes a nivel mundial; la presencia de China (en la explotación de recursos minerales como principal productor, por ejemplo en recursos mineros: antimonio, carbón, barita, hierro, etc.); y los cambios tecnológicos, colocan la mirada de muchos megaproyectos mineros, hidroeléctricos, petroleros, y de agricultura moderna, de grandes empresas en los recursos naturales del sur global y América Latina. Provocando los movimientos socioambientales de muchos países del mundo y en particular en América Latina, en la lucha ancestral por la tierra, condiciones y calidad de vida.

En el caso de la minería, el Tribunal Permanente de los Pueblos ha alertado que las minas son la mayor causa de tensiones en América Latina, al generar más de 200 conflictos sociales en la región (solo Perú reporta, 194 conflictos sociales, en 2018). En el documento "Conflictos mineros en América Latina: extracción, saqueo y agresión. Estado de situación en 2018", describen los casos Argentina, Bolivia, Brasil, Chile, Ecuador, El Salvador, México, Nicaragua, Panamá y Perú. Las luchas, las marchas, los escritos, las manifestaciones, etc. son por derrames de sustancias tóxicas, violación a las leyes, puesta en marcha de proyectos de exploración y explotación sin estudios de impactos ambientales, uso y contaminación de ojos de agua, minería ilegal, rompimiento de represas, etc. Las grandes empresas involucradas por mencionar algunas son Barrick Gold, Samarco, Vale, BHP Bolliton, Anglo American, Southerm Copper Gold, Junefield Resources, Gold Corp (Newmont Gold Corp.), Grupo México, etc. Empresas de capitales australianos, canadienses, chinos, estadounidenses y mexicanos, principalmente (OCMAL, 2019).

Comentarios finales

Reconocer la importancia ancestral de los elementos de la tierra es una tarea que pequeñas localidades hacen día con día y deberán ser empujadas a construirse como una fuerza de comunidades aisladas hacia lo nacional e internacional, sin ello solo habrá una tendencia a la destrucción y aniquilación de la vida humana. Las nuevas propuestas del extractivismo, neoextractivismo, el post-crecimiento y el buen vivir, deberán centrarse en una acción de las partes involucradas para hacer un entrelazamiento de información-pensamiento-decisión-planeación-acción de la sociedad con los gobiernos y las grandes empresas, para pensar en una configuración de capitalismo actual para la sobrevivencia humana, su fin no se visualiza al menos en un largo plazo y crisis sanitarias como el Covid-19 solo agudiza más la situación.

Referencias

Acosta, A. (2011). Extrativismo y neoextrativismo: Dos caras de la misma maldición. En Grupo Permanente de Trabajo sobre Alternativas al Desarrollo, Más allá del desarrollo. Recuperado de http://www.rosalux.org.ec

Acosta, A. (Ed.). (2014). Desarrollo, Postcrecimiento y buen vivir. Debates e interrogantes. Recuperado de htpp://www.rosalux.org.ec

Banco Mundial (2020), Data, GDP current dollars. Recuperado de http://www.worldbank.org

Channel News Asia (CNA). (2020). Mapa de nivel de coronavirus. Recuperado de https://infographics.channelnewsasia.com/covid-19/map.html

Concha, E. (2017). Minería mundial contemporánea o financiarizada. OLAFINANCIERA, 10 (27): Mayo-Agosto 2017, México, UNAM.

Cypher, J. (2016). La economía política de América Latina "re-primarizada durante y después del auge de commodities: 2002-2013. En J. Déniz, J. y E. Correa (Ed.), Estrategias Primario-Exportadoras en un Mundo Global. México-Zacatecas: Universidad Autónoma de Zacatecas y Miguel Ángel Porrúa.

Fernández, G. (2019). El poder corporativo al asalto de los territorios claves para la resistencia popular a los megaproyectos. En Territorios en conflicto claves para la construcción de alternativas de vida. Recuperado de https://www.gernikagogoratuz.org/portfolio-item/territorios-en-conflicto-claves-para-la-construccion-de-alternativas-de-vida/

Gudynas, E. (2009). Diez tesis urgentes, sobre el nuevo extrativismo. Contexto y demandas bajo el progreso sudamericano actual. Recuperado de http://www.gudynas.com/publicaciones/GudynasNuevo Extractivismo10Tesis09x2.pdf

Gudynas E. (2011). Debates sobre el desarrollo y sus alternativas en América Latina: Una breve guía heterodoxa. En Grupo Permanente de Trabajo sobre Alternativas al Desarrollo, Más allá del desarrollo. Recuperado de http://www.rosalux.org.ec

Gudynas, E. (2013). Postextractivismo y alternativas al desarrollo desde la sociedad civil. En Grupo Permanente de Trabajo sobre Alternativas del Desarrollo, Alternativas al capitalismo del siglo XXI. Recuperado de http://www.rosalux.org

Gudynas, E. (2011). El nuevo extractivismo progresista en América del Sur. Tesis sobre un viejo problema bajo nuevas expresiones. En Colonialismos del siglo XXI. Negocios extractivos y defensa del territorio en América Latina. Varios autores. Icaria Editorial, España.

Lander, E. (2014). El neoextrativismo como modelo de desarrollo en América Latina y sus contradicciones. Recuperado de https://mx.boell.org/sites/default/files/edgardolander.pdf

Newman, P. y Webb, A. (2020). Interim Silver Market Review 2020. The Silver Institute, November17th. Recuperado de https://www.silverinstitute.org

OCMAL (2019). Conflictos mineros en América Latina: Extracción, saqueo y agresión. Estado de situación en 2018. Recuperado de www.ocmal.org

Svampa, M. (2019), Las fronteras del neoextractivismo en América Latina. Conflictos socioambientales, giro ecoterritorial y nuevas dependencias, Calas. Recuperado de http://calas.lat/sites/default/files/svampa_neoextractivismo.pdf

The Silver Institute (2020). World Silver Survey 2020. Recuperado de https://www.silverinstitute.org

World Gold Council (2020). Gold Demand Trends Q3 2020. Recuperado de http://www.gold.com

World Gold Council (2020). Gold mind-year outlook 2020. Recovery paths and impact on performance. Recuperado de http://www.gold.org

Yeiyá

Julio-Diciembre 2020
Volume: 1 | Volumen 1 | Número 1 | Number 1 | pp. 71 – 88
ISSN: 2634-355X (Print) | ISSN: 2634-3568 (Online)
journals.tplondon.com/yeiya

First Submitted: 13 September 2020 Accepted: 1 December 2020
DOI: https://doi.org/10.33182/y.v1i1.1310

TRANSNATIONAL PRESS®
LONDON

Los rostros violentos del extractivismo en la región norte de Centroamérica: Expulsiones y Fronterización en el contexto de la COVID-19

Daniel Villafuerte Solís[1], María del Carmen García Aguilar[2]

Resumen

Vivimos tiempos de extrema violencia, la matriz de origen es la organización de la sociedad basada en los principios de un sistema económico-social donde la vida no importa. En los últimos años, la búsqueda de valorización del capital ha llevado a la explotación de la naturaleza con gran brutalidad, hasta provocar su acelerada destrucción. Este fenómeno llamado extractivismo, provoca la expulsión de millones de personas en todo el mundo, en particular en los países subdesarrollados. En Centroamérica el extractivismo, la violencia sistémica, la pobreza, el cambio climático, y ahora la pandemia, se articulan para dar lugar a la huida. El propósito de este artículo es analizar las consecuencias de estos factores que se expresan en los flujos migratorios y desplazamientos forzados. Se trata de expulsiones como forma de expresión de la lógica del capitalismo global. Las expulsiones enfrentan una contradicción fundamental: la creciente fronterización, la contención y el confinamiento, ahora profundizada por la COVID-19.

Palabras clave: *Extractivismo; expulsiones; fronterización; pandemia*

Abstract

The violent faces of extractivism in the northern region of Central America: Expulsions and Bordering in the COVID-19 context

We live in times of extreme violence, the central origin is the organization of society based on the principles of an economic-social system where life doesn't matter. In recent years, the search for capital appreciation has led to the exploitation of nature with great brutality, causing its accelerated destruction. This phenomenon called extractivism, causes the expulsion of millions of people around the world, particularly in underdeveloped countries. In Central America, the extractivism, the systemic violence, poverty, climate change, and now, the pandemic, are articulated to give rise to escape. The objective of this article is to analyze the consequences of these factors that are expressed in migratory flows and forced displacements. It is about expulsions as a form of expression of the logic of global capitalism. The expulsions face a fundamental contradiction: increasing bordering, containment and confinement, now deepened by COVID-19.

Keywords: *Extractivism; expulsions; bordering; pandemic*

Introducción

La COVID-19 ha venido a exhibir todos los males que encierra el sistema-mundo, que a pesar de la crisis civilizatoria que enfrenta no se ha querido reconocer. En última instancia, la

---

[1] Universidad de Ciencias y Artes de Chiapas. San Cristóbal de las Casas, México. Correo electrónico: gasoda_2000@yahoo.com.mx
[2] Universidad de Ciencias y Artes de Chiapas. San Cristóbal de las Casas, México. Correo electrónico: carmen.garcia@unicach.mx

pandemia es la expresión de una crisis ambiental profunda, donde la alteración de la vida silvestre ha conducido a la transmisión de agentes patógenos a seres humanos, lo que puede ser leído como una especie de venganza de la naturaleza por todos los desastres ocasionados por el hombre. Esta crisis se expresa en fenómenos como el hambre, la pobreza, la enfermedad y la exclusión de los "beneficios" que ofrece la era moderna.

La pandemia es un acontecimiento que marcará la vida de millones de personas, de países y grupo de países, cuestiona de manera radical el capitalismo, y muestra la profundidad de la crisis ambiental, el colapso de los sistemas de salud y de seguridad social, el sistema alimentario, así como los sistemas políticos. Pone al descubierto la crisis del multilateralismo y la falta de solidaridad de los países más ricos como lo demuestran las actitudes de Estados Unidos y sus aliados con el bloqueo a Irán y Venezuela. Cada país enfrenta como puede y con lo que tiene los efectos de la COVID-19.

Este artículo analiza una de las consecuencias del extractivismo, las migraciones centroamericanas que se traducen en lo que Saskia Sassen denomina expulsiones. Plantea la existencia de una contradicción fundamental porque mientras se generan las expulsiones al mismo tiempo se implementan medidas de confinamiento, de contención, con métodos punitivos que se traducen en procesos de fronterización como parte de la biopolítica. En este proceso la Iniciativa Mérida ha jugado un papel de primer orden en la contención de los flujos migratorios y, a partir del gobierno de la Cuarta Transformación, el Acuerdo Migratorio con Estados Unidos. La exposición se estructura en tres secciones: la primera plantea la conceptualización del extractivismo y neoextractivismo que se expresan en expulsiones; el segundo ilustra el proceso de fronterización frente a la migración centroamericana y sus consecuencias en vidas perdidas; el tercero profundiza en el extractivismo centroamericano y el proceso de fronterización, se destacan las nuevas expresiones de la migración con las caravanas y el reforzamiento de las fronteras en el contexto de la pandemia, y finalmente se plantean algunas reflexiones sobre las oportunidades que brinda la crisis para pensar posibles pistas para superar el estado actual.

Extractivismo, expulsiones y biopolítica

¿Qué es eso que se ha dado en llamar extractivismo y neoextractivismo? El capitalismo histórico se ha caracterizado por un *modus operandi*, **la extracción**: la extracción de plusvalía, la extracción de excedentes, de beneficios sin importar los costos económicos, sociales y ambientales. Entonces, ¿qué es lo nuevo?, en principio remite a pensar en la ampliación del campo de extracción: la extracción minera, la extracción petrolera, la extracción de seres y órganos humanos.

El extractivismo, más allá de una connotación económica, tiene una dimensión política que identifica actores y una forma particular de relaciones con la naturaleza, el regreso a la generación de rentas: la renta del suelo, a través de la explotación de enormes superficies agrícolas de plantaciones (palma aceitera, soja, caña, hule, etc.), la renta petrolera y minera. La rapidez con que ahora se explota la naturaleza es impresionante, el desarrollo de nuevas tecnologías permite en cuestión de meses y años la destrucción de grandes cantidades de bosques y territorios donde se ubican los recursos minerales, la *praderización* de los bosques y selvas. *Los nuevos amos de la tierra* son ahora gobiernos extranjeros y firmas multinacionales que compran tierras en otros países para dedicarlas, entre otras cosas, a la explotación minera, a palma de aceite, su extracción y comercialización[3].

Son dos elementos que distinguen los extractivismos en el presente: la escala y la orientación de los productos extraídos, en este caso la exportación, que tiene gran impacto ambiental. Por principio de cuentas, Eduardo Gudynas refiere que "esta palabra *designa a la extracción masiva y muy intensa de recursos naturales para insertarlos en la globalización*. Por lo tanto, es un caso particular de aprovechamiento de recursos, de una articulación entre sociedad y naturaleza" (Gudynas, 2018, cursivas añadidas). El autor hace una distinción que permite matizar el tipo de prácticas extractivistas:

> Nosotros, en atención a ello, dividimos los extractivismos en una mirada de la ecología política en cuatro generaciones, de acuerdo con la cantidad de energía y materia que se utiliza para extraer cada unidad de recurso natural. Lo que observamos ahora son los extractivismos de tercera generación, donde se comprende la minería a cielo abierto o las torres de perforación petrolera de múltiples pozos en la Amazonía. O también extractivismos de cuarta generación, como la explotación del gas por fractura hidráulica. Los extractivismos de tercera generación tienen alto impacto ambiental, casi siempre tienen mucho impacto social y territorial y de muy dudoso efecto económico—o negativo—cuando se revisa con rigurosidad (Gudynas, 2018).

En términos llanos, para Alberto Acosta, el extractivismo "es una modalidad de acumulación que comenzó a fraguarse masivamente hace 500 años":

> En la práctica, el extractivismo, ha sido un mecanismo de saqueo y apropiación colonial y neocolonial. Este extractivismo, que ha asumido diversos ropajes a lo largo del tiempo, se ha forjado en la explotación de las materias primas indispensables para el desarrollo industrial y el bienestar del Norte global (Acosta, 2012).

Entre los estudiosos del fenómeno extractivista parece haber cierto consenso en considerar que no existe diferencia sustantiva entre el extractivismo y el neoextractivismo pues sus impactos en el ambiente son igual de severos. Este sentido, Gudynas indica que,

> Lo que se denomina como "neoextractivismo" no es un cambio de postura, sino a aquel que es encarnado por gobiernos progresistas, que se llevan delante de otra manera, pero *el costo social y ambiental es similar*. Hay otro uso del aparato del Estado y de los beneficios económicos y los términos de la discusión son distintos (Gudynas, 2018).

El autor va más allá al criticar las posturas de izquierda que defienden el neoextractivismo cuando refieren al combate a la pobreza y la defensa de la soberanía nacional. En este sentido, la opinión de Lander es coincidente: "después de dos o tres lustros de gobiernos progresistas o de izquierda en América del Sur, nada ha cambiado en términos de la mercantilización y financiarización de la naturaleza. *En todo el continente, independientemente del tipo de gobierno, el asalto indiscriminado en la Madre Tierra se ha acelerado*" (Lander, 2014:3, cursivas añadidas). En la misma

---

[3] "Entre 2006 y 2011 gobiernos y empresas adquirieron más de 200 millones de hectáreas de tierras en otros países" (Sassen, 2015:95). En 1980, Brasil tenía una superficie cosechada de soya de 8 millones 774 mil hectáreas y para el ciclo 2010-2011 alcanzó 73.6 millones. Entre 1990 y 2000, la superficie ganadera en Uruguay pasó de 7.3 a 12.5 millones de hectáreas. En 2013, Honduras contaba con 125 mil hectáreas de palma aceitera; Guatemala con 115 mil (Villafuerte, 2017).

línea, Acosta plantea: "más allá de algunas diferenciaciones más o menos importantes, la modalidad de acumulación extractivista parece estar en la médula de la propuesta productiva tanto de los gobiernos neoliberales como de los gobiernos progresistas" (Acosta, 2012).

Estamos frente a un debate que en el marco del llamado progresismo todavía es necesario una mirada más reposada para no hacer *tabula rasa* y llegar a conclusiones de carácter absoluto de que todo es lo mismo. El destino de las rentas, en enfoque, la escala y los tiempos son elementos que deben considerase en la reflexión.

En el neoextractivismo la diferencia la hace el Estado, al igual que como ocurre entre la globalización negativa y positiva. Las implicaciones de la diferencia son de orden social, económica y ambiental. Las rentas son apropiadas por el Estado para financiar el desarrollo social y la infraestructura que requiere el desarrollo del país es cuestión. ¿Esto justifica mantener la actividad extractiva? El cuestionamiento más profundo viene de la ecología política pues la actividad provoca conflicto social y ambiental, de manera que la cuestión radica en cómo lograr ciertos equilibrios, en qué medida crecer para satisfacer las necesidades, lo cual nos coloca en la discusión sobre el estilo y modo de desarrollo. Llegado a este punto, la reflexión se bifurca en lo que se ha dado en llamar desarrollo sustentable y el posdesarrollo, este último supone la superación del desarrollo con sus múltiples adjetivaciones.

En este marco, nos preguntamos: ¿La migración forzada es una forma de extractivismo? Este es un campo problemático que los estudios del extractivismo no han considerado. Pensamos que si los seres humanos forman parte de la naturaleza resulta pertinente su significación. En esta línea encontramos muchos elementos para la reflexión en tanto que la fuerza de trabajo mantiene vivo el capital, a pesar de la globalización neoliberal, del fin de la sociedad basada en el trabajo (Rifkin, 1996), de la precarización laboral, del *outsourcing*. En el capitalismo la fuerza de trabajo es una mercancía especial, que genera valor susceptible de convertirse en ganancia para quien la compre por un salario. Las cosechas agrícolas serían impensables en el mundo sin la fuerza de trabajo de millones de jornaleros. Tenemos pues una articulación entre la explotación de recursos naturales y la explotación de fuerza de trabajo, en una se extraen rentas y en otro plusvalor, esta última potencia a la primera.

El vínculo extractivismo-expulsiones

Una de las consecuencias concretas del extractivismo son las *expulsiones*. En la concepción de Saskia Sassen, esta idea involucra a todo el sistema y afecta no sólo al mundo rural, sino también a lo urbano, a la esfera comercial, los servicios y las empresas manufactureras. Es un concepto construido para dar cuenta de un proceso global donde personas, empresas y pueblos son expulsados no sólo de los lugares sino del sistema en el que se articulan políticas públicas, tecnología, aspectos financieros y de mercado al servicio de corporaciones multinacionales y gobiernos centrales.

Sassen ilustra varios de los mecanismos de expulsión característicos de la era actual del capitalismo. Veamos los más cercanos al tema que nos ocupa: el aumento del encarcelamiento como "una forma brutal de expulsión de excedentes de población trabajadora en el Norte global (…). Desde el punto de vista global, podemos ver resonancias sistémicas entre los encarcelamientos masivos, los refugiados almacenados, y los desplazados forzosos" (Sassen, 2015: 77).

En la era del capitalismo global asistimos al pleno ejercicio de la biopolítica como forma específica de gobierno, "que tiende a tratar a la 'población' cono un conjunto de seres vivos y coexistentes, que exhiben rasgos biológicos y patológicos particulares y, por consiguiente, corresponden a saberes y técnicas específicas" (Foucault, 2006: 415). La biopolítica se expresa en el desdoblamiento del biopoder que es entendido como "el conjunto de mecanismos por medio de los cuales aquello que, en la especie humana, constituye sus rasgos biológicos fundamentales podrá ser parte de una política, una estrategia política, una estrategia general de poder" (Foucault, 2006: 15). Para el caso de la población migrante se concreta en el control de las fronteras, el establecimiento de la frontera vertical, las estaciones migratorias, las cárceles para migrantes, las deportaciones.

En marco de la sociedad actual, Hardt y Negri abundan al referir que "el biopoder es una forma de poder que regula la vida social desde su interior, siguiéndola, interpretándola, absorbiéndola y rearticulándola" (2002: 38). En concreto, indican que "el biopoder se refiere pues a una situación en la que lo que está directamente en juego es la producción y reproducción de la vida misma" (Ibid.). Esto significa el ejercicio de la sociedad de control, en donde el poder de las tecnologías se establece como nuevo paradigma. En el caso de la migración irregular se ha construido una red de control transnacional, donde los datos biométricos se erigen en un elemento poderoso de registro y vigilancia.

Migración y Fronterización

En el proceso migratorio se puede observar el doble rostro del capital, es decir, genera expulsiones en el lugar de origen y a la vez origina atracción en el lugar de destino (*push-pull*). La fuerza de atracción del capital es muy poderosa al generar un mercado laboral segmentado donde se observan sectores que demandan grandes cantidades de fuerza de trabajo con baja calificación en condiciones de superexplotación, que sin embargo tiene límites, de ahí la función de las fronteras para abrir y cerrar.

Las personas no calificadas, las que buscan un empleo informal o en sectores poco atractivos para el trabajador local, el acceso es muy restringido. Si bien es cierto que se necesitan brazos para recoger las cosechas, limpiar retretes, calles y edificios, construir casas y la infraestructura del país de destino, también es verdad que hay límites, que no puede crecer indefinidamente porque el nicho de mercado laboral esta acotado, en estas circunstancias lo que los países centrales plantean es gestionar la migración mediante la temporalidad, de entrada por salida. De esta manera, succionan la energía del trabajador y una vez cumplida la tarea tiene que regresarse a su lugar, con lo cual el Estado receptor no tiene que preocuparse por dar protección social al migrante.

El cuadro 1 ilustra cómo a pesar de las fuertes medidas de contención la migración centroamericana se ha mantenido, aunque con altas y bajas, dependiendo del endurecimiento de las políticas. Este permanente flujo se explica porque las condiciones en los países de origen no han variado, por el contrario, se han vista agravadas por la conjunción de factores de orden económico, social y político, con un Estado que lejos de proteger a su población alienta procesos de expulsión.

Aun en el escenario de la pandemia es interesante observar que la migración continúa. Es verdad que la COVID-19 ha impactado dramáticamente como se puede observar en el cuadro al comparar las cifras de 2019 y 2020, en general se opera una reducción de 83 por ciento, el segmento más impactado fue el de las unidades familiares cuya caída fue de 94 por ciento. Desde luego que si comparamos las cifras del 2020 con las del primer año de gobierno de Donald Trump (2017) veremos una reducción de sólo 36.3 por ciento. Además, es muy interesante anotar que en los dos primeros meses del año fiscal 2021 (octubre y noviembre de 2020) se incrementó la migración, sobre todo de adultos solos, cuyas detenciones sumaron 31 686 que significa 50 por ciento de las aprensiones de este grupo en todo el año fiscal 2020 (CBP, 2020), lo cual resulta relevante porque ocurre en el marco de la COVID-9.

Cuadro 1. Detenciones de migrantes del triángulo norte de Centroamérica en la frontera sur de Estados Unidos, según año fiscal*

Año fiscal	Menores no acompañados	Unidades familiares	Solo adultos	Total
2016	37 893	70 407	82 101	190 401
2017	31 754	71 145	59 992	162 891
2018	38 189	103 509	81 906	223604
2019	62 748	430 546	114 480	607 774
2020	15 033	25 725	63 060	103 818
2021**	4 461	4 600	31 686	40 847
Total	**190 078**	**705 932**	**433 225**	**1 329 235**

Fuente: Elaboración propia con base a CBP, 2020.
*El año fiscal comprende de octubre a septiembre. **Se refiere a octubre y noviembre

Lo que muestran las cifras es que, en última instancia, pese a todas las medidas de control, las más férreas implementadas hasta ahora por el gobierno de Estados Unidos, la migración se ha sostenido, lo que refleja un problema estructural en los países de origen, agravado por la recurrencia y articulación de varios fenómenos que hemos denominado *la tormenta perfecta*, así como la consolidación de una red migratoria consolidada, con lazos fuertes en el espacio social transnacional, donde las comunidades centroamericanas en Estados Unidos mantienen estrechos vínculos con la red migratoria y con la *industria de la migración* (Castles, 2010).

La Iniciativa Mérida como fronterización e instrumento de biopolítica

La Iniciativa Mérida, programa similar al *Plan Colombia* ha sido uno de los programas de seguridad más letales que se tenga memoria. En nombre de la seguridad se cometieron los crímenes y masacres más atroces, los migrantes se les consideró parte del enemigo interno al que había que combatir.

Hasta ahora no ha habido una evaluación seria de los costos políticos y en vidas humanas de la Iniciativa[4]. Ninguna institución se ha tomado el encargo, una de las instancias debería ser el Senado y otra la Comisión Nacional de Derechos Humanos. Un balance crítico permitiría no llegar a repetir la historia. Aun con todo, el gobierno de la Cuarta Transformación ha decidido de facto dejar sin actividad, aunque formalmente todavía no se ha cancelado. No se sabe si las oficinas de representación en México de la Iniciativa todavía se encuentran en funciones, si los cuerpos de inteligencia y de seguridad de Estados Unidos siguen operando en el país; no obstante, el Servicio de Investigación del Congreso de Estados Unidos publicó un breve documento sobre asistencia a México:

---

[4] Entre los pocos trabajos encontramos el libro colectivo editado por Benítez, 2010.

Desde el año fiscal 2014, el Departamento de Estado ha asignado más de $ 200 millones en fondos de la Iniciativa Mérida *para apoyar los esfuerzos de control de inmigración y seguridad fronteriza / portuaria de México.* Los fondos de EE. UU. han proporcionado equipos de inspección no intrusivos, quioscos móviles, equipos caninos y vehículos, así como capacitación en control de inmigración. La asistencia de los Estados Unidos ayudó a las agencias mexicanas a construir una red de comunicaciones segura en el área de la frontera sur. También está ayudando a México a *recopilar información biométrica que interactúa con las bases de datos estadounidenses.*

El Departamento de Estado proporcionó $ 7 millones en el año fiscal 2018 y $ 51 millones en el año fiscal 2019 a través de la cuenta de Asistencia para Migración y Refugiados (MRA, en inglés) al ACNUR para mejorar el acceso al asilo en México, brindar asistencia legal y alternativas a la detención para los solicitantes de asilo y aumentar la capacidad de procesamiento de asilo de COMAR. En el año fiscal 2019, la Organización Internacional para las Migraciones recibió $ 24 millones en fondos de MRA para mejorar los refugios, brindar asistencia de transición a los migrantes y transportar a los migrantes que voluntariamente aceptan ser enviados de regreso a sus países de origen (Congressional research service, 2020, cursivas añadida).

Lo anterior da una idea sobre las prácticas de Estados Unidos y las presiones que recibe el gobierno mexicano. México tiene la oportunidad de replantear los términos de las relaciones con el gobierno de la Casa Blanca con la nueva administración de Joe Biden que ha dibujado un programa migratorio amplio y diferente en varios aspectos al impulsado por Donald Trump.

El diseño de Iniciativa Mérida contiene un énfasis en la asistencia policial y militar, así como de equipamiento tecnológico y vehículos, por ello la organización Wola refiere que "el plan no ofrece ningún avance en la tarea crucial de reducir la demanda de drogas en los Estados Unidos ni en abordar el contrabando de armas de los Estados Unidos hacia México" (Wola, 19 de marzo de 2008). Nosotros agregaríamos que tampoco en lograr condiciones socioeconómicas y políticas para detener la migración transnacional, como se puede ver a lo largo de una década de funcionamiento.

El tema migratorio forma parte de la agenda de la Iniciativa Mérida, hecho que confirma que el fenómeno para Estados Unidos es considerado como tema de seguridad nacional. En la descripción de propósitos de la Iniciativa, el gobierno de La Casa Blanca refiere:

Los destinatarios del Gobierno Mexicano incluyen a SEGOB, INM, PF, y las agencias de seguridad y justicia de los gobiernos estatales. La capacitación y el equipo apoyan a los actores e instituciones de toda la cadena de justicia, incluidos: la policía, los investigadores, los analistas de información, los laboratorios forenses y científicos, los fiscales y los defensores públicos, el personal de correccionales y los agentes aduanales y de inmigración (Embajada de Estados Unidos en México, s/f).

Hasta mediados de 2019 la Iniciativa Mérida no se había declarado oficialmente su desaparición, a pesar de que el gobierno de México ha dicho que no continuará con la estrategia de esta iniciativa porque se asocia a la "guerra contra el narcotráfico" que ha costado decenas de miles de vidas de mexicanos. Sin embargo, no es claro si estos fondos se redireccionarán a un posible acuerdo de "Tercer País Seguro". El reciente informe de Human Rights Watch, refiere que

> Desde 2007, Estados Unidos ha destinado más de USD 1.600 millones de ayuda a través de la Iniciativa Mérida para contribuir a la lucha contra la delincuencia organizada. En 2015, el Secretario de Estado de los Estados Unidos retuvo USD 5 millones de los fondos de asistencia para seguridad, afirmando que el Departamento de Estado no podía confirmar que México hubiera cumplido con las condiciones sobre derechos humanos establecidas en el acuerdo. En 2017, la asistencia por la Iniciativa Mérida fue de USD 139 millones (Human Rights Watch, 2018).

El proceso de fronterización expresado en la construcción de estaciones migratorias, oficinas del INM, aumento de agentes migratorios y retenes a lo largo de las rutas migratorias con el propósito de detener y deportar migrantes se incrementó con la Iniciativa Mérida. En el marco del neoliberalismo las fronteras adquirieron centralidad, que es parte de sus contradicciones porque se aleja de la discursividad en torno al fin del fin de territorio y la dilución de fronteras. En este marco las fronteras se convirtieron en panópticos, en espacios de confinamiento y observación de los migrantes que intentan llegar al lugar de destino, de manera que los muros y vallas expresan la ignominia del mundo globalizado.

Extractivismo centroamericano, migración y fronterización

Durante casi tres décadas el neoliberalismo en Centroamérica provocó cambios significativos en las economías, en los ámbitos social y ambiental. Las economías de la región entraron en una etapa de privatización y las empresas extranjeras comenzaron a hacerse presentes (Villafuerte, 2018a: 317), es notorio la presencia de Walmart en el comercio minorista; las empresas mineras canadiense tuvieron amplia apertura en Guatemala y Nicaragua; las firmas españolas en la producción de energía hidroeléctrica, y la industria maquiladora se posicionó en Honduras, El Salvador, Guatemala y Nicaragua.

La apertura comercial y los procesos de desregulación llevaron a la crisis del modelo primario-exportador, centrado en productos tradicionales como el algodón, café, banano, carne vacuna y azúcar. Estos no desaparecen, pero pasan a un segundo término como generadores de divisas, cuya fuente ahora son los llamados productos agrícolas no tradicionales, maquila, minería, turismo y remesas familiares (Villafuerte, 2018a: 317). También se observa un rápido crecimiento de las plantaciones de palma aceitera en el Petén guatemalteco, en Honduras y Nicaragua, en la costa Atlántica.

Estos procesos forman parte de la ola expansiva del neoliberalismo, cuya expresión son los tratados de libre comercio con México y Estados Unidos, que fueron reforzados a través del *Plan Puebla Panamá*, bajo el impulso del presidente Vicente Fox (2000-2006), rebautizado como *Proyecto Mesoamérica* a partir de la administración del presidente Felipe Calderón (2006-2012).

> En el 2001, lanza el Plan Puebla-Panamá, el cual allana el camino para la firma de un tratado de libre comercio entre los países de la región y República Dominicana con Estados Unidos, que en la práctica es la versión ampliada de la Iniciativa de la Cuenca del Caribe impulsada por el gobierno de Ronald Reagan en 1982, como parte del

posicionamiento estratégico de ese país en el marco de los movimientos revolucionarios de esos años en la región (Villafuerte, 2018a: 317).

En la región norte de Centroamérica, también llamado triángulo norte (Guatemala, Honduras y El Salvador) pareciera que todo marcha a contracorriente de lo que supone una lógica para superar fenómenos que como el de la migración requiere, en primer lugar, *entender el fenómeno en todo su despliegue* y, en considerar *hacia a donde va*, esto es, observar su tendencia.

Primero se implementa una política económica de corte neoliberal que libera el mercado y abre una *venta de garaje* para ofrecer todo lo que resulte de interés para el capital. De esta manera, se produce un proceso de privatización de empresas estatales estratégicas como medios de comunicación y electricidad. Al mismo tiempo, el capital compra tiendas de autoservicio, obtiene concesiones para la explotación de la gran minería y la construcción de presas hidroeléctricas e instala maquiladoras altamente redituables al pagar salarios miserables.

El proceso neoliberal produce violencias y expulsiones para la cual se crea otro mecanismo, el de la "seguridad". De esta manera, como una extensión de la Iniciativa Mérida, surge en 2009 el Programa Regional de Seguridad para América Central (CARSI, por sus siglas en inglés), para hacer frente a los altos índices de violencia en la región, especialmente en El Salvador, Honduras y Guatemala. Se trata de un mecanismo para contener la migración, el narcotráfico y combatir la violencia.

Frente a los escasos resultados del CARSI, pues la violencia no disminuyo y la migración se disparó hasta convertirse en una crisis, surge la Iniciativa para la Prosperidad del Triángulo Norte de Centroamérica. Este proyecto, "que emula al Acuerdo para la Seguridad y la Prosperidad de América del Norte (Aspan) entre México, Estados Unidos y Canadá, es resultado de la crisis del sistema migratorio que se evidenció con la detención de más de 60 mil menores centroamericanos y mexicanos en la frontera sur de Estados Unidos a mediados de 2014 (Villafuerte, 2108b:227).

De nuevo, se trata de una iniciativa de corte neoliberal en lo económico y con un componente de seguridad nacional. Esto lo admite uno de sus impulsores, ahora próximo presidente de Estados Unidos.

> El 2 de marzo de 2015 llegó a Guatemala Joe Biden para sostener una reunión con los presidentes de los países del Triángulo Norte. En esta ocasión el funcionario estadounidense expresó que al igual que el Plan Colombia, también se puede concretar la Alianza para el Desarrollo del Triángulo Norte), pero aclaró que la gran mayoría de los fondos deben provenir de los tres países. En el caso del Plan Colombia, aseguró el vicepresidente, Estados Unidos apoyó con nueve mil millones de dólares, pero su éxito se debió a que el país sudamericano aportó 36 mil millones de dólares (Villafuerte, 2018b: 231).

La tormenta perfecta: crisis económica, violencia, cambios climático y pandemia

Los factores subyacentes de las migraciones irregulares centroamericanas que se han venido articulando son de carácter estructural: 1) la implementación de políticas económicas neoliberales, sin el contrapeso de una política social que compense de alguna manera la creciente pobreza y desigualdad; 2) el creciente desbordamiento de la violencia, como expresión de la anomia social y de la consolidación del crimen organizado dedicada a la venta de drogas, armas, trata y tráfico de personas; 3) los fenómenos hidrometereológicos expresados en tormentas tropicales y huracanes.

La guerra en los países de la región, sobre todo en El Salvador y Guatemala, condujo, pese a los acuerdos de paz y a la instauración de la democracia liberal-procedimental, a que la violencia formara parte de la "normalidad" en la sociedad. La "paz" también permitió que el capital, en busca de valorización, se instalara con mayor confianza y seguridad en sectores estratégicos.

La neoliberalización de la vida económica y social condujo también a generar condiciones para el éxodo de grandes sectores de población que fueron desplazados a la economía informal. En Guatemala, pese a los acuerdos de paz de 1996 la reforma agraria no se concretó, incluso en algunas áreas se reconcentró, por ejemplo, en los espacios de producción de palma aceitera, lo mismo ha pasado con Honduras.

El proceso neoliberal llevó a la emergencia de la violencia. Algunos analistas consideran que "el crimen organizado siempre va acompañado de desgobierno, pero no es inherentemente violento, es más la mayoría de las actividades del crimen organizado transnacional no sólo no involucran actos de violencia, sino que a menudo se realizan a través de canales legales" (Eguizábal, 2014:3). No obstante, la evidencia muestra lo contrario: en la comunidad de San Luis, departamento de Petén, fueron masacrados por el narcotráfico 27 campesinos en 2011 (Parkinson, 2014). Así mismo, Chiquimula, uno de los departamentos que forman parte del corredor de narcotráfico en Guatemala registró 90 homicidios por cada 100 000 habitantes en 2012, muy por encima de los 34 homicidios por cada 100 000 habitantes del país, poniendo el departamento a la par de los lugares más violentos del mundo" (Dudley, 2013).

Un balance de InSight Crime de 2019 muestra las preocupantes cifras de la violencia, a pesar de la notoria disminución en el año que se analiza. En el caso de Honduras, con 3 996 homicidios registrados en 2019 representan un aumento del 7.1 por ciento con respecto a las 3 731 muertes violentas registradas en 2018" (Asmann y O'Reilly, 2020), lo que resulta en una tasa de 41.2 por cada 100 000 habitantes; con respecto a El Salvador y Guatemala aparece como el país más inseguro de la región.

En el caso de El Salvador se registra por primera vez la tasa más baja, 36 por cada 100 000 habitantes, con 2 390 homicidios. Sin embargo, se considera que esta disminución se explica por "un plan concertado entre las dos principales pandillas callejeras del país (…) para dejar de cometer asesinatos con el fin de mantener el control territorial (…). Esto trae consigo más oportunidades para extorsionar" (Asmann y O'Reilly, 2020).

Guatemala también muestra un descenso significativo, con una tasa de 21.5 por cada 100 000 habitantes, según fuentes gubernamentales. En 2018 se reportaron 3 881 asesinatos y en 2019 3 578. No obstante, al igual que El Salvador, "tiene una tasa de extorsión más alta de los tres países que conforman el Triángulo Norte de Centroamérica" (Asmann y O'Reilly, 2020).

Se reconoce, sin embargo, de que la impunidad y la corrupción son elementos que contribuyen al clima de violencia en la región. En este sentido no es casual que la ONU haya instalado en Guatemala la CICIG; así mismo, en 2015 la OEA instaló la Misión de Apoyo contra la

Corrupción y la Impunidad en Honduras[5], una mala copia de la CICIG para maquillar los altos niveles de corrupción del gobierno de Juan Orlando. Como réplica de la anterior, en septiembre de 2019, a través de un convenio con la OEA, el presidente Bukele instaló la CICIES para combatir la impunidad y la corrupción.

Finalmente, el fenómeno del cambio climático incide en el desplazamiento de la población. La región centroamericana es considera un espacio de alto daño económico por el cambio climático. Guatemala, por ejemplo, está considerado dentro de los 10 países del mundo más vulnerables al cambio climático. Este fenómeno tiene efectos múltiples en tanto que altera las condiciones para la vida humana al provocar sequías e inundaciones que afectan directamente en la actividad agrícola que sustenta a millones de habitantes del medio rural y urbano. A título de ejemplo, en el cuadro 2 se puede apreciar los impactos provocados por fenómenos hidrometereológicos en Guatemala.

Cuadro 2. Algunos fenómenos naturales y su impacto económico en Guatemala.

Fenómeno	Año	Impacto económico
Huracán Mitch	1988	1 062 millones de dólares. 5 000 millones en la región; 11 mil muertos, 8 mil desaparecidos
Sequía Corredor Seco	2001	29 millones de dólares
Tormenta tropical Stan	2005	1 166 millones de dólares. 670 muertos; 850 desaparecidos; daños en los sectores salud, educación y vivienda por 61 millones de dólares. Pérdidas millonarias en la agricultura, ganadería, comercio, industria. Pérdidas en el medio ambiente y patrimonio cultural.
Depresión tropical 16	2008	3 000 familias afectadas por lluvias, derrumbes y desbordamiento de ríos, con daños en carreteras y puentes, así como en la agricultura en los departamentos de Petén, las Verapaces, Izabal, meseta central, valle de ciudad de Guatemala.
Sequía La Unión Zacapa y Cianobacteria Atitlán	2009	57.8 millones de dólares.
Erupción del volcán Pacaya y Tormenta tropical Ágatha	2010	1 041 millones de dólares, 2.6 por ciento del PIB. Miles de desplazado, destrucción de hogares e infraestructura
Tormenta 12E	2011	322 millones de dólares, 0.8 por ciento del PIB.
Terremotos en San Marcos	2012-2014	128.5 millones de dólares, 03 por ciento del PIB

Un espacio donde se puede observar el cambio climático es el corredor seco centroamericano que se extiende desde Chiapas hasta Nicaragua[6], habitado mayoritariamente campesinos pobres. El fenómeno del cambio climático sólo se ha sido considerado de manera marginal en la explicación de las migraciones centroamericanas pero indudablemente cobrará centralidad en la década de los 20 del presente siglo XXI.

---

[5] En este contexto, el secretario General de la OEA, Luis Almagro, declaró: "aspiramos a que el sistema de justicia sea una herramienta efectiva en la lucha contra la impunidad, que logre ganarse el respeto del pueblo de Honduras y se convierta en pieza esencial del sistema democrático" (Paullier, 2015).

[6] El corredor seco tiene una base ecológica, "define un grupo de ecosistemas que se combinan en la ecorregión del bosque tropical seco de Centroamérica, que inicia en Chiapas, México; y, en una franja, abarca las zonas bajas de la vertiente del Pacífico y gran parte de la región central premontana (0 a 800 msnm) de Guatemala, El Salvador, Honduras, Nicaragua y parte de Costa Rica (hasta Guanacaste); en Honduras, además, incluye fragmentos que se aproximan a la costa Caribe (FAO, 2012:8).

El presidente de Guatemala considera que "el corredor seco es una zona extremadamente vulnerable por el tipo de población que es agricultora y de subsistencia y es un fenómeno que está afectando, no solo a Guatemala sino también a Honduras, El Salvador y Nicaragua". De acuerdo con la FAO "en el corredor seco se presenta el fenómeno cíclico de la sequía, que es responsable de situaciones de crisis y desastres tanto en términos sociales como ambientales y productivo económicos en el ámbito nacional y regional" (FAO, 2012:8). En esta zona "El año pasado habían casi 2.2 millones de personas en situación de inseguridad alimentaria severa o moderada, pero estamos haciendo una evaluación que estará lista a fines de noviembre para saber cómo está la situación en este momento" (Orozco, 2019).

En suma, la CEPAL considera que el cambio climático, además de los factores referidos, juega un papel relevante en generar condiciones para la migración:

> Los emigrantes del NCA (Norte de Centroamérica) provienen fundamentalmente de sectores rurales, sobre todo en Honduras y Guatemala, donde los índices de pobreza rural alcanzan el 82% y el 77% respectivamente. *La extrema vulnerabilidad —en especial en las zonas rurales— a fenómenos climáticos como huracanes, terremotos y sequías se combina con la pobreza para generar situaciones de virtual colapso de los medios de vida de millones de personas* (Cepal, 2018:5, cursivas añadidas)

La historia se repite de manera cíclica, los devastadores efectos del huracán *Mitch* en la región, sobre todo en Honduras, dejaron claro que el cambio climático sería un factor añadido de las migraciones, hoy fueron los huracanes *Eta* e *Iota*. El proceso acumulativo de factores ha colocado a Hondura como el epicentro de la movilidad humana en Centroamérica, es el espacio preferente donde se han formado las caravanas.

En medio de la pandemia dos caravanas se han formado e intentado traspasar las fronteras, las de Guatemala y México. La primea fue a principios de octubre de 2020, igual que las demás el epicentro fue San Pedro Sula. El Gobierno de Guatemala fiel a los compromisos con el gobierno de Estados Unidos fue contundente en la detención y repatriación de más de 2 mil migrantes hondureños. Con el argumento de la pandemia Guatemala decretó estado de prevención en las zonas fronterizas, lo mismo hizo el gobierno de México.

La segunda caravana, integrada por unos 500 hondureños afectados por los huracanes *Eta* e *Iota*, no pudo pasar la primera frontera que divide Honduras y Guatemala, la de Agua Caliente. Esta caravana que inició su peregrinar el jueves 11 de diciembre de 2020 fue consecuencia directa de los huracanes *Eta* e *Iota*, ocurridos de manera consecutiva, y con la misma dirección, que añadieron mayor presión para generar expulsiones de una población de por sí vulnerable, sin posibilidades de sobrevivir en su terruño. Kitroeff, del The New York Times dice:

> La magnitud de la ruina solo empieza a comprenderse, pero es probable que sus repercusiones se extiendan mucho más allá de la región en los años venideros. Los huracanes afectaron a más de cinco millones de personas —al menos un millón y medio de ellas son niños— y crearon una nueva clase de refugiados con más razones que nunca para emigrar.

La reportera recoge las impresiones del jefe del Comando Sur quien expresa: "la devastación es incomparable…Cuando piensas en la COVID, más el impacto de estos dos huracanes masivos y consecutivos, algunas estimaciones calculan que se requerirá hasta una década para lograr la recuperación" (Kitroeff, 2020).

La implacable lluvia y los vientos de los huracanes Eta e Iota derribaron decenas de puentes y dañaron más de 1400 carreteras en la región, sumergiendo un aeropuerto hondureño y generando lagunas en ciudades enteras de ambos países. Desde el cielo, las tierras altas del norte de Guatemala parecen haber sido destrozadas, con cortes gigantes que marcan los sitios de los deslizamientos de tierra.

En este contexto cobra sentido la expresión de una mujer migrante: ¿A qué vamos a regresar allá?, fue la pregunta que lanzó Angela Castellanos a los agentes que impidieron el paso de la caravana, se trata de "una hondureña que viajaba con su bebé y su marido, recién despedido de la finca bananera donde trabajaba". "Perdí todo, pasaporte de mi niño, su ropa, todo, no es justo lo que nos hacen, ¿cómo le digo a mi hijo: no tengo casa, no tengo comida para darte?" (*El Heraldo*, 11/12/2020). A pesar de las historias de horror, no hay duda de que los peregrinos centroamericanos seguirán llegando a su destino, las cifras de detenciones en tiempos de pandemia así lo revelan.

La trampa de fronterización con los acuerdos de Tercer país seguro

Una de las características de los gobiernos centroamericanos es su proclividad a las lealtades primordiales hacia el gobierno en turno de Estados Unidos, de manera que todo lo que venga de La Casa Blanca se convierte en acciones, aún en contra de los intereses de los países de la región. Esto ocurrió con los gobiernos de Guatemala, El Salvador y Honduras que sin mayores problemas aceptaron el "acuerdo" de tercer país seguro. En Guatemala se produjo una breve y leve controversia con el poder legislativo, pues el entonces presidente Jimmy Morales tomó la decisión sin consultar a los legisladores. En el caso de El Salvador, el presidente negoció una prórroga para que sus connacionales bajo el amparo del TPS no fueran deportados; y el gobierno de Honduras, que se ha caracterizado por una sumisión total al gobierno norteamericano aprobó el "acuerdo" sin ninguna consideración.

Es importante agregar que Juan Orlando Hernández, fue uno de los presidentes más activos e interesados en obtener recursos de Estados Unidos para la implementación de la Iniciativa para la Prosperidad de Triángulo Norte de Centroamérica, fue el que más viajó Washington y ha sido un fuerte promotor de las acciones del Comando Sur de Estados Unidos en la región. Una evidencia en este sentido es la condecoración a Craig Faller, jefe del Comando Sur, con la Medalla Gran Cruz de las Fuerzas Armadas. En su discurso de entrega del reconocimiento, El presidente hondureño expresó: "Comandante, es usted para nuestro país un símbolo de cooperación bilateral entre Estados Unidos y Honduras en la lucha contra el narcotráfico internacional, las maras y pandillas, pero también de cara a estas tragedias" (*El Heraldo*, 11/12/2020).

En septiembre de 2019, Estados Unidos y El Salvador suscribieron el acuerdo sobre tercer país seguro. En un comunicado, la embajada de Estados Unidos refirió que "Este acuerdo forma parte de una estrategia integrada para combatir al **crimen organizado**, fortalecer la **seguridad en la frontera** y reducir el tráfico ilegal y la **trata de personas**, así como la migración forzada" (*Milenio*, 20/9/2019).

En el mismo mes, el acuerdo fue suscrito por Honduras, el gobierno de este país lo presentó como parte de la cooperación con Estados Unidos, sin embargo, la misión diplomática en Honduras indicó que "el secretario interino de Seguridad Nacional Kevin K. MacAleenan firmó un acuerdo con el gobierno de Honduras para expandir las iniciativas bilaterales para afrontar la migración irregular a través de Centroamérica" (*El Economista*, 25/7/2019).

Fronterización y tolerancia cero: Las caravanas del año de la COVID-19

En octubre de 2018 asistimos a un acontecimiento inédito en la historia de las migraciones centroamericanas irregulares de tránsito por México. Más de 7 mil personas iniciaron su peregrinar a la capital económica de Honduras, San Pedro Sula, con ello se inauguró un ciclo de nuevas migraciones masivas, aunque las últimas no tuvieron el impacto de la primera. Una vez declarada la pandemia, la vigilancia y el control de las fronteras se ha estrechado.

La pandemia ha venido a jugar un papel relevante en el proceso de fronterización, una razón biopolítica, expresada en el biopoder. Los mensajes de las autoridades guatemaltecas y mexicanas son muy claras. El embajador de Guatemala en México expresó, a propósito de la caravana de octubre de 2020:

> Nuestro mensaje es muy claro para todos los que deseen migrar ¡Quédense en casa! Es el momento de hacerlo en medio de la pandemia. Los gobiernos de Guatemala y de México trabajamos unidos, precisamente, para preservar sus vidas. Aquí estamos juntos, derechos humanos, gobiernos y relaciones exteriores e INM, para trabajar en pro de nuestros hermanos centroamericanos" (INM, 2020).

Sin lugar a duda, la administración Trump significó una tragedia para los migrantes centroamericanos. Profundizó los programas que el gobierno de Obama había iniciado, entre otros el de *comunidades seguras* y el reforzamiento de su frontera sur; en Centroamérica implementó la Iniciativa para la Prosperidad de Triángulo Norte. La política, convertida en práctica cotidiana, que define muy bien los cuatro años de gobierno de Trump se llama *tolerancia cero*.

En el caso de México, y en el contexto de la política de La Casa Blanca, dos señales muy importantes indican el rumbo que ha tomado la política migratoria. Por un lado, está la lectura que hace la Red de Atención Integral a Migrantes (RAIM) de albergues y comedores del sur-sureste del país; y por otro, un pronunciamiento muy preciso de varias organizaciones y de la Comisión Nacional de los Derechos Humanos sobre la advertencia de militarización del Instituto Nacional de Migración, órgano que nació y se ha mantenido con una función primordial: *contener la migración irregular de tránsito hacia Estados Unidos*[7].

La RAIM, en un comunicado emitido el 20 de octubre (2020) dirigido al presidente de la República, a organismos de derechos humanos nacionales e internacionales, a los gobiernos estatales, así como a las secretarías de Relaciones Exteriores y de Gobernación, expresan las siguientes consideraciones:

---

[7] Básicamente consignada en los artículos 2 y 3 del decreto de creación del Instituto: Artículo 2. El Instituto tiene por objeto la planeación, ejecución, control, supervisión y evaluación de los servicios migratorios, así como el ejercicio de la coordinación con las diversas dependencias de la Administración Pública Federal, que concurren a la atención y solución de los asuntos relacionados con la materia.
Para el desarrollo de sus atribuciones, *el Instituto contará con los servidores públicos que se requieran y el personal adscrito a la Policía Federal de Migración, de conformidad con las disposiciones legales aplicables*. En el artículo 3, en sus incisos I, IX, XI y XIII indican: I) Ejercer las facultades que sobre asuntos migratorios señalan a la Secretaría de Gobernación, la Ley General de Población, su Reglamento y demás disposiciones legales aplicables; IX) *Tramitar, acordar y ejecutar la expulsión de extranjeros que lo ameriten* y girar las circulares de impedimento de internación, a la Secretaría de Relaciones Exteriores y a las Delegaciones Regionales del Instituto; XI) *Instruir, lo necesario para el cumplimiento de arraigos judiciales ordenados respecto a nacionales o extranjeros*; XII) Llevar el *control del movimiento migratorio de las Delegaciones Regionales del Instituto* (*Diario Oficial de la Federación*, 19/10/1993, cursivas añadidas).

Manifestamos que la situación de graves violaciones a los derechos humanos que se han vivido desde el verano del 2014, con la implementación del Programa Integral de Frontera Sur de Enrique Peña Nieto, se ha mantenido durante el gobierno de Andrés Manuel López Obrador, ya sea por presiones del presidente Donald Trump, por la emergencia sanitaria por COVID-19, pero también, por falta de voluntad política. Esta situación ha llevado a agudizar la crisis contra las personas en movilidad y desplazamiento forzado en el país, llegando a la situación de normalizar y justificar, de forma abierta y descarada, las acciones antinmigrantes del gobierno y del Estado, con un discurso apegado al cumplimiento de las leyes mexicanas, que al mismo tiempo violan los derechos reconocidos en tratados internacionales.

En este contexto consideramos que las principales violaciones a los DDHH que se están cometiendo en México son: Derecho a una vida digna; al libre tránsito; a la libertad personal; a la integridad física, a la propiedad privada, al debido proceso; a la justicia; a la salud; a la seguridad; a la igualdad; a la protección de la vida familiar; a defender los DDHH, y en especial de niñas, niños, adolescentes, mujeres y personas LGBT+. (Red de atención integral a migrantes, 20/10/2020).

Diez días después, se pública un insólito comunicado suscrito por la CNDH y diversas organizaciones de la sociedad donde se denuncia la militarización de las estaciones migratorias.

La Comisión Nacional de los Derechos Humanos (CNDH), de manera conjunta con diversas organizaciones de la sociedad civil, albergues y casas de migrantes en México, *se pronuncian enérgicamente en contra de decisiones tendentes a militarizar el Instituto Nacional de Migración* (INM), toda vez que, a la fecha, se advierte que en 18 entidades federativas han sido nombradas personas con perfil militar para conducir las representaciones u oficinas de ese Instituto en los estados de Aguascalientes, Campeche, Chihuahua, Coahuila, Colima, Estado de México, Guanajuato, Guerrero, Hidalgo, Jalisco, Michoacán, Nayarit, Puebla, Sinaloa, Sonora, Veracruz, Chiapas y Yucatán (Comisión Nacional de los Derechos Humanos, 2020, cursiva añadidas).

Sin menoscabo de los méritos militares que pudieran tener las personas nombradas, la conducción de las representaciones del Instituto Nacional de Migración en las entidades federativas del país, *debe encausarse hacia una perspectiva de Derechos Humanos y de Derecho Internacional Humanitario, más que de seguridad, pues esta perspectiva abona a la idea de la criminalización de los grupos de personas migrantes, lo cual agrava aún más su situación de vulnerabilidad* (Comisión Nacional de los Derechos Humanos, 2020, cursiva añadidas).

La denuncia hecha por organizaciones de la sociedad civil, a la que se añade la CNDH resulta de gran relevancia para evitar que visiones del pasado, que siguen incrustadas en el aparato de Estado, sigan alentando prácticas que abonan al establecimiento de una política migratoria punitiva.

Lo que está ocurriendo en México con el tema de la migración irregular centroamericana de tránsito hacia Estados Unidos requiere una lectura en clave geopolítica, lo que ayudaría a matizar y evitar absolutizar lo que ahora está haciendo el gobierno de la Cuarta Transformación. De esta manera se visibiliza al actor central que es el gobierno de Estados Unidos que desde hace tiempo ha dado un giro hacia el reforzamiento de sus fronteras, en especial la que comparte con México.

Reflexiones finales

La fronterización y las expulsiones que producen extorsiones, desapariciones y muerte, se han normalizado al grado que no generan reacciones de la sociedad y las instituciones del Estado no llevan un registro sistemático. La memoria está viva gracias a las *Caravanas Madres Centroamericanas de Migrantes Desaparecidos* que todos los años se internan a territorio mexicano y visitan cárceles, burdeles, centros de trabajo. En noviembre de 2019 se llevó a cabo la edición número 15, en esta ocasión Ana, una madre hondureña que participa por primera vez en la caravana rebeló con claridad su significado: "La caravana es una escuela política, un espacio de autoformación para enfrentar la violencia de Estado. "Es resistencia activa" (Bellani, 2019).

La crisis de la pandemia terminó de profundizar la fronterización y las expulsiones. Las expulsiones generan múltiples impactos en la vida de las comunidades de origen, en las familias y en las personas que salen en busca de una opción de vida. Aun cuando lleguen a insertarse en el mundo laboral precarizado, el migrante siempre arrastrará la vulnerabilidad, la marca de su condición social de origen que se expresa en la desprotección, reflejada en deportaciones, secuestros, extorsiones, desapariciones y muertes.

La pandemia es un elemento adicional que indica de manera descarnada la exposición de los migrantes en el lugar de destino. Las cifras de muertos, en este caso de mexicanos, en Estados Unidos por COVID-19 no sólo es un dato, detrás está la carga social y política sobre el sujeto migrante vulnerable, expuesto en un entorno laboral y social desprotegido. Al mes de noviembre (2020) la Secretaría de Relaciones Exteriores reportó la muerte de 2 968 mexicanos en Estados Unidos; de estos 788 y 789 se registraron en California y Nueva York, respectivamente, que sumados representa 53.1 por ciento del total. Aunque en menor proporción, estados fronterizos como Arizona y Texas también se reportó la muerte de 217 y 184 (Secretaría de Relaciones Exteriores, 2020).

Estamos frente a un acontecimiento de extrema complejidad económica, social, política, que obliga a reflexionar sobre el futuro de la humanidad. El escenario inmediato más realista es la radicalización de la lógica del sistema-mundo con toda la carga de expulsión y destrucción del ambiente. En este escenario, uno de los temas de importancia seguirá siendo el desplazamiento forzado y la migración laboral de carácter irregular. Un fenómeno que se torna cada vez más complejo que se expresa en el refugio y en un cambio en el patrón migratorio donde ahora es más visible la migración de mujeres, niñas, niños y adolescentes, así como de familias como es el caso del triángulo norte de Centroamérica. En este contexto, se impone la exigencia de una mirada profunda y crítica que permita poner sobre la mesa los efectos y las posibilidades de una visión distinta a la que habíamos estado acostumbrados cuando comenzó el éxodo; implica poner en marcha nuevas estrategias con una visión integral y humanista.

La pandemia es una oportunidad para el análisis sistemático y profundo. Son muchos siglos de capitalismo donde se han creado estructuras institucionales, un aparato económico muy poderoso y un sistema tecnocientífico dominado por el capital. La gran transformación se puede imaginar a partir de un colapso del sistema, muchos analistas equiparan la actual crisis económica con la gran recesión de 1929, y sin embargo no será suficiente para sugerir un cambio. Quizá sea productivo recuperar la idea de Sassen de "des-teorizar" para adentrarnos en las grandes transformaciones globales y para entender el ADN de la nueva era del capitalismo, "las tendencias subterráneas", porque como refiere la autora: "La especialización de la investigación, el conocimiento y la interpretación, cada uno con sus propios cánones y métodos para proteger fronteras y significados, no siempre ayuda en el esfuerzo por detectar tendencias subterráneas que atraviesan nuestras distinciones familiares" (Sassen, 2015:16).

Referencias

Acosta, Alberto. (25 de julio de 2012). Extractivismo y neoextractivismo: dos caras de la misma maldición. Ecoportal. Net. Disponible en: https://www.ecoportal.net/temas-especiales/mineria/ extractivismo _y_neoextractivismo_dos_caras_de_la_misma_maldicion/, consultado el 2 de diciembre de 2020.

Asmann, Parker y O'Reilly, Eimhim. (2020). "Balance de InSight Crime de los homicidios en 2019". InSight Crime, 8 de enero. Disponible en: https://es.insightcrime.org/noticias/analisis/balance-homicidios-2019/, consultado el 15 de octubre de 2020.

Bellani, Orsetta. (2019). La Caravana de Madres Centroamericanas como escuela política. Desinformémonos. Disponible en: https://desinformemonos.org/la-caravana-de-madres-centro americanas-como-escuela-politica/, consultado el 15 de marzo de 2020.

Benítez, Raúl. (2010). Crimen organizado e Iniciativa Mérida en las relaciones México-Estados Unidos. México: CASEDE.

Castles, Stephen. (2010). Migración irregular: causas, tipos y dimensiones regionales. Migración y Desarrollo, vol. 7, núm. 15, pp. 49-80.

CBP (Customs and Border Protection). (2020). U.S. Border Patrol Southwest Border Apprehensions by Sector. Disponible en: https://www.cbp.gov/newsroom/stats/sw-border-migration/usbp-sw-border-apprehensions?_ga=2.110078146.656051386.1606942803-673321256.1606942803, consultado el 8 de diciembre de 2020.

CEPAL. (2018). Atlas de la migración en los países del norte de Centroamérica (LC/PUB.2018/23). Santiago de Chile.

Comisión Nacional de los Derechos Humanos. (1 de diciembre de 2020). CNDH, Casas y Albergues para migrantes expresan preocupación por la militarización del INM. Comunicado de prensa DGC/363/2020. Disponible en: https://www.cndh.org.mx/documento/cndh-casas-y-albergues-para-migrantes-expresan-preocupacion-por-militarizacion-del-inm, consultado el 3 de diciembre de 2020.

Congressional research service. (19/02/2020). Mexico's Immigration Control Efforts. In Focus. Disponible en: https://fas.org/sgp/crs/row/IF10215.pdf, consultado el 5 de diciembre de 2020.

Diario Oficial de la Federación. (19/10/1993). Decreto por el que se crea el Instituto Nacional de Migración como órgano técnico desconcentrado. México: Secretaría de Gobernación.

Dudley, Steven. (2013). "El nuevo narcomapa de Guatemala: menos Zetas, el mismo caos". InSight Crime, 16 de septiembre. Disponible en: https://es.insightcrime.org/noticias/analisis/el-nuevo-narcomapa-de-guatemala-menos-zetas-el-mismo-caos/, consultado el 13 de marzo de 2014.

Eguizábal, Cristina. (2014). La Iniciativa Regional de Seguridad para América Central: Pieza clave de la asistencia de Estados Unidos a El Salvador en materia de seguridad, pero no la única. Washington: Woodrow Wilson Center.

El Economista. (25/7/2019). "Honduras, tercer país seguro". En: https://www.eleconomista.com.mx/ internacionales/Honduras-tercer-pais-seguro-20190925-0137.html, consultado el 20 de septiembre de 2020.

El Heraldo. (11/12/2020). "¿A qué vamos a regresar? La pregunta de la caravana migrante al ser retornados". En: https://www.elheraldo.hn/pais/1428760-466/a-que-vamos-a-regresar-preguntan-caravana-migrante, consulado el 12 de diciembre de 2020.

El Heraldo. (11/12/2020). "Honduras otorga Medalla Gran Cruz de las FFAA a jefe de comando Sur de EE. UU.". Disponible en: https://www.elheraldo.hn/pais/1428831-466/honduras-otorga-medalla-gran-cruz-de-las-ff-aa-a-jefe-del, consultado el 13 de diciembre de 2020.

Embajada de Estados Unidos en México, s/f. Cinco puntos clave para entender la Iniciativa Mérida. Disponible en: https://mx.usembassy.gov/es/our-relationship-es/temas-bilaterales/iniciativa-merida/cinco-puntos-clave-iniciativa-merida/, consultado el 19 de abril de 2019.

Foucault, Michel, 2006. Seguridad, territorio, población. México: Fondo de Cultura Económica.

Gudynas, Eduardo, 2018. "Sobre Extractivismo y neoextractivismo. Diálogo con Eduardo Gudynas". Disponible en: https://redbioetica.com.ar/extractivismo-y-neoextractivismo/, consultado el 20 de octubre de 2020.

Hardt, Michael y Negri, Antonio. (2002). Imperio. Buenos Aires: Paidós.

Human Rights Watch. (2018). Informe Mundial 2018. Disponible en: https://www.hrw.org/es/world-report/2018/country-chapters/313310, consultado el 29 de marzo de 2019.

INM. (2020). "Supervisan operativo de 24 horas del río Suchiate, Chiapas a El Ceibo, Tabasco INM, SER, Sedena, Semar. GN, Embajada de Guatemala y Salud". Boletín No. 373/2020, 4 de octubre. Disponible en: https://www.gob.mx/inm/prensa/supervisan-operativo-de-24-hrs-del-rio-suchiate-chiapas-a-el-ceibo-tabasco-inm-sre-sedena-semar-gn-embajada-de-guatemala-y-salud?idiom=es, consultado el 12 de noviembre de 2020.

Kitroeff, Natalie. (2020). "No tenemos nada: los huracanes podrían generar una oleada de migrantes de Centroamérica. The New York Times, 4 de diciembre de 2020. Disponible en: https://www.nytimes.com/es/2020/12/04/espanol/america-latina/huracan-guatemala.html?campaign_id=42&emc =edit_bn_20201211&instance_id=24921&nl=el-times&regi_id=90384044&segment_id=46632&te=1&user_id=c06e0681d15103a19fd17d7a6a00aab0, consultado el 6 de diciembre de 2020.

Lander, Edgardo. (2014). El Neoextractivismo como modelo de desarrollo en América Latina y sus contradicciones. Berlín: Heinrich Böll Stiftung.

Orozco (Andrea, 2019). "'PMA: estamos en una situación de emergencia en el corredor seco". Disponible en: https://www.prensalibre.com/guatemala/comunitario/pma-estamos-en-una-situacion-de-emergencia-en-el-corredor-seco/, consultado el 12 de diciembre de 2020.

Parkinson, Chales. (2014). "Masacre en Guatemala apunta a lucha post Zetas". InSight Crime, 10 de febrero. Disponible en: https://es.insightcrime.org/noticias/noticias-del-dia/masacre-en-guatemala-apunta-a-lucha-post-zetas/, consultado el 20 de enero de 2018.

Paullier, Juan. (2015). "Honduras: la OEA crea misión para combatir la corrupción y la impunidad". BBC Mundo, 28 de septiembre. Disponible en: https://www.bbc.com/mundo/noticias/2015/09/150928_honduras_oea_mision_corrupcion_impunidad_jp, consultado el 10 de diciembre de 2018.

Red de atención integral a migrantes. (20/10/2020). Preocupación en torno a la política Migratoria en México. Comunicado abierto.

Rifkin, Jeremy. (1996). El fin del trabajo. Nuevas tecnologías contra puestos de trabajo: el nacimiento de una nueva era. Barcelona: Paidós.

Sassen, Saskia. (2015). Expulsiones. Brutalidad y complejidad en la economía global. Buenos Aires: Katz editores.

Secretaría de Relaciones Exteriores. (2020). Actualización sobre el seguimiento de connacionales con COVID-19 en EE. UU. Nota Informativa 54, Ciudad de México, 20 de noviembre. Disponible en: https://www.gob.mx/cms/uploads/attachment/file/596316/Nota_Informativa_No._54_20201130.pdf, consultado el 01 de diciembre.

Security Assistance Monitor. (2019). Security Aid. Disponible en: http://securityassistance.org/data/program/ military/Mexico/2014/2019/all/Global//, consultado el 6 de noviembre de 2019.

Villafuerte, Daniel (2018a). "Entre la Pasión y el Bajo Aguán: el rostro violento del neoextractivismo palmero en Centroamérica". Anuario de Estudios Centroamericanos, núm. 44, pp. 315-340.

Villafuerte, Daniel. (2017). Implicaciones del modelo económico en el desarrollo rural de América Latina". En: García, Antonino (coordinador) Extractivismo y neoextractivismo en el sur de México: Múltiples miradas. México: Universidad Autónoma Chapingo.

Villafuerte, Daniel. (2018b). "Iniciativa para la Prosperidad del Triángulo Norte y el Proyecto Mesoamérica. ¿Más de lo mismo?". En Preciado, Jaime (coordinador). Anuario de la Integración Latinoamericana y Caribeña. México: Universidad de Guadalajara, pp.225-235.

Wola. (19 de marzo de 2008). "La Iniciativa Mérida y la seguridad ciudadana en México y Centroamérica". Disponible en: https://www.wola.org/es/2008/03/la-iniciativa-merida-y-la-seguridad-ciudadana-en-mexico-y-centroamerica/, consultado el 10 de abril de 2008

Yeiyá

Julio-Diciembre 2020
Volume: 1 | Volumen 1 | Número 1 | Number 1 | pp. 89 – 107
ISSN: 2634-355X (Print) | ISSN: 2634-3568 (Online)
journals.tplondon.com/yeiya

TRANSNATIONAL PRESS*
LONDON

First Submitted: 5 September 2020 Accepted: 24 November 2020
DOI: https://doi.org/10.33182/y.v1i1.1303

Extractivismos agropecuarios en tiempos de pandemia: flexibilizaciones, asimetrías, autoritarismos y otros efectos derrame

Tamara Artacker[1], Jorge Campanini[2] y Eduardo Gudynas[3]

Resumen

En el contexto de la pandemia por Covid19, los gobiernos de América del Sur han mantenido los extractivismos agropecuarios (agrícolas, ganaderos y forestales). En unos casos se los presenta como solución a la caída de extractivismos en petróleo y minerales. En otros casos ocurren cambios entre distintos productos agropecuarios. Esta estrategia implica la persistencia de impactos sociales y ambientales, y acentúan las asimetrías entre actores empresariales y agricultores pequeños o campesinos. A pesar que en la crisis por la pandemia permitía promover una agricultura como proveedora de alimentos para atacar el componente nutricional entre los sectores más pobres, persistió la postura de concebirla como proveedora de mercancías de exportación, acentuándose los extractivismos. Se mantuvieron y en algunos casos se profundizaron los efectos derrame, tales como flexibilizaciones sociales, laborales y ambientales, y se fortalecieron políticas públicas que sostienen y blindan a los extractivismos.

Palabras clave: *extractivismos; agricultura; ganadería; extractivismo agropecuario; efectos derrame*

Abstract
Agricultural extractivisms in times of pandemic: flexibilities, asymmetries, authoritarianisms and other spill-over effects

In the context of the Covi19 pandemic, South American government sustained agricultural extractivisms (including agriculture, livestock and forestry). In some cases, they are presented as a solution to the reduction of oil and mineral extractivisms. In other cases, changes occur between different agricultural products. This strategy results in maintaining social and environmental impacts, and strengths asymmetries between business actors and small farmers or peasants. Despite the crisis due to the pandemic was an opportunity for those alternatives focused on supplying food to overcome the nutritional component among the poorest sectors, the prevailing strategy promotes an agriculture that supply merchandises for export, resulting in promoting extractivisms. The spill-over effects were maintained and in some cases deepened, such as social, labor and environmental flexibilities, and public policies that support and shield extractivism were strengthened.

Keywords: *extractivisms; agriculture; livestrock; agricultural extractivism; spill over effects*

Introducción

En los últimos años se han sumado múltiples estudios sobre los extractivismos en América Latina, sobre todo enfocados en los sectores minero y petrolero. Sin embargo, también son muy relevantes otras variedades de extractivismos, incluyendo aquellos asociados a la

---

[1] Instituto de Estudios Ecuatorianos. Quito, Ecuador. Correo electrónico: t.artacker@gmail.com
[2] Centro de Documentación e Información Bolivia. Cochabamba, Bolivia. Correo electrónico: campanini@hotmail.com
[3] Centro Latino Americano de Ecología Social (CLAES). Montevideo, Uruguay. Correo electrónico: egudynas@ambiental.net

agricultura, ganadería, forestería y pesca. La importancia de todos estos tipos de apropiación de recursos naturales está no solamente en los impactos sociales y ambientales que generan, sino que además tienen múltiples consecuencias en el terreno del desarrollo, la cultura y la política.

La actual pandemia por Covid19 está afectando todo ese entramado. Por un lado, ante esta crisis los gobiernos redoblan su adhesión a los extractivismos con la esperanza de remontar las caídas económicas. Por otro lado, la crisis sanitaria hace que muchos otros temas, como el papel actual de los extractivismos, quede en segundo o tercer plano.

El propósito de este artículo es analizar algunas tendencias clave que bajo la pandemia se observan en los extractivismos agropecuarios (agrícola, ganadero y forestal), en los países de América del Sur (excepto Guyana y Surinam), entre enero y noviembre de 2020. Aunque nuestro aporte es evidentemente provisorio en tanto esa pandemia está en marcha, encontramos que se está reforzando ese tipo de apropiación de recursos naturales. Pero a la vez, la crisis que padecen los países hace más difícil enfrentar y debatir sobre sus impactos, y persisten sus efectos derrames en las políticas públicas.

Definición y delimitación de los extractivismos agropecuarios

Los extractivismos son aquí definidos como un tipo de apropiación de recursos naturales, entre varios, que se caracterizan por una remoción masiva, donde el 50% o más está destinado a la exportación, y que son comercializados como materias primas o commodities (estos y otros detalles de la definición se analizan en Gudynas, 2015).

Desde esta perspectiva existen múltiples tipos de extractivismos, incluyendo a los más conocidos basados en minerales o hidrocarburos. Pero lo mismo ocurre con distintos rubros agrícolas, ganaderos o forestales, como pueden ser los ejemplos de las exportaciones de banano, carne vacuna o pasta de celulosa. A diferencia de los sectores mineros o petroleros, en este caso la apropiación ocurre sobre recursos renovables. Por lo tanto, en estos extractivismos los productos son "cosechados", como pueden ser granos o carnes. De todos modos, la base ecológica sobre la que se practica esta apropiación tiene límites tales como la calidad de los suelos o el acceso al agua de riego.

El entendimiento de los extractivismos como un tipo de apropiación de recursos naturales permite, a su vez, diferenciarlo de otros tipos como pueden ser aquellos propios de la agricultura campesina, como es común en las regiones andinas, o de pequeños y medianos agricultores, como se observa en los países del Cono Sur. Por lo tanto, no todas las actividades agropecuarias están asociadas a los extractivismos sino únicamente aquellas que están organizadas hacia la exportación. No debe confundirse a un campesino con un empresario agroexportador.

También debe tenerse presente que la definición de extractivismo no está determinada por la propiedad de la tierra, por el acceso a ella, o por el tipo de actores u organización económica que cosechan los recursos naturales. Entonces, pueden existir extractivismos agropecuarios basados en el latifundio, pero también es posible que miles de pequeños propietarios participen de esa actividad como ocurre con la soya en el Cono Sur. Esta es una situación análoga a la minería de oro que puede estar en manos de grandes corporaciones, o en miles de personas como se observa con el oro aluvial, aunque de todos modos el recurso apropiado se inserta en cadenas de exportación.

Los extractivismos agropecuarios tienen una enorme importancia. En el total estimado de 135 millones toneladas métricas de recursos naturales exportados desde América Latina en 2016, un 30 % corresponde a biomasa (implicando más de 300 millones ton m), lo que supera a las exportaciones de combustibles fósiles (Infante-Amate et al., 2020). Los más altos exportadores netos de biomasa en el continente son Argentina, Paraguay y Uruguay. A diferencia de los extractivismos mineros y petroleros, los agropecuarios involucran enclaves extendidos, como son las áreas de monocultivos. El resultado de esto son modificaciones y alteraciones en grandes escalas geográficas. A su vez, requieren de distintas áreas de soporte, en especial obras de regadío, y de redes de interconexión que permitan la entrada de insumos (como pueden ser agroquímicos, semillas, maquinaria de siembra y cosecha) como la salida de lo cosechado (granos, ganado, etc.).

Esto se puede ilustrar con la evolución de la ecoregión del Cerrado, donde las áreas naturales son transformadas en predios ganaderos o agrícolas. Se estima que entre el 50% a 60% de la superficie de la ecoregión ha sido transformada (lo que implica al menos 1 millón de km2) (véase, por ejemplo, Grecchi et al., 2014). Asimismo, la soya brinda otro ejemplo ya que, por ejemplo, en los países del Cono Sur, afectan más de 61 millones hectáreas. Ese tipo de extractivismo tiene todo tipo de impactos sociales, territoriales y ambientales, desde deforestación y pérdida de biodiversidad, a la repetida contaminación por agroquímicos se suelos y aguas, entre otros (resumidos en Gudynas, 2015).

Los estudios sobre los extractivismos agropecuarios son más recientes que los enfocados en minerales o hidrocarburos (Gudynas, 2010). De todos modos se están sumando muchos aportes, tanto en conceptos como en estudios de caso. Entre ellos se pueden señalar el detallado estudio en Bolivia por McKay (2018), las precisiones de Reboratti (2017) en Argentina, Fernandes (2019) sobre la captura de tierras para el agroextractivismo en Brasil, Ojeda y Berman-Arévalo (2020) sobre la violencia en los extractivismos agrarios en Colombia, o la idea de un capitalismo agroextractivo de Alonso-Fradejas (2019).

Situación de los mercados y demanda global

Los extractivismos expresan una condición *glocal*. Por un lado, están asentado en sitios desde donde se extraen los recursos naturales, y que para el caso de la agropecuaria están determinados por factores tales como las condiciones de fertilidad de los suelos, acceso al agua o clima. Pero por otro lado dependen de los mercados internacionales ya que éstos determinan la demanda y los precios.

En esas condiciones globales, en la actual pandemia se observa una caída sustancial en los precios de los alimentos desde inicios de 2020 alcanzando el peor registro en mayo, para luego recuperarse paulatinamente. El índice de precios de FAO, de base 100, comenzó 2020 en 102.5 para caer a 91 en mayo, y luego recuperarse poco a poco hasta alcanzar 96.1 en agosto.[4]

En los cereales existió una caída seguida por una recuperación alcanzando 102, lo que es un nivel muy cercano al inicio del año (103.8). Los aceites vegetales cayeron fuertemente desde 108.7 en enero a 77.8 en mayo para después recuperarse a 98.7 en agosto. El valor de la soya, alcanzó mínimos en el orden de US$ 360 / ton métrica, pero comenzó a elevarse desde julio,

---

[4] El índice de precios de alimentos de FAO se basa en promedios de cinco commodities vinculados a la participación promedio en el comercio internacional para los años 2014-16; véase http://www.fao.org/worldfoodsituation/foodpricesindex/en/. Más informaciones en: http://www.fao.org/3/ca9509en/ca9509en.pdf

para superar los US$ 400 / ton m en noviembre, lo que eran precios que no se observaban desde 2018. En cuando a la ganadería, en las carnes la caída es menor pero no ha existido una recuperación, llegando a 93.2 en agosto, mientras que los lácteos se redujeron al inicio de la pandemia, aunque se recuperaron, y llegan a 102.

Como puede observarse, se ha registrado una caída en muchos rubros agropecuarios y recuperaciones en algunos de ellos. Más allá de esos vaivenes queda en evidencia una importante volatilidad en los precios. Así, por ejemplo, el precio por tonelada de cacao estuvo en febrero de 2020 en US$ 2 900, un mes después había caído a US$ 2 200; a inicios de septiembre se había recuperado a US$ 2 600, para volver a caer en octubre a US$ 2 340[5].

Se superponen los problemas claramente originados por la pandemia junto a otros que ya existían. Entre los primeros se cuentan algunos como la contracción en la demanda de algunos alimentos o dificultades en las cadenas de comercialización y exportación. Entre los segundos se cuentan las disputas en el comercio exterior, tales como las que enfrentan a Estados Unidos y China, lo que repercute directamente en las exportaciones agroalimentarias latinoamericanas. También hay problemas sanitarios tanto en cultivos como en cría animal, como son la diseminación de la roya de la soya (producida por hongos) o las influenzas o gripes en aves de cría o en cerdos, como es la reciente epidemia de gripe porcina en China. Se deben sumar, a su vez, las condiciones climáticas, como los extremos de sequías o reducciones en la disposición de agua a las inundaciones, las que afectan directamente las prácticas agropecuarias. Este listado, que es esquemático, busca dejar en claro la superposición de factores que inciden sobre estos sectores extractivos, explicando la relevancia que tienen la volatilidad en los precios y en la demanda.

Principales tendencias en los extractivismos agropecuarios sudamericanos

Los distintos factores que inciden en los extractivismos agropecuarios se pueden dividir en dos. Por un lado, existan influencias directas que se deben a la caída de los extractivismos basados en minerales e hidrocarburos, por lo que los gobiernos decidieron promover alternativas basadas en la agropecuaria. Por otro lado, como algunos rubros agropecuarios también se derrumbaron, la respuesta fue buscar una alternativa en otro producto también agropecuario. En cualquier caso, la intención era intentar recuperar ingresos por exportaciones.

Ecuador ilustra estas dinámicas. Durante los primeros meses de la pandemia, ese país sufrió una caída drástica de sus ventas de petróleo, un rubro extractivista que es su más importante exportación. Entre enero y junio, el valor de esas exportaciones cayó un 48,2% en comparación con el mismo periodo del año anterior[6]. Por un lado, el precio del petróleo de referencia (WTI) se desplomó en abril de 2020, llegando incluso a una cotización negativa (US$ -37,63 el 20 de abril). Por otro lado, en la red de conectividad ocurrió una rotura en un oleoducto principal (7 de abril de 2020), que impuso una fuerte reducción de la exportación. La administración de Lenin Moreno había calculado su presupuesto para 2020 con un precio promedio de US$ 51,3 / barril, pero en abril la cotización promedio era de US$ 14,04 /barril.

---

[5] https://www.ifcmarkets.com/es/market-data/commodities-prices/cocoa
[6] Los datos de esta sección están basados en la Información Estadística Mensual (IEM), Banco Central Ecuador, en https://contenido.bce.fin.ec/home1/estadisticas/bolmensual/IEMensual.jsp

A la caída del petróleo se sumaron reducciones en otros productos no tradicionales de exportación ecuatorianos, especialmente flores y enlatados de pescado. De este modo, las exportaciones totales del país disminuyeron un 13,6% entre enero y junio.

Frente a este escenario, la respuesta estatal se centró en sustituir los hidrocarburos por otros productos. Por medio de una campaña publicitaria manejada por el Ministerio de Agricultura se promovió el slogan: "El verdadero petróleo está en el agro". Se apuntó a fomentar rubros de agroexportación, tanto tradicionales (como cacao, banano o camarón), como los no tradicionales, buscando aminorar aquella caída de ingreso de dólares por exportación (figura 1). Con esto se mantiene una lógica extractiva, sin considerar adecuadamente los impactos sociales, territoriales y ambientales.

Esa postura en el corto plazo, y dentro de su marco de racionalidad, puede dar algunos resultados. En Ecuador, en los primeros seis meses de la pandemia, a pesar de las medidas restrictivas y los cierres temporales de fronteras y mercados a nivel global, aumentaron las exportaciones agropecuarias, logrando incluso el valor más alto de los últimos 10 años. El valor de las exportaciones de madera aumentó 202% (dentro de esta categoría, la madera de balsa aumentó un 318%), de cacao 25,5%, de banano 17% y de camarón 7%, en la comparación de 2020 contra el mismo período de 2019. Mientras tanto, el valor de las exportaciones de enlatados de pescado y de flores se redujo alrededor del 6%[7]; para la Asociación de Productores y Exportadores de Flores del Ecuador (Expoflores), la situación era más severa (indican una caída en sus ventas del 70%[8]).

Figura 1. Exportaciones no petroleras. Millones US$, entre enero y junio 2020.

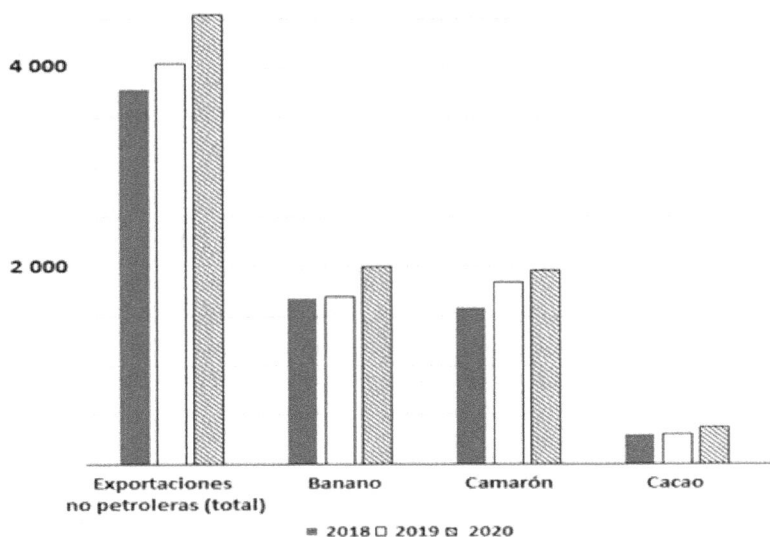

Elaboración propia a partir de datos del boletín de Información Estadística Mensual (IEM), Banco Central del Ecuador 2020.

---

[7] Datos del IEM, Banco Central Ecuador, citado arriba.
[8] https://www.elcomercio.com/actualidad/ventas-floricolas-ecuatorianas-perdidas-covid.html

En Bolivia, los extractivismos más importantes desde el punto de vista económico, basados en la exportación de gas natural, fueron afectados de variadas maneras. La caída de los precios internacionales tuvo consecuencias directas en los precios y volúmenes exportados a Brasil y Argentina. Al mismo tiempo, ocurrieron controversias sobre los contratos, especialmente con Brasil, argumentando que la pandemia le obligaba a una sustancial reducción de sus compras. Es, por lo tanto, una situación similar a la de Ecuador.

En estas circunstancias el gobierno transitorio de Jeanine Añez decidió sostener e incentivar los extractivismos agrícolas, los que ya venían en expansión desde años atrás (McKay, 2018). Se creó un Fondo de Reactivación Económica (FORE), dotado con US$ 1 738 millones, para canalizar créditos a los sectores agrícola entre otros; la medida fue celebrada por el empresariado de la soya ya que permitiría pagar deudas de corto plazo[9]. Se estima que el sector agropecuario es el más beneficiado por ese tipo de medidas, recibiendo aproximadamente US$ 600 millones[10].

En otros países se mantienen los extractivismos agropecuarios clásicos, como se registra por ejemplo en Brasil y Uruguay. En Brasil, mientras otros sectores caían, aumentaron los extractivismos agropecuarios hasta convertirse en el principal sostén del comercio exterior. En el primer semestre de 2020, esas exportaciones fueron 10% más altas que las del mismo período en 2019, lideradas por la soya (exportaron casi 14 mil millones ton, un 61% más que en 2019)[11]. Mientras que varios sectores de la economía de ese país se derrumbaron con la pandemia, el producto agropecuario aumentó 6,75 % a julio 2020. Se estima al final del año 2020 un aumento del 14%, lo que es un record. Por detrás de esos indicadores se observa un incremento de productos clásicos, como los aumentos de exportación como soya, café y carne vacuna y porcina[12].

La demanda asiática, especialmente desde China, incide directamente en sostener esos extractivismos. Aún en la pandemia, las importaciones agroalimentarias de China aumentaron (Cepal y FAO, 2020b). La pandemia no logró promover una comercialización de agroalimentos dentro de América Latina (13 % de las exportaciones totales), persistiendo las ventas hacia otros continentes (87 %) (Cepal y FAO, 2020b).

Permanencias y recambios

Las condiciones ejemplificadas en la sección anterior indican que están en marcha tanto permanencias como recambios. En efecto, se mantienen varios extractivismos agropecuarios que cuentan con destinos comerciales y precios aceptables. Paralelamente, se intentan recambios sea por extractivismos agropecuarios que suplantan a los mineros o petroleros, o por alternancias entre distintos productos agropecuarios. Estas opciones se combinan de distinto modo.

---

[9] ANAPO pide acelerar la implementación de la reactivación productiva. Economy, Santa Cruz, 29 de junio de 2020, https://www.economy.com.bo/negocios-economy/4162-anapo-pide-acelerar-la-implementacion-de-la-reactivacion-productiva
[10] Tierra: Gobierno usa fondos a título de emergencia para pagar deudas del agro. Página Siete, La Paz, 1 julio 2020, https://www.paginasiete.bo/economia/2020/7/1/tierra-gobierno-usa-fondos-titulo-de-emergencia-para-pagar-deudas-del-agro-260044.html
[11] CNA-CEPEA. 2020. PIB do agronegócio avança 1,26 % em julho. PIB do Agronegócio, CNEA y CEPEA, 8 octubre 2020, https://www.cepea.esalq.usp.br/upload/kceditor/files/Cepea_CNA_Pib_jul_2020.pdf
[12] Los ingresos por la agropecuaria crecerán cerca del 14% este año, récord para Brasil, EFE Brasil, 16 setiembre 2020, https://www.efe.com/efe/america/economia/los-ingresos-por-la-agropecuaria-creceran-cerca-del-14-este-ano-record-para-brasil/20000011-4344570

En los inicios de la pandemia, las principales medidas apuntaron a garantizar la disponibilidad y acceso a los alimentos en casi todos los países sudamericanos, a apoyos económicos de distinto tipo (en Ecuador, Perú, Chile, Paraguay y Uruguay a inicios de la pandemia), y a no interrumpir las cadenas de transporte (Cepal y FAO, 2020a).

En países como Uruguay, la pandemia no alteró sustancialmente sus estrategias agropecuarias. Continuó con su principal programa de apoyo en ese sector, que estaba representado con el inicio de la construcción de una nueva planta de procesamiento de celulosa (procesará de 2,1 millones ton de pasta de celulosa por año, convirtiéndola en una de las más grandes del mundo), y persiste el cultivo de soya transgénica. Estrategias análogas pueden ser indicadas para Brasil, Colombia o Bolivia.

En otros casos, al observarse la caída de un rubro agropecuario importante se buscó la complementación con otro. En Ecuador ante la dramática reducción en el cultivo y exportaciones de flores, se promovieron otros productos como el cáñamo o el aguacate tipo has, amparados en campañas comunicacionales, talleres informativos y asistencia técnica.

En Argentina existen polémicas ante algunos cambios. El gobierno está promoviendo la ampliación de la cría de cerdos para exportar esa carne a China. Se analiza un acuerdo comercial para sumar 900 mil ton de carne porcina, lo que implica aumentar a casi 10 millones de animales, que requerirán alimentos por más de 2 millones ton de maíz y 750 mil ton soya, lo que a su vez impone un aumento del área cosechada en más de 500 mil has; también necesitarán más de 12 mil millones litros de agua, y se duplicarían las emisiones de gases invernadero de ese sector (FARN, 2020). Ese emprendimiento puede calificarse como un análogo a la megaminería a cielo abierto; dicho de forma esquemática, es un megaextractivismo de animales estabulados. En Uruguay, el Ministerio de Ganadería, Agricultura y Pesca, también está analizando proyectos para exportar carne de cerdo a China[13].

Otra situación se encuentra en países que parecería que no reaccionan con medidas de apoyo al sector agropecuario. En Perú, donde la pandemia tuvo impactos negativos especialmente en pequeños agricultores, las medidas del Ministerio de Agricultura y Riego (Minagri) han sido limitadas o bien no han existido apoyos focalizados para los más perjudicados[14]. Por ejemplo, el fondo de créditos para pequeños agricultores (FAE Agro) padece de una pobre implementación, aunque por otro lado se ejecutó un masivo programa de apoyo a la minería.

En paralelo a esto, en varios países, se repite que la mayor parte de las medidas estatales favorecen a los grupos agroexportadores, mientras que se relegan aquellas para campesinos y los agricultores pequeños o familiares. Esto tiene implicancias severas en el contexto de la pandemia, ya que esa pequeña agricultura es mucho más diversificada y en varios sitios es indispensable para producir alimentos que se consumen a nivel local o nacional.

Por ejemplo, en Colombia el gobierno concretó pocas medidas, varias fueron reformulaciones de instrumentos que ya existían[15], y otras, como brindar beneficios tributarios a las inversiones

---

[13] El gobierno evalúa proyecto para un nuevo frigorífico, Telenoche, Montevideo, 17 noviembre 2020, https://www.telenoche.com.uy/nacionales/gobierno-evalua-proyecto-para-nuevo-frigorifico
[14] Impacto del COVID-19 en la agricultura: sin bono y sin FAE-AGRO, E. Zegarra, Otra Mirada, Lima, 28 octubre 2020, http://www.otramirada.pe/impactos-del-covid-19-en-la-agricultura-sin-bono-y-sin-fae-agro
[15] Las deudas de Minagricultura con los campesinos durante la pandemia, La Liga contra el Silencio, 8 julio 2020, https://ligacontraelsilencio.com/2020/07/08/las-deudas-de-minagricultura-con-los-campesinos-durante-la-pandemia/

favorecen a las empresas pero tiene poca utilidad para el campesinado[16]. Entretanto, estos padecen crecientes costos, no logran comercializar sus productos, se endeudan, y en algunos casos buscan abandonar el campo.

Esta situación también se observa en Ecuador. Las organizaciones campesinas y de la sociedad civil señalan que aumentaron las dificultades que enfrentan debido a las medidas restrictivas por el Covid19 (FIAN Ecuador et al., 2020). Se avanzó en normas que favorecen actores empresariales, como la Ley de Palma Aceitera, cuyo objetivo es regular las actividades a lo largo de esa cadena de producción, implementar medidas para el mejoramiento de la productividad, regular créditos, entre otras[17]. No existen medidas análogas para la agricultura campesina. Del mismo modo, buscando rescatar las exportaciones de flores, el gobierno concretó un nuevo acuerdo comercial con Estados Unidos, que le brinda un arancel cero, lo que favorece directamente a las empresas exportadoras[18].

Otras permanencias llamativas están en el mantenimiento de subsidios perversos por ejemplo a agrotóxicos o combustibles fósiles, a pesar del llamado de varias agencias de aprovechar la pandemia para avanzar en esos cambios (Cepal y FAO, 2020b).

El extractivismo bananero en Ecuador como ejemplo

Para ilustrar con más detalle varios de los puntos indicados arriba, se presenta al caso del extractivismo bananero en Ecuador. Recordemos que el banano ha sido uno de los principales rubros extractivistas ecuatorianos, y actualmente es el primer exportador mundial. Representa el segundo producto entre las exportaciones no petroleras, después del camarón. La superficie cultivada superó 190 mil has, y se obtuvieron 6,5 millones ton m en 2019 (INEC, 2020).

Durante los primeros seis meses del 2020, las exportaciones de banano aumentaron tanto en valor como en volumen, como se adelantó arriba. Sin embargo, al mismo tiempo existieron fuertes conflictos, principalmente entre agricultores y exportadores. Debe tenerse presente que la mayoría de los agricultores bananeros tienen menos de 30 hectáreas[19]. Sin embargo, esos pequeños agricultores están desapareciendo mientras que las grandes empresas controlan superficies mayores (Daza et al., 2020). Eso se debe, entre otros factores, a los muy bajos precios que se pagan por el banano dentro del país, volviendo muy dificultoso cubrir los costos del cultivo, llevando en muchos casos al sobreendeudamiento de pequeños productores.

Según Byron Paredes, presidente de la Asociación de Productores Bananeros del Ecuador, los costos de producción por caja están alrededor de US$ 6; el precio mínimo de sustentación, fijado por la ley, es US$ 6,40; pero durante los primeros meses de pandemia, los exportadores pagaban aproximadamente US$ 4 por caja.

---

[16] Así funcionarán los beneficios tributarios para las inversiones en el agro, Dinero, Bogotá, 23 junio 2020, https://www.dinero.com/economia/articulo/cuales-son-los-beneficios-tributarios-para-invertir-en-el-sector-agropecuario/290331

[17] Frente a la aprobación de la ley, en julio 2020, diversas organizaciones de la sociedad civil expresaron su preocupación con una carta pública, pidiendo el veto presidencial debido a los impactos ambientales y sociales de los cultivos de palma aceitera; https://ddhhecuador.org/2020/06/25/documento/carta-abierta-al-presidente-de-la-republica-por-el-veto-la-ley-para-el

[18] $ 24 millones al año en aranceles dejarán de pagar exportaciones de rosas ecuatorianas a Estados Unidos, El Universo, Quito, 1 de noviembre 2020, www.eluniverso.com/noticias/2020/10/31/nota/8033716/rosas-cero-aranceles-exportacion-eeuu-acuerdo-comercial-1-noviembre

[19] Según los datos de 2019 del SIPA (Sistema de Información Pública Agropecuaria) en el país existen 7190 productores de banano. De ellos, 5718 tienen menos de 30 hectáreas, y sólo 318 tienen más de 100 hectáreas-

Según lo que plantea la ley de banano[20] , ese mercado está bajo diversas reglamentaciones, tales como la prohibición de ampliar el área cultivada sin la autorización de la Asamblea Nacional, la asignación de un precio mínimo de sustentación, la obligación de vender por medio de un contrato para estabilizar precios para evitar la volatilidad de los mercados internacionales. Las flexibilizaciones en algunos de estos componentes ya fueron adelantadas arriba.

Sin embargo, Byron Paredes afirma que existe una "piratería" de millones de cajas de la fruta que salen del país a nombre de otros productores, sin contar realmente con un contrato y sin acatar el precio controlado. Bajo esas condiciones también se puede suponer que tampoco cuentan con controles ambientales y laborales en sus fincas.

A esto se suma que en el 2019 se plantaron más de 30 mil hectáreas nuevas de banano que no estaban autorizadas, según Paredes, y que estarían en manos de grandes productores[21]. Desde la política pública, en vez de sancionar estos incumplimientos, se avanza en regularizarlos[22]. Se asegura el aumento del volumen comercializado pero también los intereses económicos de los grupos de poder que poseen grandes cantidades de tierra y que controlan la cadena de exportación (Daza et al., 2020; Cajas Guijarro, 2018).

Ese aumento de la oferta interna desencadenó una caída en los precios que estaban dispuestos a pagar las empresas exportadoras y así incumplían el precio mínimo de sustentación. Como reacción, los productores bananeros se movilizaron reclamando precios justos y políticas públicas de control. Eso incluyó expresiones originales, como donar banano a sectores populares en vez de venderlo a los exportadores; se entregaron por lo menos 900 "raciones" de bananos (cada una es suficiente para abastecer una familia). Los agricultores también amenazaron en una suspensión de actividades para aumentar la presión a los exportadores y, sobre todo, al Estado, reclamando medidas en su favor.

Es importante advertir que todo eso permitió cuestionar que se privilegiara el destino exportador del banano frente a las necesidades alimentarias. Pero aún en esas condiciones, no estaba en debate la esencia del extractivismo bananero.

De todos modos, las medidas concretas de la administración Moreno favorecieron sobre todo a las grandes empresas y no sirvieron para apoyar a los agricultores más pequeños. Se persistió en priorizar las exportaciones, asumiendo que ello desencadena efectos positivos que son beneficiosos para todos los actores en la cadena de apropiación, inclusive para las y los pequeños agricultores. Este último extremo es, obviamente, infundado[23].

Es más, en octubre de 2020 el gobierno fijó el precio mínimo de sustentación de la caja de banano para el siguiente año en un promedio de US$ 6,25, que es aún menor al aplicado en el año 2020. Ese valor se corresponde con el solicitado por los exportadores mientras que los agricultores reclamaban ubicarlo en US$ 7,05 (según los cálculos de esos agricultores los costos por caja que llegaban a los 5,73 dólares[24]). También decidió aplicar un nuevo esquema

---

[20] Ley para estimular y controlar la producción y comercialización del banano, plátano y otras musáceas afines, destinadas a la exportación, 1997, 2004.

[21] Esto explica en parte el aumento de las exportaciones bananeras durante los primeros meses del 2020 a pesar de la pandemia.

[22] Esta regularización se realiza a través del Decreto presidencial N°1127 promulgado el 15 de agosto de 2020.

[23] Estos y otros aspectos se analizan en otro estudio enfocado en las exportaciones realizado por una de nosotros (TA) para el Observatorio del Cambio Rural de Ecuador.

[24] Conozca el precio mínimo de sustentación de la caja de banana de Ecuador para el 2021, Vistazo, Quito, 28 de octubre 2020, www.vistazo.com/seccion/enfoque/conozca-el-precio-minimo-de-sustentacion-de-la-caja-de-banano-de-ecuador-para-el

por el cual se determinan precios distintos para cada época del año (con variaciones desde US$ 4,50 a 6,90). Según los agricultores todo esto aumenta sus vulnerabilidades mientras se favorece a los compradores.[25]

En cambio, los conflictos en marcha evidencian el perjuicio económico para los pequeños agricultores, por lo que algunos caen en sobreendeudamiento e incluso pierden sus tierras. También se deterioran las condiciones de trabajo en las grandes fincas bananeras y aumentan las presiones por incrementar la superficie de cultivo, con lo cual se desplaza la agricultura campesina más diversificada. Paralelamente, éstos y las comunidades locales sufren los impactos ambientales y sanitarios, tales como la falta de controles efectivos de las fumigaciones, las consecuencias que producen los agroquímicos, etc.

Por lo tanto, el caso del banano en Ecuador, muestra que esa actividad no está en discusión sino que persiste y se la apoya. En ello, las políticas públicas profundizan las asimetrías en ese sector, y los conflictos derivan hacia debates sobre los excedentes.

Flexibilizaciones y otros efectos derrame

En todos los países se observa que para promover las exportaciones se repiten acciones que reducen o flexibilizan las exigencias sanitarias, laborales o ambientales, o los controles en la propiedad o manejo de la tierra. Los gobiernos y las empresas aprovechan la situación de la pandemia y escudándose en la crisis económica y de empleo, presionan por más reducciones en controles sociales y ambientales. Esas condiciones y otras corresponden a los efectos derrame, tal como se definen en Gudynas (2015). Las crisis entrelazadas con la Covid19 han acentuado todavía más varias de ellas.

El concepto de "flexibilización" alude a la reducción de las exigencias normativas, en el control, monitoreo y sanción de regulaciones sociales (incluyendo, entre otras, al empleo, salud, economía, etc.), territoriales (por ejemplo tenencia de la tierra) y ambientales (por ejemplo sobre límites a la contaminación y su fiscalización). La flexibilización puede ser explícita, como sucede con cambios en la normativa, o bien indirecta, como ocurre cuando se deja sin recursos humanos y financieros a las agencias encargadas del control, de la fiscalización o la penalización. Aunque la flexibilización puede ser exigida para favorecer un emprendimiento específico, una vez aprobada se transforma en una rebaja de condiciones para otros emprendimientos y en todo el territorio, y es por ello que constituye un efecto derrame.

En el contexto de la pandemia, se observan varios de esos efectos derrame asociados a los extractivismos agropecuarios. Considerando las llamadas flexibilizaciones laborales, han sido muy evidentes en los extractivismos mineros y petroleros, pero también se están repitiendo en la agricultura y la ganadería. En Ecuador, la Ley de Apoyo Humanitario aprobada en la pandemia permite una mayor explotación de las y los trabajadores rurales, profundizando la precarización de sus condiciones laborales y aumentando las dificultades para reclamar sus derechos frente a los grandes agronegocios. La ley establece "medidas para apoyar la sostenibilidad del empleo", como por ejemplo la posibilidad de un "contrato especial

---

[25] Dos esquemas de precios regirán para la caja de banano en el 2021, El Universo, Quito, 29 de octubre 2020, www.eluniverso.com/noticias/2020/10/29/nota/8030065/precios-banano-2021-ecuador

emergente" que permite al empleador reducir de forma unilateral las horas de trabajo del empleado hasta el 50%, con una reducción del salario y de los aportes a la seguridad social[26].

También operan flexibilizaciones en controles agropecuarios, como pueden ser aquellos agronómicos, veterinarios, etc. Se destaca el aluvión de aprobaciones de nuevas variedades modificadas genéticamente aprovechando las circunstancias de la pandemia. En muchos casos se violan o incumplen aspectos de regulación nacional, o se los modifica para hacerlos viables, y se vuelve imposible la consulta ciudadana por las condiciones sanitarias.

El anterior gobierno boliviano, bajo la presidencia transitoria de Añez, se aprobó la reducción de 40 días a diez días los procedimientos por los cuales el Comité Nacional de Bioseguridad debía encaminar evaluaciones de maíz, caña de azúcar, algodón, trigo y soya, genéticamente modificados[27]. En Bolivia solo se cuenta con la autorización para la producción de una variedad de soya genéticamente modificada y que representa casi la totalidad del cultivo. Sin embargo, aunque no existe la autorización para el maíz transgénico, es sabido que se lo cultiva y comercializa[28]. El gobierno promovió un instrumento jurídico que permite la convivencia entre las variedades nativas y las modificadas por cualquier tecnología[29].

En Chile, el gobierno de S. Piñera, desde el Servicio Agrícola y Ganadero, aprovechó las condiciones de las cuarentenas para intentar aprobar una liberalización de variedades transgénicas[30]. Debió suspender la medida al recibir siete mil comentarios, la mayoría negativos.

En Uruguay, el pasado setiembre se aprobaron nuevos eventos transgénicos: tres variedades de maíz, dos de trigo y dos de soya. Las variedades incluyen atributos conocidos, como la tolerancia al herbicida glifosato, y la llegada de una nueva generación de semillas que son tolerantes a otro herbicida, el glufosinato de amonio[31]. El procedimiento se realizó de forma acelerada, a pesar de informes contrarios desde instituciones académicas, la ausencia de participación de la universidad estatal y reparos del Ministerio de Salud Pública.

El caso uruguayo es particularmente relevante por otra cuestión. Este país, al igual que sus vecinos del Cono Sur, cuenta con enormes monocultivos de soya que se exporta a China. Actualmente es brumadora la evidencia de resistencia de las malezas al glifosato que se utilizó durante años en ese extractivismo. Por esta razón, la anterior generación de eventos transgénicos se está volviendo productivamente inviable. Dicho de otro modo, este es un fracaso de esa estrategia que se diseminó en Argentina, Brasil, Paraguay y Uruguay, y después en Bolivia. Además, múltiples organizaciones ciudadanas y académicos habían alertado años atrás sobre la inevitable generación de malezas resistentes.

---

[26] Artículo 19, Ley Orgánica de Apoyo Humanitario para combatir la crisis sanitaria derivada del COVID-19, Asamblea Nacional, Quito.

[27] Esto corresponde a los Decretos Supremos 4232 y 4248 del 7 y 14 de mayo de 2020, respectivamente.

[28] Productores afirman que Bolivia importó maíz transgénico durante 12 años y que hoy se siembra en Santa Cruz y Tarija. El Deber, Santa Cruz, 14 de mayo de 2020, https://eldeber.com.bo/economia/productores-afirman-que-bolivia-importo-maiz-transgenico-durante-12-anos-y-que-hoy-se-siembra-en-san_179176

[29] Decreto Supremo 4348 del 22 de septiembre de 2020

[30] SAG busca abrir la puerta a transgénicos en Chile en medio de la crisis económica y sanitaria, OLCA, Santiago, 16 junio 2020, http://olca.cl/articulo/nota.php?id=107972

[31] Véase la resolución en el portal del Sistema Nacional de Bioseguridad de Uruguay en: http://www.sistemanacionalde bioseguridad.gub.uy/. Un resumen en: El gobierno aprobó cuatro eventos transgénicos de maíz, trigo y soja de forma acelerada, La Diaria, Montevideo, 5 setiembre 2020, https://ladiaria.com.uy/politica/articulo/2020/9/el-gobierno-aprobo-cuatro-eventos-transgenicos-de-maiz-trigo-y-soja-de-forma-acelerada/

La respuesta de las corporaciones fue redoblar su apuesta a herbicidas químicos; nada reconocen sobre aquellos que se vuelven inefectivos y en cambio promueven nuevos productos, en este caso el glufosinato de sodio, lo que a su vez requiere nuevos eventos transgénicos. Por lo tanto, se mantiene la estrategia de un cultivo que depende de agroquímicos, con toda su carga de dependencia tecnológica, costo para los agricultores, y riesgos sanitarios y ecológicos.

La situación es mucho más grave de lo que se asume porque implicaría aceptar una repetición que siempre estará destinada al fracaso, donde una vez que las malezas se vuelvan tolerantes a un agroquímico, las empresas buscarán un nuevo herbicida que lo volverán a vender hasta que una vez más las resistencias lo vuelvan inocuo. La repetición de ese ciclo multiplica los riesgos de efectos negativos en la salud y el ambiente. Se está aprovechando la pandemia para blindar esa estrategia a pesar de su fracaso.

No puede olvidarse que el herbicida glifosato fue indicado como cancerígeno para animales, probable cancerígeno para humanos y genotóxico (IARC, 2015). En el mismo sentido, se han sucedido fallos judiciales contra la presentación comercia de ese producto por la corporación Monsanto (ahora controlada por Bayer) en cortes de Estados Unidos.

También se están aprobando variedades tolerantes al herbicida dicamba, un producto que en otros países está en el centro de críticas y acciones judiciales por sus impactos.

Cualquiera de estas situaciones hubiera generado una acalorada discusión pública en varios países por sus implicancias sociales, económicas y ecológicas, pero se ha aprovechado la pandemia para evitarlas.

Como ejemplo de flexibilización administrativa, en Ecuador, la Agencia de Regulación y Control Fito y Zoosanitaria (Agrocalidad), tomó medidas que favorecieron a los grupos agroexportadores, como suspensión temporal de las exigencias de pago para sus servicios con relación a la sanidad animal, sanidad vegetal, inocuidad de alimentos y laboratorios[32].

En Bolivia, una vez que el Movimiento al Socialismo (MAS) retomó el gobierno, Luis Alberto Arce, tomó una decisión que es una clara señal de la futura orientación de su administración y que corresponde a un efecto derrame político. En efecto, nombró como ministro de ambiente a un alto dirigente de la Confederación Sindical Única de Campesinos de Bolivia, y presidente de la asociación de ganaderos campesinos del departamento de Pando. Se está otorgando el control ambiental a unos de los actores involucrados en la expansión de la frontera agrícola y en los incendios forestales[33], y que en algunos sitios, también tienen acuerdos o dependen del agronegocio[34].

En Brasil, el gobierno de Jair Bolsonaro escalonó varias flexibilizaciones. Por ejemplo, estableció autorizaciones automáticas de agroquímicos si en 60 días no existe una evaluación por un mecanismo que involucra a los ministerios de agricultura, salud y ambiente (el plazo

---

[32] Agrocalidad suspende por 60 días pago de servicios, El Telégrafo, Quito, 8 abril 2020, https://www.eltelegrafo.com.ec/noticias/economia/4/agrocalidad-pago-servicios

[33] Segun el informa de la Fundacion Tierra (2019), se han reportado la presencia de varios asentamientos recientes en la región de la Chiquitania.

[34] Recientemente se firmo un acuerdo de cooperacion entre una asociacion de pequeñ{os productores campesinos y la Camara Agropecuaria del Oriente. La Jornada, La Paz, 16 de noviembre de 2020, https://jornada.com.bo/cao-y-cioec-bolivia-firman-acuerdo-para-el-desarrollo-del-sector-productivo/

anterior era de 120 días)[35]. A su vez, el clima político instalado por esa presidencia permite que los legisladores representantes de los intereses de ruralistas y agronegocios (conocido como "bancada ruralista") presionen abiertamente por medidas antes impensables, como la liberación del agrotóxico paraquat[36]. Aprobó al menos 315 nuevos agroquímicos a setiembre 2020, entre ellos varios considerados tóxicos por organizaciones ciudadanas, algunos prohibidos en otros países[37].

También ocurren efectos derrames que involucran flexibilizaciones sobre propiedad, acceso, uso y otras formas de regulación de la tierra. En Bolivia, diversas organizaciones e instituciones, entienden que los incendios forestales ocurren en el contexto de un marco normativo que permite esas prácticas y a la vez beneficia a los actores agroempresariales. Los incendios de bosques en 2019 afectaron más de 5 millones de hectáreas, principalmente en los departamentos de Santa Cruz y Beni, lo que motivó distintos reclamos normativos y cuestionamientos a esas normas (Tierra, 2019).

Desde 2001, cuando se aprueban los términos para deforestar predios privados en el departamento de Santa Cruz, se ha generado un entramado jurídico, logístico, político y técnico que, por ejemplo, ha normalizado la deforestación ilegal y ha aumentado las zonas de influencia de los permisos de quema. Una de las normas más cuestionadas fue promulgada en la gestión de Evo Morales en 2019, sumando otro departamento (Beni) en el esquema de desmontes aprobado en 2001, y ampliándola a propiedades comunitarias[38].

Los incendios del año 2020, que afectaron nuevamente al oriente boliviano, generaron múltiples críticas al gobierno. La presidente Añez, que en ese momento también era candidata, derogó el decreto de 2019 como parte de sus cuestionamientos a la gestión Morales. Pero lo reemplazó por una nueva norma que es casi idéntica[39], y repite los componentes favorables al sector agroganadero[40].

En cuanto a las flexibilizaciones ambientales, se ha aprovechado la pandemia para imponer recortes en los controles, o reducción de los recursos humanos y financieros en las autoridades ambientales. Por ejemplo, el Ministerio de Ambiente de Ecuador sufrió recortes importantes, fueron desvinculados casi 400 funcionarios, y se reducen las capacidades para las tareas de conservación de la naturaleza[41].

En Argentina, en el plan de expansión de la ganadería de cerdos para exportar a China, indicado arriba, no se contemplan evaluaciones de riesgo ambiental, participación ciudadana o de las comunidades locales, análisis de los riesgos sobre el agua, etc. (FARN, 2020).

---

[35] Governo encurta prazo para aprovar agrotóxicos e provoca desconfiança até no setor agrícola, D. Magri, El País Brasil, 29 marzo 2020, https://brasil.elpais.com/ciencia/2020-02-29/governo-encurta-prazo-para-aprovar-agrotoxicos-e-provoca-desconfianca-ate-no-setor-agricola.html

[36] Veja como estes líderes ruralistas pressionaram por liberação de agrotóxico banido, Contra os Agrotóxicos, 22 julio 2020, https://contraosagrotoxicos.org/veja-como-estes-lideres-ruralistas-pressionaram-por-liberacao-de-agrotoxico-banido/

[37] Governo Bolsonaro aprova mais 31 agrotóxicos para uso dos agricultores, L. Fragão, 23 setiembre 2020, https://www.portalveg.com.br/noticias/meio-ambiente/governo-bolsonaro-aprova-mais-31-agrotoxicos-para-uso-dos-agricultores/

[38] Decreto Supremo 3973 de julio de 2019, el cual modifica el artículo 5 del Decreto Supremo 26075 de febrero de 2001.

[39] Decreto Supremo 4334.

[40] CEDIB: el gobierno cambió un decreto incendiario por otro, Pagina Siete, La Paz, 19 de septiembre 2020, https://www.paginasiete.bo/economia/2020/9/19/cedib-el-gobierno-cambio-un-decreto-incendiario-por-otro-268606.html

[41] Ministerio de Ambiente de Ecuador desvincula a 398 funcionarios por proceso de fusión con Secretaría del Agua y 'optimización' de recursos, El Universo, Guayaquil, 1 octubre 2020, https://www.eluniverso.com/ noticias/2020/ 10/01/nota/7997980/ministerio-ambiente-agua-398-despidos-trabajadores-ecuador

En Brasil, la administración Bolsonaro ha avanzado concertadamente en varios frentes: desfinanciamiento de las agencias de control y evaluación ambiental, reducción del presupuesto para controlar la deforestación, caída en el personal disponible, y liberalización de las exigencias ambientales[42]. Esto ocurrió enmarcado en discursos de rechazo a medidas sociales y ambientales.

Bajo la pandemia, también se reforzaron los efectos derrame que limitan la participación y consulta ciudadana, y el acceso a la información. Esto es evidente en las propuestas de liberar transgénicos comentadas arriba. Otro ejemplo es la desatención a las observaciones vecinales por posibles impactos de la infraestructura ferroviaria de la nueva planta de celulosa en Uruguay[43]. De modo análogo, en Argentina se ha denunciado que se han anulado audiencias públicas para evaluar permisos de deforestación, como ocurrió en la provincia de Salta[44].

A su vez, persisten las protestas de distintos grupos y organizaciones de la sociedad civil ante los extractivismos agropecuarios, y se aprovecha la pandemia para controlarlos, como sucede en Perú.

Finalmente, un ejemplo de la articulación entre varios efectos derrame corresponde a los incendios forestales en América del Sur en tanto están directamente asociados a los extractivismos agropecuarios. Bajo la actual pandemia se repitieron los incendios. La atención está enfocada en Brasil, con más de 200 mil focos de calor a fines de octubre 2020[45]. En ese país, un 46% se ubicaron en la Amazonia, y son los que publicitados por los medios. Pero afectaron también a la ecoregión del Cerrado (29%), donde predominan la ganadería y la soya, y en el humedal del Pantanal (10%). Pero este problema repite en otros países, como Argentina (más de 70 mil focos de calor), con severos impactos en áreas sobre el curso del Río Paraná, seguidos por Venezuela (más de 35 mil focos), Bolivia (casi 35 mil focos en el bosque chiquitano y otros ecosistemas) y Paraguay (más de 34 mil focos por ejemplo en el Chaco). Del total de focos registrados en América del Sur, el 48% ocurren en Brasil, seguido por Argentina con casi el 17%.

Casi todos esos incendios ocurren en áreas bajo presión agrícola ganadera, sea por prácticas intencionales de quema estacional para liberar zonas de pastura o deforestadas, o por fuegos accidentales o intencionales de apertura sobre nuevos sitios. Las condiciones de sequía que existen en 2020 en regiones subtropicales sudamericanas aumentaron su incidencia en algunos ecosistemas, como el Pantanal. Esta problemática se repite desde hace años, y es justamente esa reiteración que deja en claro los efectos derrame ya que no se han logrado resolver.

---

[42] Apesar de incêndios, governo corta orçamento do Ibama e ICMBio em 2021, Folha de São Paulo, 13 setiembre 2020, https://www1.folha.uol.com.br/ambiente/2020/09/apesar-de-incendios-governo-corta-orcamento-do-ibama-e-icmbio-em-2021.shtml.
Em dez anos, Ibama perde 55% dos fiscais para combate a crimes ambientais, A. Borges, Estado São Paulo, 14 agosto 2020, https://noticias.uol.com.br/meio-ambiente/ultimas-noticias/ag-estado/2020/08/14/em-dez-anos-ibama-perde-55-dos-fiscais-para-combate-a-crimes-ambientais.htm
Brasil corta recursos para combater o desmatamento, 3 junio 2020, Diário do Comércio, Belo Horizonte, https://diariodocomercio.com.br/dc-mais/brasil-corta-recursos-para-combater-o-desmatamento
[43] El Proyecto de UPM avanza a pesar de imprevisiones e incumplimientos, V.L. Bacchetta, Sudestada, Montevideo, 18 Octubre 2020, https://www.sudestada.com.uy/articleId__1f786750-ff40-49ee-910a-608fa120c632/10893/Detalle-de-Noticia
[44] La Provincia quitó las audiencias públicas para tala y desmontes selectivos, L. Urbano, Página 12, Salta, 20 octubre 2020, https://www.pagina12.com.ar/300392-la-provincia-quito-las-audiencias-publicas-para-tala-y-desmo
[45] Informaciones basadas en el Programa Queimadas, Instituto Nacional de Pesquisas Espacias (INPE), Brasil, en http://queimadas.dgi.inpe.br/queimadas/portal-static/situacao-atual/

En Bolivia, donde se ha analizado en detalle está situación, se encuentra una relación directa con los extractivismos agropecuarios. Entre los años 1985 y 2018 se han perdido 3,6 millones de hectáreas de bosque, que se convirtieron en tierras agropecuarias (Vos et al., 2020). En ese proceso, existe evidencia que los incendios promueven el avance de la frontera agropecuaria; se estiman que, de los 6,4 millones de hectáreas quemadas en 2019, el 84% estaría relacionada usos agrícola ganaderos (Vos et al., 2020; véase además Campanini et al., 2020).

En Brasil, a pesar de la gravedad de los incendios de 2019, las medidas implementadas no lograron evitarlos en 2020. Los discursos del presidente Jair Bolsonaro y varios de sus aliados alientan la impunidad, a la vez que responsabiliza a indígenas y pequeños agricultores por esas quemas. Sin embargo, en la Amazonia brasileña, la mayor parte de los incendios (72%) ocurrieron en predios medios y grandes (más de 400 has), lo que permite rechazar la validez de esas afirmaciones de Bolsonaro (Alencar et al., 2020). Además, aunque su gobierno militarizó el control de la Amazonia y el combate a los incendios como resultado de la crisis de 2019, la situación registrada en 2020 deja en claro la inefectividad de esa medida[46].

Discusión y conclusiones

La revisión presentada en este artículo, aunque preliminar y bajo condiciones rápidamente cambiantes propias de la pandemia, muestra que la respuesta generalizada desde los gobiernos ha sido mantener los extractivismos agropecuarios en todos sus tipos. En unos casos, se los defiende como alternativa a las caídas exportadoras de extractivismos mineros o petroleros, y en otros casos se los defiende en sí mismos alternando entre distintos productos.

Se han utilizado argumentos y legitimaciones referidas a la pandemia para reforzarlos desde el Estado, y esas posiciones cuentan con el respaldo de casi todos los agrupamientos políticos partidarios, actores empresariales, y buena parte de la academia. Por lo tanto, persisten todos sus impactos sociales, territoriales y ambientales; no es posible hablar de una pausa o reducción en esos efectos.

Los cambios observados están directamente vinculados con las condiciones externas. Los balances en precios internacionales, demanda y acceso a mercados de destino determinan cuáles productos son abandonados y cuáles se expanden. Esto confirma la importancia de la articulación glocal de los extractivismos, ya que, aunque dependen de recursos naturales ubicados en sitios específicos son comercializados en cadenas globales. Esas condiciones internacionales son mucho más determinantes en el desempeño de esos sectores y los gobiernos mantienen un papel secundario. Por lo tanto, están inmersas en un capitalismo agropecuario internacionalizado (véase por ejemplo Alonso-Fradejas, 2019).

En esas condiciones internacionales sigue avanzando la relevancia de China, especialmente como comprador de agroalimentos, lo que a su vez alimenta las presiones extractivistas. Al mismo tiempo, como los procesos de integración latinoamericanos, como Unasur o CELAC, están prácticamente desmontados, se debilitaron todavía más las capacidades de los países de lidiar con los condicionamientos globales. Esta problemática se repite con los países que negocian acuerdos de libre comercio (como el Mercosur con la Unión Europea).

---

[46] Queimadas em agosto confirman que Exército fracassou na Amazônia, Observatório do Clima, 1 septiembre 2020, http://www.observatoriodoclima.eco.br/queimadas-em-agosto-confirmam-que-exercito-fracassou-na-amazonia/

En algunos países y en algunos rubros, las exportaciones agroalimentarias se mantuvieron y por lo tanto se volvieron muy importantes en un contexto de caída en otros rubros exportados. En América Latina y el Caribe, se registró una caída de las exportaciones totales durante los primeros meses de pandemia, pero aquellas agroalimentarias al resto del mundo aumentaron un 6,8 % con respecto al año anterior, y dentro del continente cayeron un – 0,8% (Cepal y FAO, 2020b). La demanda China fue clave en esa dinámica.

La pandemia no fue utilizada para revertir las estrategias de convertir alimentos en commodities de exportación. La urgencia por los recursos económicos hace que, al favorecerse sectores orientados a la exportación, se refuerza el papel de una ganadería y agricultura volcada a producir mercaderías para exportar en vez de proveer alimentos para sus propios habitantes. La crisis sanitaria hace más evidente las contradicciones en esas estrategias.

En varios países es evidente la necesidad de reforzar el componente alimentario en la lucha contra la pobreza. Por ejemplo, en Bolivia, Ecuador o Perú, se podría lograr un auto abastecimiento de alimentos de toda la población para anular de ese modo el déficit nutricional entre los más pobres. Sin embargo, las posturas gubernamentales privilegian los intereses empresariales que se enfocan en las exportaciones asumiendo que eso les asegura una rentabilidad más alta.

Las medidas gubernamentales benefician sobre todo a actores empresariales y corporativos, y una vez más se relegan A pequeños agricultores o campesinos, y a los trabajadores rurales. Esto se debe tanto a esa expectativa de mayor rentabilidad con las exportaciones que se acaba de señalar, como a las desigualdades estructurales que son previas a la actual pandemia. Son asimetrías, entre otras, en el acceso a recursos productivos, la tierra, el capital y el poder político, y que siempre han favorecido a los actores empresariales. Los agricultores pequeños o familiares, campesinos o indígenas son relegados. Pero a la vez, éstos últimos deben lidiar con crecientes costos, sufren más perjuicios (económicos, sociales, sanitarios o ambientales), y se reproducen sus condiciones de vulnerabilidad y precarización.

El hecho clave es que la pandemia no fue usada por ningún gobierno para intentar una modificación de esas asimetrías, para potenciar la agropecuaria interna de manera de reducir la dependencia exportadora, ni tampoco para reducir los perjuicios que padecen los agricultores más pequeños o campesinos.

Del mismo modo, la pandemia no ha servido para frenar los efectos derrame de los extractivismos, y, por el contrario, varios de ellos se han acentuado. Los más evidentes son las medidas de flexibilizaciones en las condiciones sanitarias, laborales y ambientales. Parecería que se aprovecha que, en esta crisis, los actores clave en la política, los medios e incluso la academia, están enfocados en los impactos sanitarios y la problemática social más evidente, como desempleo y pobreza. Entonces se insiste en que la solución a esas cuestiones necesariamente requieren recuperar el crecimiento económico, y por lo tanto se deben aprovechar todos los extractivismos. Bajo esas condiciones, las flexibilizaciones no son interpretadas como un retroceso o como origen de conflictos, sino que para muchos son bienvenidas como posible solución económica.

La pandemia también favorece un creciente autoritarismo y con ello los retrocesos en acceso a la información, participación y resolución de conflictos. Esto hace que muchos extractivismos agropecuarios enfrenten una oposición más debilitada. Se están fortaleciendo efectos derrame que operaban desde antes, que no sólo limitan la participación ciudadana, sino que además naturalizan la violencia en los extractivismos (véase por ejemplo, Ojeda y Berman-Arévalo, 2020 en Colombia, y Campanini et al., 2020 en Bolivia).

Es más, podría argumentarse que se está generando un retroceso en algunos frentes. Por ejemplo, las advertencias sobre los monocultivos y los transgénicos, las consecuencias de los agroquímicos o la marcha de la deforestación, parecerían recibir todavía menos atención en varios países, y las organizaciones ciudadanas encuentran más obstáculos para poder enfrentar esas consecuencias.

Sin embargo, son muy comunes los debates sobre los extractivismos en general, y sobre aquellos agropecuarios también. Pero esas discusiones no están centradas en las alternativas para salir de la dependencia extractivista, sino que expresan oposiciones entre quienes desean asegurarse ventajas, usualmente económicas, y lo que buscan evitar perjuicios, muchas veces sociales y ambientales.

Las expresiones más visibles son los reclamos por subsidios, medidas para aumentar la captación de renta, reclamos de flexibilidades sociales y ambientales, etc. Ante ellas están los que rechazan padecer las externalizaciones de los impactos sociales, ambientales y económicos. Todo eso corresponde a discusiones sobre el manejo de excedentes, entendidos en un sentido ampliado que incluye componentes tanto monetarizados (por ejemplo, ganancia o plusvalía) como no monetarizados (tales como afectaciones en la fertilidad del suelo o la calidad del agua), en el sentido de Gudynas (2020).

Disputas como las analizadas para el banano ecuatoriano muestran esa dinámica. En ellas, la esencia del extractivismo agrícola no está en cuestión, sino que son enfrentamientos entre las ventajas que se desean capturar y los perjuicios que se intentan evitar, desplegados entre actores privados, como empresas y pequeños agricultores, aunque también en ocasiones el Estado puede intervenir si desea capturar parte de ese excedente, como sucede con los impuestos a las exportaciones de granos en Argentina. Pero los debates sobre los excedentes no sólo aceptan los extractivismos, sino que los necesitan, requieren que produzcan excedentes económicos, y para que eso sea posible es inevitable mantener externalidades sociales y ambientales. Distintos efectos derrame legitiman esas batallas por los excedentes a la vez que se inhiben o bloquean las opciones para salir de esos extractivismos.

Por estos modos se mantienen los aspectos esenciales de los extractivismos agropecuarios, que pueden caracterizarse, siguiendo a McKay (2018), como la extracción del valor ecológico desde tierras fértiles mientras las utilidades económicas generadas son apropiadas en otros sitios del planeta. De todos modos, siempre debe tenerse presente que hay diferencias importantes entre estos extractivismos y aquellos basados en minerales o hidrocarburos, tanto por ser recursos renovables como por la diferente organización social y económica (Reboratti, 2017 acertadamente señala algunas distinciones).

Los efectos derrame con crecientes restricciones ciudadanas y autoritarismo ya estaban en marcha en años anteriores, pero la pandemia los ha acentuado. Entre los casos extremos se cuentan los gobiernos de Brasil y Colombia, pero también debe tenerse presente las crisis políticas que se sufren desde 2019 en Chile, Ecuador, Perú y Bolivia.

Los efectos derrame son una de las consecuencias más serias de los extractivismos, e incluso más graves que sus impactos locales, al comprometer aspectos básicos en las políticas públicas y la calidad democrática. La presente revisión indica que en los extractivismos agropecuarios se repite esa problemática.

De ese modo, el avance de la pandemia de Covid19 fueron aprovechadas para aplicar controles y restricciones, confinamientos, cuarentenas, etc., en varias ocasiones respaldados con fuerzas policiales y militares. Todo ello es funcional a mantener y reproducir los extractivismos, limita las capacidades de las organizaciones ciudadanas para enfrentarlos, y bloquea las posibilidades para imaginar y ensayar alternativas postextractivistas.

Referencias

Alencar, A., Rodrigues, L. y Castro, I. (2020) Amazônia em chamas: o que queima – e onde. Nota Técnica, IPAM, 5: 1-14.

Alonso-Fradejas, A. (2019) El proyecto de capitalismo agroextractivo: una mirada a la cuestión agraria contemporánea desde Guatemala, En Rubio, B. (ed.) América Latina en la mirada: las transformaciones rurales en la transición capitalista. México: Instituto de Investigaciones Sociales, UNAM.

Cajas Guijarro, J. (2018) Los capos del comercio. Concentración, poder y acuerdos comerciales en el Ecuador: un preludio. Quito: Plataforma por el Derecho a la Salud, Fundación Donum y FOS.

Campanini, O., Gandarillas, M. y Gudynas, E. (2020) Derechos y violencias en los extractivismos. Extrahecciones en Bolivia y Latinoamérica. Cochabamba: La Libre.

Cepal y FAO (2020a) Análisis y respuestas de América Latina y el Caribe ante los efectos del COVID-19 en los sistemas alimentarios. Boletín 2, CEPAL – FAO: 1-17.

Cepal y FAO (2020b) Sistemas alimentarios y COVID-19 en América Latina y el Caribe: Comportamiento del comercio durante la crisis. Boletín 12, CEPAL – FAO: 1-16.

Daza, E., Chuquimarca, I., Singaña, D., Artacker, T. y Llerena, M.J. (2020) Comercio justo. Estudio de impactos del Tratado de Libre Comercio entre la UE y Ecuador en la agricultura. Berlín: F. Ebert Stiftung.

FARN (2020) ¿Cerdos para China made in Argentina? Acerca del posible acuerdo de producción y exportación de carne porcina a la República Popular de China. Buenos Aires: Fundación Ambiente y Recursos Naturales (FARN).

Fernandes, B.M. (2019) Land grabbing for agro-extractivism in the second neoliberal phase in Brazil. Nera 22 (50): 208-238.

FIAN Ecuador, Instituto Estudios Ecuatorianos, Observatorio del Cambio Rural, Unión Tierra y Vida y FIAN Internacional (2020) La pandemia y los derechos de los campesinos en Ecuador. Informe Mayo 2020. Quito: FIAN Ecuador, Instituto Estudios Ecuatorianos, Observatorio del Cambio Rural, Unión Tierra y Vida y FIAN Internacional.

Grecchi, R.C., Gwyn, Q.H.J., Bertin Bénié, G., Formaggio, A.R., y Fahl, F.C. (2014) Land use and land cover changes in the Brazilian Cerrado: A multidisciplinary approach to assess the impacts of agricultural expansion. Applied Geography 55: 300-312.

Gudynas, E. (2010) Agropecuaria y Nuevo extractivismo bajo los gobiernos progresistas de América del Sur. Territorios, CONGCOOP 5: 37-54.

Gudynas, E. (2015) Extractivismos. Ecología, economía y política de un modo de entender el desarrollo y la Naturaleza. Cochabamba: CEDIB.

Gudynas, E. (2020) Excedente en el desarrollo: revisión y nueva conceptualización desde los extractivismos. Estudios Críticos Desarrollo, México, 9 (17): 25-56.

IARC. (2015) Some organophosphate insecticides and herbicides. IARC Monographs 112.

INEC (2020). Encuesta de superficie y producción agropecuaria continua. Quito: Instituto Nacional de Estadística y Censos y ESPAC.

Infante-Amate, J., Urrego Mesa, A. y Tello Aragay, E. (2020) Las venas abiertas de América Latina en la era del antropoceno: un estudio biofísico del comercio exterior (1900-2016). Diálogos, Revista electrónica Historia 21 (2): 177-214.

McKay, B. (2018) Extractivismo agrario. Dinámicas de poder, acumulación y exclusión en Bolivia. La Paz: Fundación Tierra.

Ojeda, D. y Berman-Arévalo, E. (2020) Ordinary geographies: care, violence, and agrarian extractivism in "post-conflict" Colombia. Antipode 52 (6): 1583-1602.

Reboratti, C. (2017) Agricultura y extractivismo. Voces en el Fénix 8 (60): 118-125

Tierra. (2019) Fuego en Santa Cruz: balance de los incendios forestales 2019 y su relación con la tenencia de la tierra. La Paz: Informe Especial, Fundación Tierra.

Travela, J.C. (2020) Aportes para la construcción de una hegemonía postextractivista: Análisis con énfasis desde los agronegocios en Argentina. Revista Iberoamericana Economía Ecológica 32 (1): 120-130.

Vos, V., Gallegos, S., Czaplicki-Cabezas, S. y Peralta-Rivero, C. (2020) Biodiversidad en Bolivia: Impactos e implicaciones de la apuesta por el agronegocio. Revista Mundos Rurales, CIPCA 15: 26-35

Yeiyá | ISSN: 2634-355X (Print) ISSN: 2634-3568 (Online)

Yeiyá

Julio-Diciembre 2020
Volume: 1 | Volumen 1 | Número 1 | Number 1 | pp. 109 – 119
ISSN: 2634-355X (Print) | ISSN: 2634-3568 (Online)
journals.tplondon.com/yeiya

TRANSNATIONAL PRESS®
LONDON

First Submitted: 11 September 2020 Accepted: 28 November 2020
DOI: https://doi.org/10.33182/y.v1i1.1261

La pandemia COVID-19: desafío al discurso de desarrollo bajo el modelo económico neoliberal

A. Fabiola Urquizú Solís[1]

Resumen

El modelo capitalista neoliberal que rige el mundo en el siglo XXI, no puede negar la alarmante situación de muertes por COVID-19, así como tampoco su incapacidad para responder ante el impacto económico que está generando dicha pandemia. No tener el control hasta estos momentos de lo primero pone fuera de sus manos el control de lo segundo. La dinámica de libre mercado queda restringida ante epidemias mundiales o crisis ambientales de alto nivel. El desarrollo pensado desde "arriba" no alcanza a explicar las consecuencias que el fenómeno de crisis sanitaria mundial está ocasionando a nivel económico, social y político. El post-desarrollo empieza a tener sentido, al cuestionar el concepto de crecimiento económico y sus metas, pugnando por incluir una cosmovisión como fundamento de un nuevo modelo de desarrollo a nivel mundial. Este trabajo tiene como propósito evidenciar la necesidad de incluir nuevas formas de desarrollo que contemplen múltiples universos.

Palabras clave: *desarrollo; post-desarrollo; COVID-19; libre mercado; cosmovisión*

Abstract
The COVID-19 pandemic: challenge to the development discourse under the neoliberal economic model

The neoliberal capitalist model that rules the world in the 21st century cannot deny the alarming situation of deaths from COVID-19, as well as its inability to respond to the economic impact that this pandemic is generating. Not being in control of the former until now puts control of the latter out of their hands. Free market dynamics are restricted by global epidemics or high-level environmental crises. The development thought from "above" fails to explain the consequences that the global health crisis phenomenon is causing at the economic, social and political level. For this reason, post-development begins to make sense, by questioning the concept of economic growth and its goals, striving to include a worldview as the foundation of a new development model worldwide. The purpose of this work is to demonstrate the need to include new forms of development that contemplate multiple universes.

Keywords: *development, post-development, COVID-19, free market, worldview*

Introducción

La situación que se vive en estos momentos a nivel mundial ante la pandemia COVID-19 es de incertidumbre y asombro, la ficción alcanzó a la realidad. Cabe recordar como en pocas semanas la propagación del virus que surgió en la ciudad de Wuhan al este de China, se propagó por el planeta. El rápido contagio, la capacidad de transmisión, la gravedad clínica y el periodo de infección, hace de este virus un acontecimiento sea difícil de controlar y predecir,

---

[1] Universidad Autónoma de Sinaloa. Culiacán, México. Correo electrónico: fabiola.urquizu9@gmail.com

las primeras medidas extremas que se tuvieron que tomar fueron el distanciamiento social, cierre de fronteras, suspensión de actividades económicas, lo que generó desequilibrios en el mercado financiero mundial. Tal escenario, ha evidenciado en cada nación condiciones internas de necesidades sociales no cubiertas, que van desde el sistema de salud, hasta políticas de seguridad social para responder a la amenaza sanitaria.

Esta contingencia se da en un momento en que la efectividad del sistema económico mundial que predomina es cuestionada (Fox, 2001; Harvey, 2006; Sassen, 2016; Chomsky y Polychroniou, 2017). Los indicadores de desigualdad, de pobreza, de alta contaminación, de injusticia e inequidad han generado críticas y descontento al proyecto neoliberal que rige actualmente. El desarrollo que prometía el libre mercado no se vio cristalizado (Villamizar y Uribe, 2009). Surgen otras propuestas que proponen un desarrollo alternativo que contemple la cosmovisión de un mundo pluricultural, protegiendo la madre naturaleza (Gudynas, 2014).

El texto parte de explicar que es el desarrollo en una visión del modelo capitalista neoliberal de dónde surge, y en qué contexto de la historia se hace presente, así también explica cómo es que se instaura en países no desarrollados. En otro apartado se mencionan ciertas causas del porqué el modelo de libre mercado fracasó en algunas naciones y evidencia que las premisas no fueron cumplidas. Es en la lucha por seguir posicionando este modelo económico que surge la pandemia del COVID-19, la cual se describe en otro apartado considerando sus dimensiones hasta el día de hoy en un contexto de globalización. Por último, se presentan nuevas visiones de entender desarrollo, diferente a la concepción colonialista del capitalismo.

La intención es que a partir de la urgencia sanitaria mundial se evidencie que el sistema económico imperialista no debería reinar como doctrina normativa en el mundo, es conveniente reconocer que existen formas de ser, hacer y saber que pueden desarrollarse plenamente desde su cosmovisión.

El desarrollo y el modelo capitalista neoliberal

Es en 1947 cuando surge la dicotomía desarrollo-subdesarrollo, bajo un escenario de guerra "la génesis se puede ubicar a mediados del siglo pasado, en el marco de la reconstrucción europea de posguerra y la conformación del sistema internacional de Bretton Woods" (Nahón, Rodríguez, y Schorr, 2006: 328). Había terminado la Segunda Guerra Mundial, con un desorden lleno de devastación, hambruna, pobreza, y desanimo social; los países vencidos requerían de un sustento económico y político que los ayudara a salir de tal crisis. La intervención del Estado se volvió importante y figuró como agente necesario para el rescate; fueron los países aliados quienes se harían cargo, definiéndose entonces el nuevo orden mundial al evidenciar cuales eran los países dominantes de esa época. Junto a todo esto la ideología política y económica también se volvió relevante, se convirtieron en Estados transformadores, que daban recetas y asesoramiento internacional a los países devastados.

En esa misma década pensadores del desarrollo como Rosestein-Rodan (1943), Nurkse (1952), y Rostow (1960) proponían para las regiones subdesarrolladas la intervención pública en la promoción y coordinación de la inversión en la economía; considerando el desarrollo como un proceso. Mientras que Myrdal (1957) y Hirschman (1958) apostaban a una visión más armónica con una mayor intervención estatal para proteger los mercados, con características como la protección a la pequeña industria y la promoción de encadenamientos productivos, entre otras (Nahón et al., 2006). Ya Myrdal (1957) anunciaba que los mecanismos del mercado lejos de mostrar una tendencia a eliminar las diferencias entre regiones, las acentuaban:

Si en una determinada región hay ausencia de efectos impulsores, la demanda de capital permanece a niveles relativamente bajos limitando las posibilidades de crecimiento y por lo tanto se favorece la transferencia de recursos hacia regiones desarrolladas (Diez, Gutiérrez y Pazzi, 2013: 205).

Estados Unidos de América (EUA) y algunos países europeos tuvieron un importante crecimiento en sus economías llevando la delantera a nivel global, periodo al que se le denominó 'años dorados' (1945-1973). El Plan Marshall que pasaría a la historia como el proyecto de reconstrucción civil más exitoso por EUA en el siglo XX, sirvió de antesala para que se diera el desarrollo de los países europeos. Las intenciones conocidas por todos eran, la recuperación en infraestructura de los países golpeados por la guerra, contrarrestar el hambre, la pobreza, la desesperación y el caos. Más allá de eso, se buscaba recobrar la salud económica mundial, porque de otra manera no llegaría la estabilidad y la paz. Sin embargo, la intención oculta siempre fue, detener el comunismo de la Unión Soviética en el este de Europa.

En el caso de EUA a finales de la década de 1960 y principios de los 70 con la Crisis del petróleo de 1973 se derrumba el modelo económico de Estado de Bienestar, que fuera un sistema económico que mantuviera fuerte a la potencia estadounidense y a algunos países europeos en crecimiento. El keynesianismo se caracterizó por promover un Estado muy activo, que intervenía en la economía por medio de la política fiscal, garantizaba la ocupación (empleo) y el consumo. Además de la crisis petrolera, una serie de eventos como la reducción de la paridad del dólar frente al oro en 1971, los costos de la Guerra Fría y las pérdidas económicas que trajo consigo la Guerra de Vietnam, terminaron por hundir la política de Estado de Bienestar (Doxrud, 2017).

Este escenario fue el oportuno para las ideas de Milton Friedman, el monetarismo de la Escuela de Chicago comenzó a abrirse paso. Lo anterior implicaba un rol menos preponderante del Estado en la economía, dejando su regulación al libre mercado. Milton Friedman y George Stigler fueron dos de los mayores representantes del nuevo modelo económico neoliberal, que surgió en la escuela de negocios de la universidad de Chicago a mediados del siglo XX, este pensamiento se contraponía a las teorías keynesianas, inclinándose por un enfoque monetarista (Murray, 1999).

Las teorías de la entonces ya llamada Escuela de Chicago, congeniaban con muchas de las políticas del Banco Mundial (BM) y el Fondo Monetario Internacional (FMI), las cuales apoyaban el Conceso de Washington, otro paquete de políticas que tenía como objetivo recetar medidas para provocar el desarrollo mayoritariamente en países no desarrollados. Esta nueva corriente económica logró esparcirse por toda América, materializándose en el cambio de patrón productivo, al mudarse de un modelo de Industrialización por Sustitución de Importaciones (ISI) a otro de apertura económica (Bustelo, 1998). Sin profundizar a detalle sobre los diez puntos que expresaba el Consenso, se debe rescatar que ninguno de esos puntos que guiarían la política económica en los países subdesarrollados contemplaban las grandes desigualdades o la marcada pobreza existente. "La reforma tributaria, la privatización, la abolición de los subsidios y la reducción del gasto público requeridas para eliminar los déficit presupuéstales tenderían, indirectamente, a aumentar la inequidad" (Stewart, 1998: 37).

El desarrollo desde entonces se ha tomado como estandarte para implementar estrategias económicas que prometen bienestar social, viéndose reflejadas en la estructura dominante de las sociedades, impactando en la forma de producción, discursos y pensamientos. El discurso del promotor del libre mercado (Friedman, 1966) aseguraba que el mercado garantizaría al individuo la libertad de aprovechar al máximo todos los recursos que estuvieran a su disposición siempre y cuando no interfirieran con la libertad de los demás de hacer lo mismo. No obstante, eso no garantizaría que tendrán los mismos recursos que otros, sin que se pudiera haber evitado la existencia de una gran disparidad entre riquezas e ingresos.

El reacomodo económico mundial hegemónico que predominaba en los países en desarrollo dejó de lado las cuestiones sociales: al contrario, sus bases descansaban en los mecanismos del mercado y una concepción individual. La lógica del capital financiero globalizado ha sido la búsqueda de ganancias extraordinarias; esto confiere al capital la característica de volatilidad, dando la libertad de retirar las ganancias de cierto mercado que ya no resulte favorable, y con esto, precipitando una crisis financiera (Calvento, 2007).

El neoliberalismo surge con el propósito de restaurar el liberalismo amenazado por las tendencias colectivistas del siglo XX, el programa neoliberal necesita al Estado para que este sirva como instrumento en el proceso de privatización (Escalante, 2015). El término neoliberal fue sugerido por el sociólogo y economista alemán Alexander Rüstow, quien reconoció que la economía de *laissez-faire* ya no era suficiente; por consiguiente, el liberalismo debía ser estructurado con una política económica moderna (Stedman, 2012). A palabras de David Harvey (2007), "los fundadores del pensamiento neoliberal tomaron el ideal político de la dignidad y de la libertad individual como pilar fundamental, considerando los valores centrales de la civilización" (p. 11).

La consolidación del pensamiento neoliberal como un nuevo modelo económico regulador de la política pública a nivel estatal en el mundo del capitalismo avanzado se dio en EUA con Ronald Reagan y en Gran Bretaña bajo el mandato de Margaret Thatcher en 1979 (Harvey, 2007), aunque anteriormente ya había sido probado en Chile en 1973 con el golpe de estado al gobierno de Salvador Allende orquestado por Augusto Pinochet.

Andrés Villena (2016) señala que el orden neoliberal favorece de manera desproporcional solamente a unos pocos, los números reales difieren la idea de que el beneficio es para todos. Algunas afirmaciones fundamentales que hace el neoliberalismo parecieran ser indiscutibles: (i) una empresa privada es siempre más eficiente que una empresa pública; (ii) la competencia produce siempre los mejores resultados; o (iii) los hombres tienen la necesidad de buscar siempre la máxima ventaja personal. Esas nociones ya aceptadas por el sentido común de la población mantienen vigente la corriente neoliberal. La neoliberalización es un proceso creciente de mercantilización de derechos.

El modelo neoliberal de libre mercado, ofrece ventajas en la importación y exportación de mercancía, permitiendo a las naciones beneficiarse de acuerdos comerciales, con la promesa de poder ofrecer productos competitivos al mercado interno. Al mismo tiempo, permite la inversión Extranjera Directa (IED) que asegura la generación de más empleo, y representa una apertura en el comercio mundial para las naciones. Además de que el Estado deja de ser protector de la industria nacional para volverse el promotor de la inversión privada. La apertura representa mejoramiento en la infraestructura, entre otras características.

Lo anterior parece muy atractivo, la promesa de adoptar las medidas neoliberales permitió pensar a las naciones que podían alcanzar el desarrollo del primer mundo. Hasta estos momentos una parte de la sociedad cree firmemente en la efectividad de dicho modelo económico, guardan la esperanza de un ascenso social y el alcance del máximo beneficio a través de esta doctrina globalizadora. Lamentablemente, estas medidas trajeron consecuencias.

El deterioro del modelo de desarrollo económico neoliberal

La receta neoliberal parecía que era buena, o tal vez faltó aclarar, que lo era para unos cuantos. El discurso mundial es que la pobreza se acentúa y que las próximas generaciones tendrán un menor estándar de vida que el actual, ¿cómo puede estar pasando esto si el mundo tiene más riqueza en estos momentos? (ONU, 2018). La inequidad de los ingresos se ha profundizado, con ello el neoliberalismo no ha sido capaz de eliminar el Estado de Bienestar, se tiene un aumento en los gastos sociales debido al desempleo y al ascenso en el número de jubilados (Anderson, 1999). Así pues, el proyecto neoliberal consintió la recuperación de la clase burguesa, atacó a los sindicatos y apoyó a la Industria Privada por parte del Estado (Cajal, 2020).

Para 1991, el capitalismo entró en una profunda recesión, evidenciando el endeudamiento público de muchos países occidentales, además del endeudamiento de familias y empresas; por lo que se empezaba a cuestionar la eficacia del modelo neoliberal (Anderson, 1999). En el tema del comercio internacional no se lleva a cabo con libertad, por el contrario, el ordenamiento comercial mundial está en manos de las naciones más fuertes. El libre comercio ha lastimado actividades productivas tradicionales principalmente en naciones latinoamericanas, como lo es la agricultura, que deja a la industria en desventaja ante la producción con técnicas modernas de otras naciones. El error fue el abrir totalmente sus mercados a la competencia internacional, sin que esto fuera de manera gradual para lograr fortalecer la industria domestica (Anderson, 1999; Rubio, 2003).

Además del desempleo y el descuido de la industria agrícola por la competencia en desventaja en los países no desarrollados, no se ha logrado una estrategia consistente de desarrollo. El objetivo ha sido la estabilidad y la macroeconomía, menoscabando la sostenibilidad económica y la importancia de los derechos fundamentales; pero contrariamente la distribución del ingreso empeoró, hubo un aumento en el número de pobres, aumentaron los monopolios y la concentración del poder (González, 2003).

El índice deseable para las economías neoliberales se volvió la tasa de crecimiento, dejando en segundo lugar la política social, ya que el modelo de libre comercio asegura que entre mayor sea el crecimiento este implicaría mayor desarrollo y equidad social (Corredor, 2003). Sin embargo, se puede constatar para estos tiempos un rezago en la productividad, la región de Latinoamérica ha presentado una brecha cada vez más amplia con el resto del mundo (CEPAL, 2020); el desarrollo tecnológico (CCEPAL, 2016), se tiene mayor tasa de subempleos, entre los años 2018-2019 la tasa se incrementó 35% (CEPAL, 2020); por lo tanto, esta situación golpea la equidad y el bienestar social.

En consecuencia, el reducir la participación del estado como lo indicaba el proyecto neoliberal, no funcionó en las economías subdesarrolladas. La privatización de las empresas, como ya se vio, redujo drásticamente el empleo público. Los gobiernos tuvieron que ajustar sus políticas atendiendo exigencias internacionales y procesos globales, impidiendo efectuar políticas públicas acorde a la necesidad interna, situación que debilitó la agencia del Estado (Kay, 2009).

El resultado social que ha ocasionado la adopción del modelo neoliberal, se percibe en la desprotección de los individuos, sufren de inestabilidad laboral, falta de seguridad social, creciente pobreza que acarrea inseguridad, desigualdad, marginación, un sistema de educación privatizado que prioriza la acumulación de capital, la creación de nuevos impuestos, desmantelamiento de la propiedad pública, creciente contaminación ambiental, escasez de agua, cambio climático, pérdida de la biodiversidad, aculturación, y demás efectos que arrastra el capitalismo.

La pandemia COVID-19

Con el panorama descrito en el apartado anterior, en un contexto de globalización y competencia mundial regido por el beneficio económico a corto plazo, aparece la pandemia COVID-19. La libre competencia ha sido la justificación de conductas destructivas del hombre al entorno. Es posible, que la libertad de consumo, de producción, de uso de territorio, de explotación de la fuerza laboral, del uso del espacio público, y otros hechos, invadan la sana convivencia de los seres humanos y con ello se produzcan efectos amenazantes para la humanidad. ¡Qué más da!, tal escenario crea espacios de oportunidad para el capitalismo.

El nuevo brote de enfermedad por coronavirus COVID-19 fue notificado por primera vez el 31 de diciembre de 2019 en Wuhan, capital de la provincia de Hubei en el este de China; hasta el momento no se ha logrado confirmar su origen, pero según los datos disponibles sugieren que tiene un origen animal y no es un virus creado en un laboratorio; tampoco se precisa como se infectaron las primeras personas en China (OMS, 2020). Lo que sí es indiscutible es que la presencia de un virus de esa dimensión denota la vulnerabilidad humana económica, tecnológica, y científica, pero también logra que titubeé la dispersión del poder en el mundo.

Las dimensiones de la pandemia se siguen contabilizando, hasta este momento se pensaba que el punto álgido de la crisis había pasado. No obstante, actualmente se tiene 65 millones 870 mil 30 casos de contagio confirmados y se han registrado un millón 523 mil 583 muertes en el mundo (OMS, 2020). En la cuestión económica, el representante de la Organización Mundial del Comercio (OMC) Roberto Azevédo señaló que las proyecciones recientes predicen una recesión económica y una pérdida de empleos peores a lo visto en la crisis financiera mundial del 2008 (citado en Morales, 2020). Se calcula según la Organización Internacional del Trabajo (OIT) que se perderán aproximadamente 195 millones de empleos de tiempo completo, siendo el sector hotelero el más afectado (Orgaz, 2020).

El virus desconoce clase social, raza, o nacionalidad; y es la globalización su vehículo más eficaz. El libre mercado pregonó que el lucro estaba por encima de todo y de todos, desatendiendo la salud pública y los programas sociales. La elite del poder ha desestimado la vulnerabilidad en que viven cada vez más personas en espacios que no ofrecen bienestar, quienes tienen como principal preocupación el conseguir alimento dejando de lado cuestiones sanitarias.

El impulso económico deliberado de acumulación de capital y poder, que arrasa las cuestiones sociales y ambientales, y que es causado por el neoliberalismo no pudo evitar ni controlar los estragos que anunciaba la pandemia. La dimensión de la emergencia ha dejado sin validez el discurso de que la minoría es la culpable, por el contrario, es la prueba de que el neoliberalismo no ha logrado la inclusión de la humanidad, pero en estos momentos la situación ha obligado a la élite capitalista a voltear a ver al prójimo como su igual, como aquel que puede amenazar su propia estabilidad.

La crisis de salud mundial que representa este nuevo virus, deja claro que hace falta prevención con mayor apoyo a la salud pública y la ciencia; cuestiona cómo es que los Estados han destinado millonarias sumas de dinero a la compra de armamento, a actividades de ocio, la concesión de subsidios a grandes empresas, entre otros; esta situación ha dejado al descubierto una función pública al servicio de intereses económicos privados (Cueto, 2020).

El confinamiento que reclama la urgencia por detener la propagación mundial de la pandemia irrumpe el ritmo económico neoliberal, pero también hace evidente la disparidad de condiciones en que se deben resguardar las diferentes clases sociales; para una gran parte de la población se vuelve un problema por su situación de pobreza, aunado a otros como la flexibilidad laboral, escasez o mercantilización de los servicios básicos (Espinoza, 2020). Viene a bien retomar a David Harvey (2003), la "acumulación por desposesión" ha cobrado la estabilidad social, desprotegiendo a las mayorías; la situación actual confirma que el beneficio de las élites, en este caso, genera un malestar poblacional.

Otra característica de la dimensión del peligro por la infección del COVID-19 se aprecia en el ejercicio de los derechos y libertades civiles de las personas. No hay libertad de movimiento, se han implementado formas de control para asegurar la no ocupación del espacio público, medidas tan drásticas como la vigilancia por medio de helicópteros o drones para monitorear las zonas públicas; la supervisión de personas a través de aplicaciones móviles; o la que tomó el presidente de Filipinas meses atrás, al ordenar disparar a quién se encuentre en la calle si no respetan la cuarentena (El país, 2020).

Para quienes su único ingreso es el que resulta del trabajo diario, la emergencia que ordena el Estado de permanecer confinado les impide ejercer su libertad para alimentarse. Se han paralizado los servicios médicos públicos y privados para otros tipos de enfermedades. Se tiene una zozobra laboral por el riesgo de perder sus trabajos o quedar sin prestaciones mientras se está en encierro. ¿Habría entonces que re conceptualizar la libertad? ¿Cuáles serán las reales dimensiones del distanciamiento social posterior a la pandemia? ¿Es la amenaza de este nuevo virus la oportunidad de otorgar mayor poder al Estado y menor libertad al ciudadano?

El post-desarrollo y la propuesta de un 'pluriverso'

Un grupo de pensadores críticos del desarrollo como discurso occidental, han propuesto una visión más allá de un modelo eurocéntrico capitalista, comprendido a palabras de Orlando Fals Borda (1970) como un instrumento de colonialismo intelectual. La escuela post-desarrollista tiene su origen en la corriente del post-estructuralismo, liderado por el francés Michael Foucault (1968) con su crítica a la modernidad y sus mecanismos de poder.

Desde el surgimiento del concepto de desarrollo anteriormente explicado, se reconocen tres orientaciones teóricas contrastantes: la teoría de la modernización en los años 50, la teoría de la dependencia en los años 60 y 70, y las aproximaciones críticas del post-desarrollo a finales de los 80 y comienzo de los años 90. Donde la primera sugería un proceso de desarrollo a replicar por los países pobres que incluía entre otras cosas la industrialización, la tecnificación agrícola, el mercado, y la racionalidad; la segunda por su parte, criticaba al capitalismo por su explotación de clase, y reconocía que había que superar la situación de dependencia de los países pobres hacia los países ricos; mientras que el post-desarrollo cuestiona al concepto mismo de desarrollo entendido como una invención de los países ricos (Escobar, 2013).

Esta última corriente del post-desarrollo, es reconocida por el intento de deconstruir el desarrollo, al considerar que es solo un discurso de poder y dominación; el principal argumento de esta crítica es que existen alternativas al desarrollo, pero también alternativas de desarrollo o desarrollo alternativo. Arturo Escobar (2013a) ha declarado que ya hay una alternativa tangible y concreta para el desarrollo, el Buen Vivir (Sumak kawsay en quichua o Sumak qamaña en aimara); concepto importante que se puede considerar como parte de esta tercera corriente de crítica al desarrollo, según Eduardo Gudynas (2017) es un paradigma que no tiene orígenes académicos, sino que deviene de prácticas sociales y políticas de una diversidad de actores (sobre todo indígenas); su ética del desarrollo subordina los objetivos económicos a criterios ecológicos, a la dignidad humana y a la justicia social (Escobar, 2013b).

Refiere Fernando Huanacuni (2010) que el desarrollo es inapropiado y altamente peligroso de aplicar en las sociedades indígenas, tal cual es concebido en el mundo occidental, porque aniquila lentamente la filosofía del Vivir Bien (como también se le conoce al Buen vivir), al desintegrar la vida comunal y cultural de las comunidades, así como devastar también las bases de subsistencia y de sus capacidades y conocimientos para la satisfacción de las propias necesidades de los pobladores (citado en Gudynas, 2011). El Buen Vivir, desde una postura holística descansa en la cosmovisión de los pueblos indígenas; contrario al desarrollo, se aleja del bienestar social que descansa en los bienes materiales como únicos determinantes; considera otros valores como: el conocimiento y reconocimiento social y cultural, códigos de conductas éticas o espirituales que tienen que ver con la sociedad y la naturaleza, valores humanos, y otros (Acosta, 2008).

El Buen Vivir representa una protesta a las formas neoliberales de entender el desarrollo, siendo aquellas que celebran el consumo material como indicadores de bienestar (Gudynas, 2011) y desmantelan tradiciones, culturas, naturaleza y medio ambiente. Refiere Acosta (2008: 6) "el Buen Vivir constituye una oportunidad para construir colectivamente un nuevo régimen de desarrollo". Este proyecto reconoce las diferencias culturales y de género, su principio rector es la interculturalidad, sostiene que la vida implica la creación de la forma, es decir la diferencia, la morfogénesis; en esta concepción, el mundo es un pluriverso (Escobar, 2013b).

Entendiendo que pluriverso se refiere a una red siempre cambiante de interrelaciones entre seres humanos y no humanos, o como es descrito por los zapatistas un 'mundo donde quepan muchos mundos'.

Conclusiones

En los apartados anteriores se hizo una revisión histórica muy práctica de lo que ha representado el modelo económico neoliberal en diferentes contextos de la historia, destacando su fracaso en la actualidad para con el mundo en general, pero constatando que lo que sí ha logrado es una acumulación de poder en ciertas élites. La panacea de un mundo con mayores oportunidades y desarrollo para todos no se cumplió, por el contrario, se ha acentuado la desigualdad, el despojo, la pobreza, y el hambre.

El virus COVID-19 es un fenómeno a nivel global que obliga a evaluar la funcionalidad del modelo capitalista neoliberal. Quedó en evidencia que el libre mercado no puede resolver los problemas sociales, el resultado se puede observar en el colapso de los sistemas de salud, millones de trabajadores sin seguridad social, pérdida de empleos y hambre durante el confinamiento y resguardo de la pandemia. El proyecto neoliberal que apoyaba las medidas de austeridad en los gobiernos con el recorte al gasto público, la desregulación de mercados, la privatización, y la libre competencia ha ocasionado la expansión del virus en el mundo.

La salud se convirtió en un negocio. Y las consecuencias se han hecho presente. El aislamiento y reducción del consumo mundial pone en jaque a la economía global, que tendrá estragos importantes para las sociedades en su momento. Sin embargo, es también el confinamiento y con ello la reducción de la actividad humana en el espacio público lo que ha producido un efecto inmediato en el medio ambiente, disminuyendo la generación de gases contaminantes y aminorando la crisis ecológica. Se han limpiado lagos y playas, se ha generado una consciencia solidaria, hay evidencia de que especies animales merodean territorio ganado por la urbanización; por otro lado, quienes se trasladaron por las ciudades durante los días de confinamiento expresan un disfrute por la ausencia de tráfico vehicular.

El coronavirus como es conocido, ha terminado por colapsar el mundo instaurado sobre bases políticas neoliberales. El recuento es, que el decadente modelo de globalización neoliberal tiene a los ciudadanos confinados, fronteras cerradas y una restricción comercial, que afectara a aquellas naciones que basan su economía en una enorme dependencia en el suministro de bines y servicios básicos (Torres, 2020).

Es necesario considerar que los daños se siguen acumulando, pero lo que sí se puede hacer, es reflexionar sobre las consecuencias de haber mercantilizado al ser humano. Es momento hacer un balance e incluir dichas consecuencias y necesidades en la agenda política, debemos prepararnos para responder a este enorme reto global de manera pluriversal contemplando todos los escenarios reales de cada sociedad. Se requiere detener la destrucción de la naturaleza y los ecosistemas, respetar todas las cosmovisiones, a través de la justicia social.

Referencias

Acosta, A. (2008). "El Buen Vivir, una oportunidad por construir", Ecuador Debate, (75): 33-47.

Anderson, P. (1999). "Historia y lecciones del neoliberalismo", Revista del Centro de Estudios del Trabajo, 25.

Bustelo, E. (1998). "Expansión de la ciudadanía y la construcción democrática". En: E. Bustelo, & A. Minujin (edits.) Todos entran. Propuesta para sociedades incluyentes, Argentina: UNICEF-Santillana.

Cajal, A. (2020). "5 causas y consecuencias del neoliberalismo", obtenido de: Lifeder.com, https://www.lifeder.com/causas-consecuencias-neoliberalismo/#

Calvento, M. (2007). Profundización de la Pobreza en América Latina. El caso de Argentina 1995-1999, (J. C. Martínez, Ed.), Edición electrónica gratuita.

CEPAL. (2016). "Ciencia, tecnología e innovación en la economía digital. La situación de América Latina y el Caribe", México: Comisión Económica para América Latina y el Caribe.

CEPAL. (2020). "La agenda 2030 para el desarrollo sostenible en el nuevo contexto mundial y regional. Escenarios y proyecciones en la presente crisis", Santiago, Chile: LC/PUB.

Chomsky, N., y Polychroniou, C. J. (2017). Optimism over despais: on capitalism, empire, and social change. Chicago, IL: Haymarket Books. doi:ISBN: 978-1-60846-800-3

Corredor M., C. (2003). "El problema del desarrollo". En D. I. Restrepo Botero (Ed.) La falacia neoliberal. Crítica y alternativas (págs. 63-84), Colombia: Universidad Nacional de Colombia.

Cueto, M. (2020). "LA Covid-19 y las epidemias del neoliberalismo", El país, https://elpais.com/ciencia/2020-03-27/la-covid-19-y-las-epidemias-del-neoliberalismo.html

Diez, J. I., Gutiérrez, R. R., & Pazzi, A. (2013). "¿De arriba hacia abajo o de abajo hacia arriba?", Geopolitica(s),4(2): 199-235.

Doxrud, J. (2017). "La turbulencia económica mundial de 1973", obtenido de: Libertyk.com, http://www.libertyk.com/blog-articulos/2017/9/19/la-turbulencia-econmica-mundial-de-1973-por-jan-doxrud#

El país. (2020). "Duterte ordena disparar contra quien viole la cuarentena", obtenido de: El País, https://elpais.com/internacional/2020-04-02/duterte-ordena-disparar-contra-quien-viole-la-cuarentena.html

Escobar, A. (2013a). "Postdesarrollo, modernidad y otros mundos". (M. Mandujano Estrada, Entrevistador), Revista Oxímora.

Escobar, A. (2013b). "La alternativa al modelo hegemónico de desarrollo capitalista es el concepto del Buen Vivir". (F. Arellano Ortiz, Entrevistador) Bogotá.

Escalante G., F. (2015). Historia mínima de El neoliberalismo. México: El Colegio de México.

Espinoza P., M. (2020). "COVID-19, el virus de la era neoliberal", obtenido de: La vorágine. Cultura Crítica/Apocaelipsis, https://lavoragine.net/covid19-virus-era-neoliberal/

Fals B., O. (1970). Ciencia propia y colonialismo intelectual. México: Nuestro tiempo.

Foucault, M. (1968). Las palabras y las cosas. Una arqueología de las ciencias humanas. México: Siglo XXi .

Friedman, M. (1966). Capitalismo y libertad. Madrid: Rialp.

Fox, J. (2001). Chomsky and globalization. Duxford: Totem Books USA, doi:ISBN 1 840426237 X

González, J. I. (2003). "No hay falacia neoliberal". En: D. I. Restrepo Botero (Ed.), La falacia neoliberal. Crítica y alternativas (págs. 85-106), Colombia: Universidad Nacional de Colombia.

Gudynas, E. (2011). "Buen vivir: Germinando alternativas al desarrollo", América Latina en Movimiento, ALAI,(162): 1-20.

Gudynas, E. (2014). "La crítica al desarrollo y la exploración de alternativas desde el buen vivir". En: C. Von Barlowen, & M. Rivera (Edits.) Desarrollo sostenible en una modernidad plural. Perspectivas latinoamericanas (págs. 169-179), Ecuador: ABYA YALA.

Gudynas, E. (2017). "Posdesarrollo como herramienta para el análisis crítico del desarrollo", Estudios Críticos sobre el Desarrollo,7(12): 193-210.

Harvey, D. (2003). The new imperialism. Oxford: Oxford University Press.

Harvey, D. (2006). Spaces of global capitalism. Londre-Nueva York: Verso.

Harvey, D. (2007). Breve historia del neoliberalismo. Madrid, España: Ediciones Akal.

Hirshman, A. (1958). The Strategy of Economic Development. Yale: Yale University Press.

Kay, C. (2009). "Un fracaso del neoliberalismo". Nueva Sociedad,(223): 94-112.

Morales, R. (2020). "Esta recesión tendrá mayor impacto que la crisis de 2008, alerta OMC", obtenido de: El economista, https://www.eleconomista.com.mx/empresas/Esta-recesion-tendra-mayor-impacto-que-la-crisis-de-2008-alerta-la-OMC-20200326-0057.html

Murray, N. R. (1999). Historia del pensamiento económico. Unión Editorial.

Myrdal, G. (1957). Economic Theory and Underdevelpment. London: Duckworth.

Nahón, C., Rodríguez E., C., & Schorr, M. (2006). "El pensamiento latinoamericano en el campo del desarrollo del subdesarrollo: trayectoria, rupturas y continuidades", Crítica y teoría en el pensamiento social latinoamericano, 327-388.

Nurkse, R. (1952). "Some international aspects of the problem of economic development", American Economic Review,42(2): 571-583.

OMS. (2020a). "Coronavirus disease (COVID-2019) situation reports", World Helath Organization.

OMS. (2020b). "Brote de enfermedad por coronavirus (COVID-19)", obtenido de: Organización Mundial de la Salud, https://www.who.int/es/emergencies/diseases/novel-coronavirus-2019

OMS. (2020c). "World Health Oranization". Recuperado el 2020 de diciembre de 06, de Panel de la OMS sobre la enfermedad por coronavirus (COVID-19): https://covid19.who.int/

ONU. (2018). "El mundo de hoy es más rico, pero también más desigual que nunca", obtenido de: Noticias ONU, https://news.un.org/es/story/2018/12/1447091

Orgaz, C. J. (2020). "Coronavirus: "Se perderán 195 millones de empleos en solo 3 meses" por la pandemia, el alarmante informe de la OIT (y cómo afectará a América Latina)", BBC News.

Rosestein-Rodan, P. (1943). "Problems of industrialization of Eastern and Sourth Eastern Europe", Economic Journal (53).

Rostow, W. (1960). The stages of Economy Growth. Cambridge: Cambridge University Press.

Rubio, B. (2003). Explotados y excluidos. Los campesinos latinoamericanos en la fase agroexportadora neoliberal (Segunda edición ed.). D.F. México: Plaza y Valdés, S.A. de C.V.

Sassen, S. (2016). "At the systemic edge: expulsions", Eurepean review, 24(1): 88-194, doi:10.1017/S1062798715000472

Stedman-Jones, D. (2012). The Masters of the Universe. Hayek, Friedman, and the Bitrh of Neoliberal Politics. Princenton y Oxford: Princenton University Press.

Stewart, F. (1998). "La insuficiencia crónica del ajuste". En: E. Bustelo, y A. Minijin (Edits.), Todos entran, propuesta para las sociedades incluyentes, Buenos Aires, Argentina: UNICEF-Santillana.

Torres L., J. (2020). "De todas las opciones, eligen la peor y más cruel: esto es Europa", obtenido de: Público, https://blogs.publico.es/juantorres/2020/03/25/de-todas-las-opciones-eligen-la-peor-y-mas-cruel-esto-es-europa/

Villamizar M., E., & Uribe A., M. (2009). "El fracaso del neoliberalismo y su modelo de desarrollo", Revista la propiedad inmaterial (13): 119-150.

Villena O., A. (2016). "La revolución neoliberal fue un éxito rotundo. El mundo es neoliberal", ctxt Contexto y acción.

Yeiyá | ISSN: 2634-355X (Print) ISSN: 2634-3568 (Online)

Yeiyá
Julio-Diciembre 2020
Volume: 1 | Volumen 1 | Número 1 | Number 1 | pp. 121 – 139
ISSN: 2634-355X (Print) | ISSN: 2634-3568 (Online)
journals.tplondon.com/yeiya

TRANSNATIONAL PRESS®
LONDON

First Submitted: 2 September 2020 Accepted: 3 December 2020
DOI: https://doi.org/10.33182/y.v1i1.1166

Extractivismos, conflictos mineros y desarrollo desigual en América del Norte

Federico Guzmán López[1]

Resumen

Los extractivismos y la minería a gran escala en la región de América del Norte conformada por Canadá, Estados Unidos de América y México, se impulsaron en manos del capital privado transnacional, a partir del periodo neoliberal 1982-2020. Encontramos dos puntos de inflexión, el primero durante el año 1994 con la entrada en vigor del Tratado de Libre Comercio de América del Norte (Tlcan) y el segundo durante el año 2020 con la renegociación comercial mediante el Tratado entre México, Estados Unidos y Canadá (T-MEC) y la pandemia global del COVID-19. Los resultados registran siete tendencias: incrementos de conflictos mineros, de precios internacionales y reservas del oro en bancos centrales, relación desigual capital-trabajo, fortalecimiento de China en minería, continuar operaciones durante pandemia y Responsabilidad Social Empresarial.

Palabras clave: *Canadá; Estados Unidos de América; megaminería; México; tratados comerciales*

Abstract
Extractivism, mining conflicts, and uneven development in North America

Extractivisms and large-scale mining in the North American region made up of Canada, the United States of America and Mexico, were promoted in the hands of transnational private capital, from the neoliberal period 1982-2020. We found two turning points, the first during 1994 with the entry into force of the North American Free Trade Agreement (NAFTA) and the second during 2020 with the trade renegotiation through the Agreement between Mexico, the United States and Canada. (T-MEC) and the global pandemic of COVID-19. The results register seven trends: increases in mining conflicts, international prices and gold reserves in central banks, unequal capital-labor ratio, strengthening of China in mining, continuing operations during the pandemic and Corporate Social Responsibility.

Keywords: *Canada; United States of America; mega-mining; Mexico; trade agreements*

Introducción

En la región de América del Norte la dinámica del modelo neoliberal hegemónico durante el periodo 1982-2020, permitió que los extractivismos y sus consecuencias expresadas en conflictos socioambientales y mineros, en conjunto contribuyeron a que se acentuara el desarrollo desigual entre Canadá, Estados Unidos de América y México. Se trata de un problema agrario de justicia ambiental que día con día afecta a más habitantes, el cual ha sido poco estudiado de forma integral a nivel regional.

A partir de los datos oficiales que brindan los gobiernos de los países que conforman la región de América del Norte, así como de otras fuentes de organismos públicos y privados del ámbito

---

[1] Universidad Autónoma de Zacatecas. Zacatecas, México. Correo electrónico: federic7bcm@gmail.com

internacional, encontramos que en conjunto Canadá, Estados Unidos de América y México conforman un territorio de 21.8 millones de kilómetros cuadrados de superficie para el año 2018, cifra equivalente al 16.5 por ciento de los 132.02 millones de kilómetros cuadrados de la superficie territorial de todos los países del mundo (Banco Mundial, 2020). Está región contaba con una población de 493.40 millones de habitantes para el año 2019, equivalente al 6.4 por ciento de los 7,674 millones de habitantes a nivel mundial (Banco Mundial, 2019).

Por su parte, al revisar la lista de los veinte principales países productores de oro a nivel mundial, según el Consejo Mundial del Oro (2020a), Estados Unidos de América se ubicó en cuarto lugar, Canadá en quinto lugar y México en noveno lugar mundial, respectivamente. En conjunto las tres naciones mencionadas produjeron 494.5 toneladas de oro durante el año 2019, equivalente al 15.8 por ciento de la producción total del mineral aurífero mundial que alcanzó las 3,272.7 toneladas producidas por 43 de los 193 países del mundo reconocidos por las Naciones Unidas oficialmente (Naciones Unidas, 2020).

En cuanto a la lista de los 20 principales países productores de plata a nivel mundial para el año 2019, de acuerdo con The Silver Institute (2020), México se ubicó en el primer lugar, Estados Unidos de América en el lugar número diez y Canadá en el lugar número 14 a nivel mundial, respectivamente. En conjunto los tres países señalados produjeron 235.3 millones de onzas del mineral argentífero, equivalente al 28.1 por ciento del total producido a escala mundial que alcanzó los 836.5 millones de onzas.

En cuanto al índice de atracción de inversiones según el Fraser Institute (2019: 4-6, 10-11), los datos de la encuesta anual a empresas mineras 2019, aplicada a 2,400 empresas alrededor del mundo, mismas que reportaron montos de inversión en exploración minera por USD$1.8 mil millones de dólares durante el año 2018 y USD$1.9 mil millones de dólares, durante el año 2019, respectivamente. En el año 2018 los países y provincias de América del Norte se ubicaron en los primeros lugares a nivel mundial, de Canadá: Saskatchewan 3/83, Quebec 4/83 y Yukón 9/83 lugar; en Estados Unidos de América: Nevada 1/83, Alaska 5/83 y Utah 7/83, mientras que México se ubicó en el lugar 29/83. Para el año 2019, en Estados Unidos de América: Nevada 3/76, Alaska 4/76, Idaho 8/76 lugar a nivel mundial; en Canadá: Saskatchewan 11/76, Ontario 16/76 y Quebec 18/76 lugar mundial, por su parte México se ubico en el lugar mundial 38/76.

Tan solo la distribución geográfica de los activos de la minería canadiense en la región de América del Norte durante el año 2017, de acuerdo con The Mining Association of Canada (2019: 75), en Canadá un total de 1,021 empresas sumaron USD$91.4 billones de dólares, en Estados Unidos de América 286 empresas contaban con $24.9 billones de dólares y en México 110 compañías transnacionales de megaminería de origen canadiense contaban con USD$18.4 billones de dólares.

Asimismo, en el caso de México, de acuerdo con la Secretaría de Economía, (2020), además de ubicarse en el quinto lugar mundial en materia de atracción de inversiones y exploración minera, durante el año 2018 la minería recibió inversiones por la cantidad de USD$4,897 millones de dólares. En contraste con esos montos de inversión de acuerdo con Eme Equis (2020), la Cámara Minera de México (Camimex), reportó que el sector minero en el país ha sufrido estancamiento, como consecuencia del entorno económico de incertidumbre, que han propiciado el escenario político derivado de las decisiones y políticas públicas del Gobierno de México durante los dos primeros años de la presidencia en manos de Andrés Manuel

López Obrador, principalmente por la pérdida de estabilidad política, desaparición de la Subsecretaría de Minería de la estructura orgánica de la Secretaría de Economía, disminución de atracción de inversiones, aumento de proyectos suspendidos o diferidos. Lo que trajo consigo una disminución del 25 por ciento en inversión para exploración minera y que 523 megaproyectos de minería se encontraban detenidos durante el año 2019.

A partir de los datos anteriores se plantea la siguiente pregunta, ¿Cómo y de qué manera se manifiesta la dinámica de los extractivismos y la minería a gran escala en la región de América del Norte y sus consecuencias socioambientales?

El objetivo del presente artículo es revisar la transición del extractivismo minero en la región de América del Norte durante el periodo neoliberal, con énfasis en el contexto de los tratados comerciales, las crisis de 2008 y 2020, así como la pandemia global del COVID-19.

Se argumenta que la minería a gran escala que predomina en los países de la región de América del Norte, ha significado una dinámica de desarrollo regional desigual en las esferas de la producción y el mercado de minerales metálicos, cuyos principales beneficiados de la renta minera han sido las empresas transnacionales y gobiernos de Canadá y Estados Unidos de América, en contraste el más perjudicado ha sido México, configurado en territorio de sacrificio, con mayor agotamiento de los recursos naturales y afectaciones eco-sociales expresadas en mayores conflictos mineros.

El artículo se dividió en tres apartados, en el primero se presenta un esbozo teórico metodológico. En el segundo se ofrece un mapeo de los conflictos mineros en la región de América del Norte en el contexto mundial, tomando en cuenta la intensidad de los conflictos, la distribución geográfica y los impactos ambientales.

En el tercero se abordan las siete tendencias de la minería a gran escala en el contexto de la crisis financiera y la pandemia del COVID-19. Al final se presentan las conclusiones sobre la realidad y desafíos de otra forma de explotar minerales.

Esbozo teórico metodológico sobre extractivismos, conflictos mineros y desarrollo desigual

Para adentrarnos en el estudio sobre los extractivismos, conflictos mineros y desarrollo desigual, se consideró la ecología política, que ayuda a explicar la dinámica de la génesis y efectos de los conflictos de justicia ambiental (Martínez, 2005), acompañados del desarrollo desigual regional y entre naciones del norte y el sur global (Robbins, 2004). Según Francisco (2020: 2), en la reciente encíclica destacó la ausencia de fraternidad: "los conflictos locales y el desinterés por el bien común son instrumentalizados por la economía global".

Cuando hablamos en singular del concepto extractivismo, según Gudynas (2015: 9, 14), "se refiere a la apropiación de recursos naturales para exportarlos". Para comprender ese término expresado en plural como extractivismos, de acuerdo con dicho autor, se refiere a grandes emprendimientos llevados a cabo en las explotaciones minera (megaminería a cielo abierto, en más de un mil hectáreas de superficie de tierras y remueven por año más de un millón de toneladas de roca), petrolera y en el monocultivo destinado a la producción de alimentos destinados para el mercado exterior, que ha significado el acaparamiento de grandes extensiones de tierra, para extraer grandes volúmenes de recursos naturales, principalmente minerales, energéticos, alimentos y agua proveniente de fuentes superficiales y subterráneas, llevado a cabo en mayor medida por empresas de capital privado transnacional y así como por Estados nacionales (Gudynas, 2015: 7).

Aunque debemos tomar en cuenta que históricamente hemos tenido viejos extractivismos, como la dinámica de economía de enclave referida a la explotación de minerales metálicos, principalmente que se transferían desde la época de la colonización de Latinoamérica para proveer a Europa, principalmente España e Inglaterra, con bajo impacto positivo en la economía local (LeGrand, 2006 y Turdera, 2012).

Mientras que los nuevos extractivismos se alentaron por el auge de los precios internacionales de las materias primas, lo que motivó a que los gobiernos de varios países centraran sus proyectos de desarrollo nacional en mecanismos de carácter extractivista y de manera más reciente neoextractivista, para acceder a una mayor porción de la renta minera y petrolera, para asignar recursos a programas sociales de combate a la pobreza, así como por los supuestos beneficios económicos en materia de empleo e inversión productiva.

De acuerdo con la propuesta de Gudynas (2015: 22-26), de cuatro generaciones de extractivismos en la minería considerando la intensidad de los recursos naturales apropiados, la primera generación se refería a la minería de socavón, basada en la fuerza humana y tracción animal. La segunda generación, con el uso de explosivos, máquinas de combustión interna o de vapor a partir de la mitad del siglo XIX. La tercera generación se refiere a la megaminería a cielo abierto desde finales de la década de 1970, con uso de excavadoras, camiones de carga pesada, separación de minerales, grandes volúmenes de residuos y de consumo de agua. La cuarta generación durante los inicios del siglo XXI con la minería submarina, que se pretende llevar a cabo en casos como el proyecto Don Diego, por parte de la empresa transnacional estadounidense Odyssey Marine Exploration, en Baja California Sur, desde el año 2015 (Centro de Información sobre Empresas y Derechos Humanos, 2015).

Sobre los elementos metodológicos se consideró como base de información empírica el Atlas de Justicia Ambiental (Ejatlas), que permite la conexión teórico-metodológica de la ecología política con las resistencias protagonizadas por los movimientos sociales que soportan sus acciones mediante colectivos de base comunitaria. Porque es la principal herramienta de análisis cualitativa, cuantitativa y con datos georreferenciados de los 3,255 conflictos socioambientales que existen en 167 países alrededor del mundo, así como los 637 conflictos mineros que se han registrado actualmente en 91 países (Ejatlas, 2020).

Mapeo de conflictos mineros en América del Norte

Los conflictos socioambientales y mineros en América del Norte y otras regiones del mundo surgieron en un contexto global marcado principalmente por tres dinámicas de alcance global-local, en primera instancia la instrumentación del modelo neoliberal desde la década de 1980, posteriormente por las reformas estructurales promovidas durante la década de 1990 para favorecer la privatización de los recursos naturales, recientemente derivado de las crisis financieras que detonaron durante las dos primeras décadas del siglo XXI.

Según el Ejatlas (2020) de los 3,255 conflictos de justicia ambiental registrados al 30 de septiembre de 2020, de los cuales, al revisar los datos de los países ubicados en los doce primeros lugares a nivel mundial, encontramos que Estados Unidos de América se ubicó en el cuarto, México en el sexto y Canadá en el décimo segundo lugar, respectivamente (ver figura 1).

Figura 1. Número de conflictos socioambientales en los países ubicados en los 12 primeros lugares a nivel mundial, 2020.

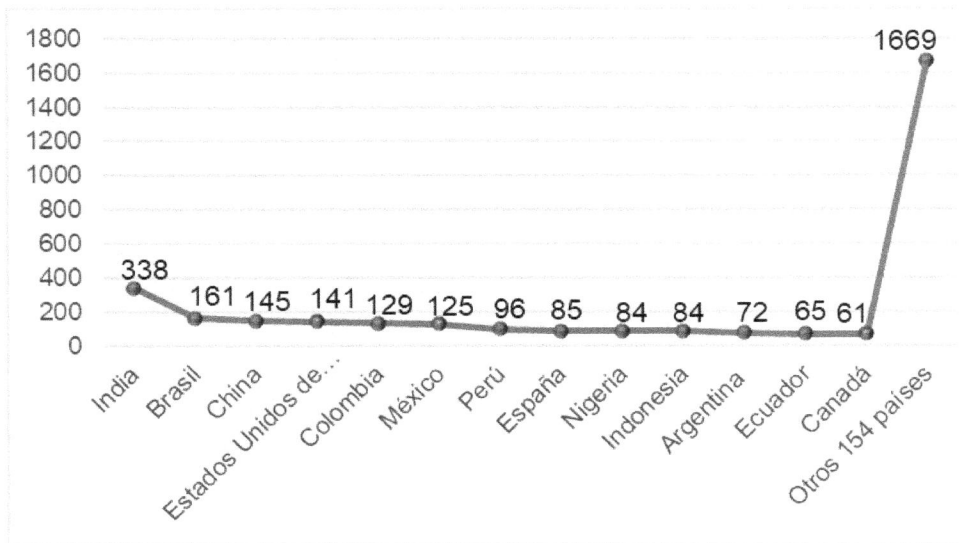

Fuente: Ejatlas (2020)

Los datos de la figura anterior indican que, tan solo 13 países concentraron 1,586 conflictos socioambientales, equivalentes al 48.7 por ciento del total mundial, de los cuales, 327 correspondieron a los países de la región de América del Norte: Estados Unidos de América (141), México (125) y Canadá (61), cifra equivalente al 10 por ciento del total de conflictos a escala mundial. Además, se menciona que Nigeria e Indonesia registraron un empate de 84 conflictos socioambientales cada uno, ubicándose ambos en el noveno lugar mundial, (ver figura 2).

Figura 2. Mapa de conflictos socioambientales en la región de América del Norte, 2020.

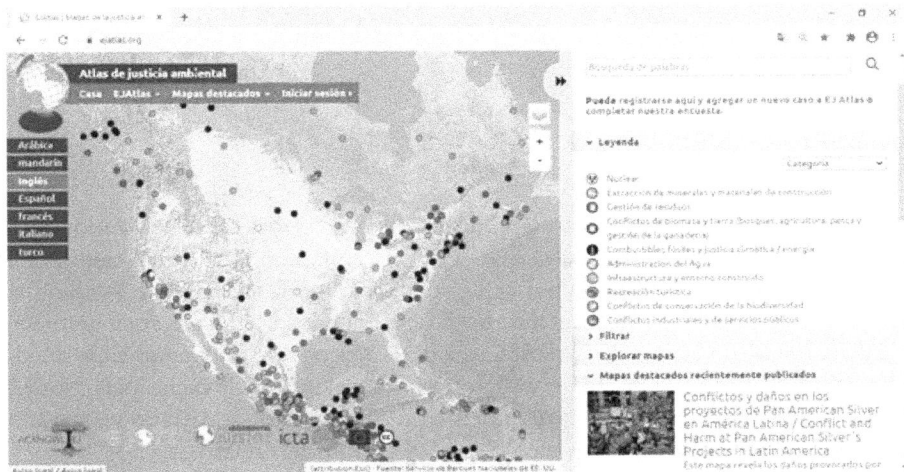

Fuente: Ejatlas (2020)

Asimismo, al revisar la distribución de los 327 conflictos socioambientales, clasificados en las diez categorías que aparecen en el Ejatlas, observamos el siguiente comportamiento, (ver figura 3).

Figura 3. Porcentaje de conflictos socioambientales en América del Norte agrupados en diez categorías, 2020.

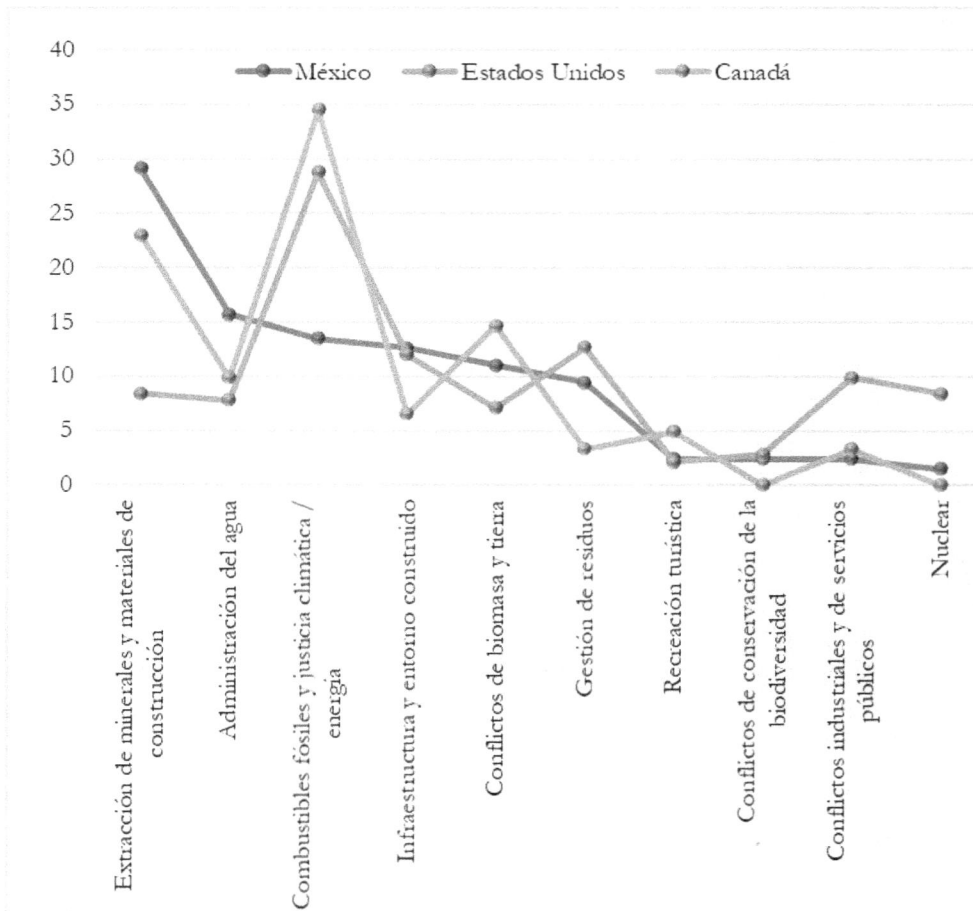

Fuente: Ejatlas (2020)

Los datos de la figura anterior indican que, de las diez categorías, el relacionado a la minería en México alcanzó los 37 casos y se ubica en el primer lugar con el 29.1 por ciento de los 125 conflictos socioambientales de dicho país; en Canadá la minería alcanzó los 14 casos, ubicado en el segundo lugar con el 23 por ciento de los 61 casos de los conflictos socioambientales en dicha nación y Estados Unidos de América registró 12 casos de minería, ubicado en el quinto lugar con el 8.4 por ciento de los 141 conflictos socioambientales de dicho país. Por tanto, de los tres países de América del Norte, México es el territorio más sacrificado y afectado por la mayor presencia de conflictos mineros en términos absolutos y relativos.

Por su parte, al revisar la distribución geográfica de los 637 conflictos mineros del mundo, estos últimos en su mayoría se localizan en los 18 países ubicados en los primeros doce lugares a nivel mundial, de los cuales seis lugares cuentan con dos países con el mismo número de conflictos (ver figura 4).

Figura 4. Número de conflictos mineros en los países ubicados en los 12 primeros lugares a nivel mundial, 2020.

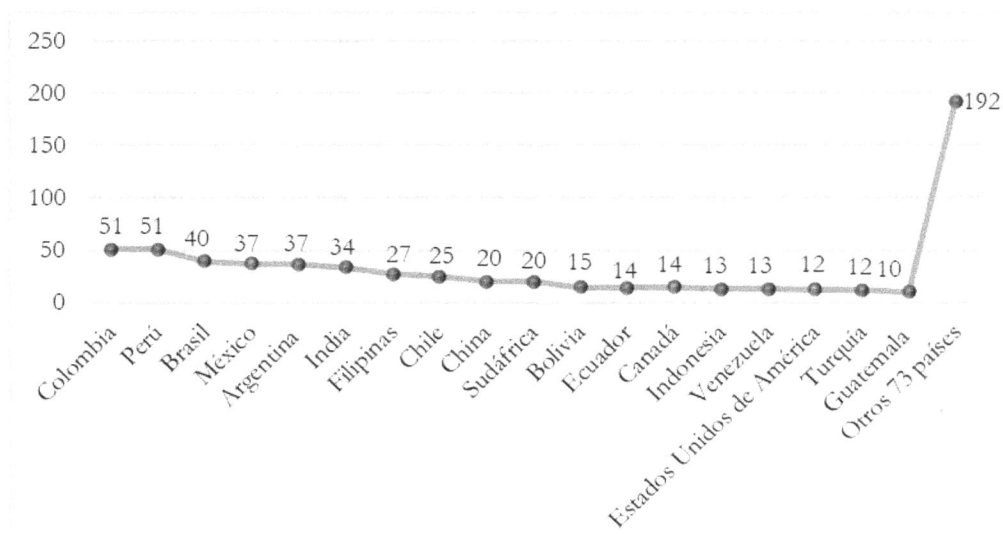

Fuente: Ejatlas (2020).

Los datos de la figura anterior indican que tan solo 18 países concentran el 69.8 por ciento de los conflictos mineros, además de las naciones que conforman América del Norte en conjunto cuentan con 63 casos, equivalente al 9.9 por ciento del total de los casos registrados a escala global. Además, México se ubicó en el tercer lugar mundial con 37 casos, Canadá en el noveno lugar con 14 casos y Estados Unidos de América en el décimo primer lugar con 12 casos. Es decir, México tiene un 42.3 por ciento más de conflictos mineros que Canadá y Estados Unidos de América conjuntamente.

Intensidad de los conflictos mineros en los países de América del Norte

En el Ejatlas los conflictos se agrupan en intensidades alta, media, baja y corresponde a los grados de violencia y de movilización de los grupos participantes. Asimismo, los conflictos latentes, se refiere a los que aún no se manifiestan socialmente. De los 63 casos de conflictos mineros por grado de intensidad en la región de América del Norte, se obtuvo lo siguiente (ver figura 5).

Las cifras de la figura anterior, señalan que en México predominan los conflictos mineros de intensidad alta con un 43 por ciento del total, en contraste los casos de Canadá y Estados Unidos de América apenas alcanzan el 7 y 17 por ciento, respectivamente, ambos según Roy (2018) estuvieron muy por debajo del promedio mundial de conflictos de alta intensidad que registró el 29.2 por ciento del total. Lo que indica que México es el país de la región de América del Norte donde además de destacar en términos absolutos por el mayor número de conflictos mineros, también sobresale porque estos se llevan a cabo con mayor grado de violencia, represión policiaca y más intensivos niveles de movilización masiva, detenciones, y además la pérdida de vidas humanas por asesinato. Como ocurrió en cinco conflictos mineros, donde al menos a 12 personas les quitaron la vida, como los casos emblemáticos de los campesinos Bernardo Vásquez en San José del Progreso, Oaxaca y Mariano Abarca en Chicomuselo, Chiapas. Mientras que en Estados Unidos de América y Canadá el Ejatlas, no registró ningún caso de asesinato a personas de las comunidades que se resisten a los megaproyectos mineros.

Figura 5. Grado de intensidad de los conflictos mineros en América del Norte, 2020 (porcentaje).

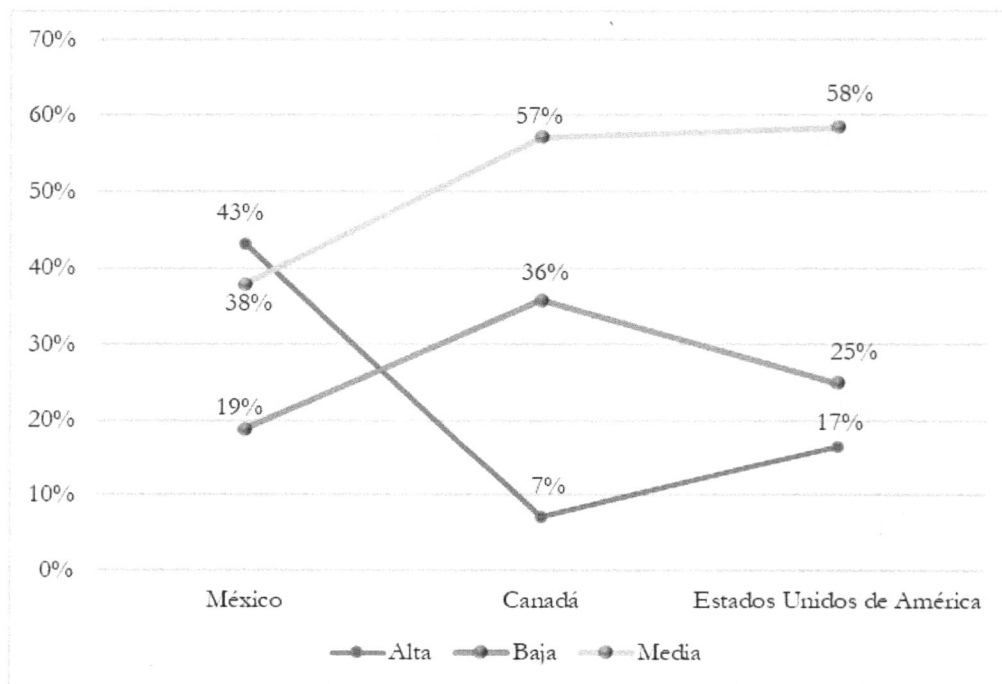

Fuente: Ejatlas (2020).

Distribución geográfica de los conflictos mineros

Un signo distintivo de la ampliación de las fronteras del extractivismo minero en las naciones de la región de América del Norte es que tanto en Canadá, Estados Unidos de América y México durante los primeros años del siglo XXI se empezaron a visibilizar los primeros casos de conflictos mineros por afectaciones a población semiurbana y urbana, aunque en mayor proporción en el territorio mexicano (ver figura 6).

Los datos de la figura anterior, indican que en mayor medida los conflictos mineros en América del Norte han surgido en territorios de áreas rurales con población campesina e indígena, aunque gradualmente las comunidades afectadas por la minería también empiezan a brotar en zonas semiurbanas y urbanas.

Además de lo antes señalado, al revisar los casos en que derivado de las acciones colectivas de resistencia para parar temporal o definitivamente algún megaproyecto minero encontramos que en Canadá el 25 por ciento de los casos son considerados éxito de justicia ambiental, el 18.9 por ciento en México y el 7.1 por ciento en Estados Unidos de América. Tal situación indica que Canadá que representa el imperialismo minero hegemónico a nivel global, en su territorio se tienen los mayores datos de éxito de justicia ambiental, cuando los pueblos indígenas y otras personas que viven y trabajan en zonas rurales, salen en defensa de su territorio y recursos naturales, han logrado que los gobiernos nacionales y locales se encarguen de salvaguardar de mejor manera sus derechos humanos (Ejatlas, 2020).

Figura 6. Distribución geográfica de los conflictos mineros en América del Norte, 2020 (porcentaje).

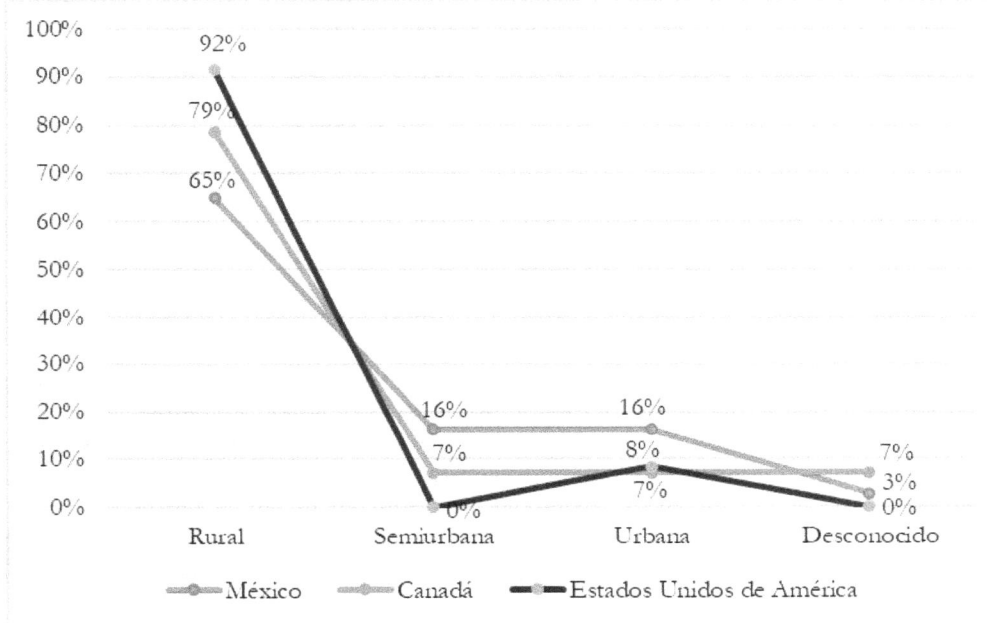

Fuente: Ejatlas (2020).

Impactos ambientales de los conflictos mineros en América del Norte

La apertura comercial se acentuó con la firma del Tlcan en el año de 1994, se intensificó el volumen de inversión de capital privado en la megaminería y por consecuencia, se agudizaron las devastaciones de los recursos naturales. Los 63 casos de conflictos mineros que han surgido en la región de América del Norte, tuvieron los impactos ambientales siguientes (ver tabla 1).

La información de la tabla 1, indica que, de los siete rubros de impactos ambientales relacionados a los conflictos mineros en América del Norte, acumulados al año 2020, a nivel general los rubros de contaminación del agua y destrucción de biodiversidad, acumularon el 47.5 por ciento del total de los casos registrados de impactos en dicha región. Sin embargo, cuando vemos la situación de los impactos ambientales de la minería específicamente en cada país, en el caso de México la contaminación del suelo y el agua registraron el 51.7 por ciento del total de los impactos en dicho país. Por su parte en Canadá el 57.1 por ciento de los impactos se concentró en los rubros de destrucción de biodiversidad y desastre de desechos mineros, mientras que, en Estados Unidos de América, fue la contaminación del agua y la destrucción de los bosques que alcanzó el 50 por ciento de los impactos ambientales desfavorables por la megaminería.

Tabla 1. Inventario de impactos ambientales relacionados con los conflictos mineros de América del Norte, (2020).

Impacto ambiental	México	Canadá	Estados Unidos de América
Contaminación de fuentes de agua	32	10	12
Contaminación del suelo	29	2	1
Destrucción de biodiversidad	21	13	10
Pérdida de seguridad alimentaria	12	2	1
Contaminación del aire	12	2	1
Desastre de desechos mineros	9	11	10
Destrucción de bosques y paisaje	3	2	11

Fuente: Ejatlas (2020-9.

Siete tendencias de la minería a gran escala en el marco de la crisis financiera de 2020 y el COVID-19

1.- Incremento de precios del oro

Al inicio del periodo neoliberal los precios internacionales del oro según el Consejo Mundial del Oro (2020b), registraron una cotización internacional de USD$395.00 dólares por onza el día 3 de enero de 1982. Durante el periodo 1982-2020, en términos generales registraron una tendencia creciente, con fases cortas de inestabilidad y dos puntos de inflexión relacionados con las crisis económicas registradas durante los años 2008 y 2020, hasta alcanzar dos niveles de precios máximos históricos, el primero de USD$1,895 dólares por onza de oro alcanzado el 5 de septiembre de 2011 y luego el segundo por un monto de USD$2,067.15 dólares por onza de oro el 6 de agosto de 2020 (ver figura 7).

Los datos de la figura anterior indican que, al revisar el comportamiento de los precios internacionales del oro durante las dos últimas décadas del siglo XX, registraron una caída del 35 por ciento, al pasar de USD$395.00 dólares por onza de oro durante 1982 hasta descender a los USD$256.5 dólares por onza en el año de 1999.

En contraste durante las dos primeras décadas del siglo XXI, los precios internacionales del oro tuvieron una tendencia creciente, porque para el año 2000 registraron una cotización de 279.40 dólares por onza, hasta conseguir los USD$2,067.15 dólares por onza de oro el 6 de agosto de 2020, equivalente a un incremento del 639.8 por ciento durante el periodo 2000-2020. Esta volatilidad pronunciada durante las dos primeras décadas del siglo XXI, se debió inicialmente a la tensión en las bolsas de valores a consecuencia del atentado a las torres gemelas de la ciudad de Nueva York, Estados Unidos de América y posterior por las crisis de 2008 y 2020.

Otro elemento a resaltar es que en el marco de la crisis financiera desatada por la emergencia sanitaria por la pandemia del COVID-19, las cotizaciones internacionales del oro crecieron un 35.4 por ciento durante los nueve primeros meses del año 2020, debido a que 1 de enero de 2020 era de USD$1,527.1 dólares por onza y aumentaron hasta los USD$2,067.15 dólares por onza de oro el 6 de agosto de 2020, con una ligera variación negativa hasta colocarse en los USD$1,886.90 el día 30 de septiembre de 2020 (Consejo Mundial del Oro, 2020b).

Figura 7. Cotizaciones internacionales del oro, 1982-2020 (dólares por onza).

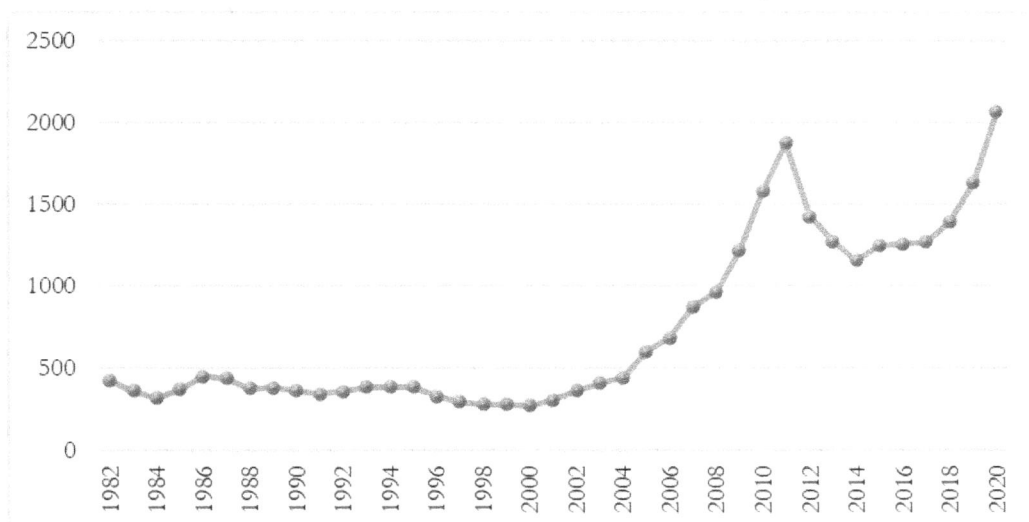

Fuente: Basado en Consejo Mundial del Oro (2020b). La cotización del oro del año 2020 corresponde a los precios internacionales registrados con el máximo histórico el día 6 de agosto de 2020.

2.- Incremento de reservas de oro en bancos centrales

Durante las crisis financieras ocurridas en los años 2008 y 2020, se registró una tendencia general de incremento absoluto y relativo de la oferta y demanda global de oro en los bancos centrales, debido a que durante el año 2010 fue de 79.2 toneladas, equivalente al 1.9 por ciento del total de la oferta y demanda mundial de oro que ascendió a las 4,185 toneladas. Mientras que para el año 2019 alcanzó las 648.2 toneladas de metal aurífero, equivalente al 14.8 por ciento de las 4,368.3 toneladas de la oferta y demanda mundial de oro, de las cuales el resto fueron 2,118.6 toneladas (48.5 por ciento) para joyería, 1,274.9 toneladas (29.2 por ciento) para inversión en lingotes y monedas, 326.6 toneladas (7.5 por ciento) para tecnología (Consejo Mundial del Oro, 2020c).

En cuanto al volumen de reservas de oro en bancos centrales durante el periodo de 2000-2020, se registró una propensión de incremento desde las 33,443.6 toneladas del metal precioso a inicios del año 2000 y creció hasta alcanzar las 34,891.5 toneladas de oro durante el año 2020, cifra equivalente al 4.3 por ciento de incremento acumulado en el periodo señalado.

En el caso de la región de América del Norte, las reservas de oro durante el primer trimestre del año 2000 fueron de 46.2 toneladas en Canadá, 6.8 toneladas en México y de 8,138.8 toneladas en Estados Unidos de América; en conjunto los tres países acumularon el 24.5 por ciento del total de reservas de oro a nivel mundial y durante el segundo trimestre de 2020 llegaron a cero toneladas en Canadá, 120 toneladas en México y 8,133.4 toneladas en Estados Unidos de América, es decir concentraron el 23.6 por ciento de las reservas de oro a escala global. En este rubro México registró una variación positiva en el volumen de reservas, mientras que Canadá y Estados Unidos de América tuvieron variación negativa (Consejo Mundial del Oro, 2020c).

3.- Relación desigual capital-trabajo en minería en América del Norte

En América del Norte el contexto de la transición del Tlcan al T-MEC, no ha significado en los hechos una mejora inmediata a las asimetrías salariales que existen entre los trabajadores mineros de los tres países de la región, porque, mientras en México un trabajador del sector minero recibe un salario de USD$20 dólares en promedio por jornada laboral diaria, en cambio los trabajadores mineros de Canadá y Estados Unidos de América perciben en promedio USD$40 dólares por hora. Es decir, que los trabajadores mineros de Canadá y Estados Unidos de América reciben un 1,500 por ciento más de salario por jornada diaria que los mineros mexicanos (Navarro, 2014).

Por su parte al revisar las estadísticas de empleos en el sector minero en la región de América del Norte, en el caso de Canadá durante el año 2018 alcanzó los 626,000 empleos, de los cuales fueron 409,000 personas empleadas directamente y 217,000 empleos indirectos (The Mining Association of Canada, 2019: 45). En Estados Unidos de América la cifra de personas ocupadas en las actividades económicas del sector minero para el año 2018 alcanzó las 654,000 personas (Oficina de Estadísticas Laborales de EE.UU., 2018). Para el caso de México, el sector minero del país únicamente generó empleos para 379,020 personas durante el año 2018, (Servicio Geológico Mexicano, 2019: 17), por tanto, fue el que menor cantidad de empleos generó en el sector minero en la región de América del Norte.

4.- Fortalecimiento de China en la cadena de valor global de la minería a gran escala.

Existen al menos tres signos vitales de que China se perfila a disputar el imperialismo minero canadiense y salir victoriosa a partir de la tercera década del siglo XXI, lo que le permitirá el control de la cadena de valor global de la minería. Principalmente porque durante el año 2020 se intensificó la compra de activos de empresas canadienses por parte de empresarios chinos (El Economista, 2 de diciembre de 2019), además tiene mayor representación en el mercado de los minerales de litio y tierras raras, que son la base para las energías renovables (Bejerano, 2019). Asimismo, según Lampadia (2016) Shanghai, China también le disputa a Londres, Inglaterra el papel estelar en el establecimiento de las cotizaciones internacionales del oro, esta situación podría concretarse principalmente si China consigue la convertibilidad del yuan y con ello logra derribar el control hegemónico del patrón del dólar.

5.- Continuar operaciones durante pandemia del COVID-19

La pandemia del COVID-19 según Johns Hopkins University & Medicine (2020), para el día 4 de octubre de 2020 a nivel mundial se habían registrado un total de 35,011,322 personas contagiadas y 1,034,865 fallecidas. En la región de América del Norte el COVID-19 ha tenido un fuerte impacto en la salud pública debido a que 8,339,314 personas han resultado contagiadas, equivalente al 23.8 por ciento del total de casos de contagios a nivel mundial. Mientras que las cifras de letalidad son aún más dramáticas porque han fallecido 298,161 personas, equivalente al 28.8 por ciento del total de personas que han perdido la vida a causa del COVID-19 a nivel mundial. Al revisar esos datos desglosados por cada uno de los tres países de América del Norte, observamos que se tenían registros de casos confirmados de contagios de 7,412,911 personas y 209,749 fallecidos (uno por cada 1,560 habitantes) en Estados Unidos de América, ubicado en primer lugar mundial en ambos rubros; en México son 757,953 personas contagiadas (noveno lugar mundial) y 78,880 fallecidos, uno por cada 1,581 habitantes (cuarto lugar mundial) y en Canadá 168,450 contagiados (26 lugar mundial) y 9,532 fallecidos, uno por cada 3,687 habitantes (20 lugar mundial).

A pesar de esas cifras de graves afectaciones a la salud pública por la pandemia global y ante la necesidad de satisfacer la demanda creciente de minerales, varias economías del mundo continuaron con sus operaciones de exploración y explotación de minerales, como el caso de China con el cobre, carbón, hierro y el uranio. Durante el periodo de la pandemia del COVID-19 este país ha continuado con su estrategia global de inversión de capitales destinados al acaparamiento de tierras y a proyectos de exploración minera, principalmente en regiones del sur global como América Latina y el África Subsahariana (World Energy Trade, 2020).

En la misma lógica que las empresas mineras de origen chino, también las empresas transnacionales que cuentan con sede corporativa en alguno de los tres países de América del Norte continuaron con sus operaciones, aunque en algunos casos suspendieron de forma temporal o parcial sus actividades, por lo general se mantuvo la actividad de exploración, explotación y beneficio de minerales durante la pandemia global del COVID-19. Dicha situación de acuerdo con MiningWatch (2020a: 5, 6), provocó diversos casos de contagios, como los 25 trabajadores que dieron positivo a COVID-19 en Canadá en la mina de paladio Lac des Iles y ocho indígenas de comunidades aledañas a dicha mina; a los que se sumaron los 45 trabajadores contagiados en la mina Kearl Lake de Imperial Oil, así como el contagio que propagaron los trabajadores mineros en otras 159 personas. Así como los dos trabajadores mineros contagiados en la Unidad minera Tayahua de Grupo Frisco en México.

Esta situación para el caso mexicano según Uribe (2020), se presentó a lo largo del primer semestre del 2020, a pesar de las afectaciones a las comunidades mineras y de vulnerar el derecho humano a la salud, derivado de los contagios de COVID-19 a los trabajadores de las unidades de explotación de minerales (Movimiento M4, 2020).

Ante dichos problemas socioambientales ocasionados por la megaminería, surgieron también acciones colectivas de resistencia desde lo local, articuladas a través de 335 organizaciones nacionales e internacionales, quienes emitieron y difundieron un documento escrito, a través del cual manifestaron: "Solidaridad mundial con las comunidades, los pueblos indígenas y los trabajadores en peligro de ser víctimas de los especuladores de las pandemias mineras. […] Las empresas mineras están ignorando la amenaza real de la pandemia y continúan sus operaciones". (MiningWatch, 2020b: 1, 24).

6.- Violencia a defensores de los territorios con presencia minera.

La crisis climática que padecemos a escala planetaria, está manifestándose en diversos problemas, conflictos y movimientos de justicia ambiental, los cuales, a su vez, han significado el agotamiento de los recursos naturales, la violación de los derechos humanos y en el peor de los casos, la pérdida de vidas humanas. Esto como una expresión donde las empresas de capital privado transnacional con el respaldo de los gobiernos nacionales están golpeando cada vez con mayor grado de violencia, a los pobladores de comunidades principalmente campesinas e indígenas que se resisten a los megaproyectos extractivos.

Un aspecto a destacar es que la numeralia de asesinatos de ambientalistas en el mundo, a nivel regional y sectorial, destaca que los defensores del territorio y los recursos naturales son asesinados principalmente en países del sur global y sectorialmente en actividades relacionadas con industrias extractivas y la agroindustria, (ver figuras 8 y 9).

Los datos de la figura 8, indican un incremento del 29.3 por ciento en el número de asesinatos de ambientalistas alrededor del mundo, al pasar de 164 durante el año 2018 a 212 durante el año 2019. Además, de los tres países de la región de América del Norte, únicamente en México se registraron casos de asesinatos de ambientalistas, con un incremento del 28.6 por ciento en el número de casos en los últimos dos años, porque durante el año 2018 alcanzó 14 personas asesinadas, ubicándose en el sexto lugar mundial y para el año 2019, la cifra creció a 18 personas asesinadas y el país se ubicó en el cuarto lugar mundial (Global Witness, 2019: 8 y 2020: 9).

Figura 8. Número total de ambientalistas asesinados por país, 2018 y 2019.

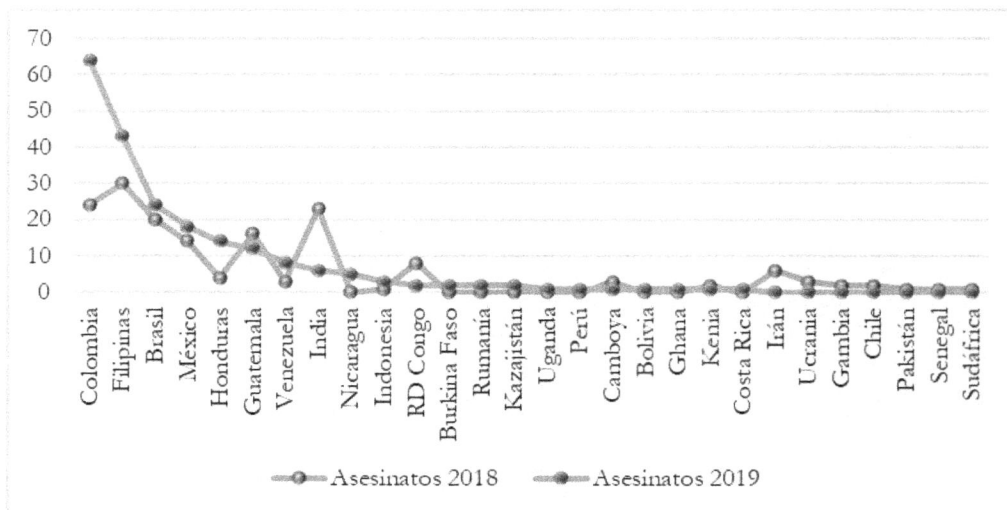

Fuente: Global Witness (2019: 8 y 2020: 9).

Figura 9. Número total de ambientalistas asesinados por sector, 2018 y 2019.

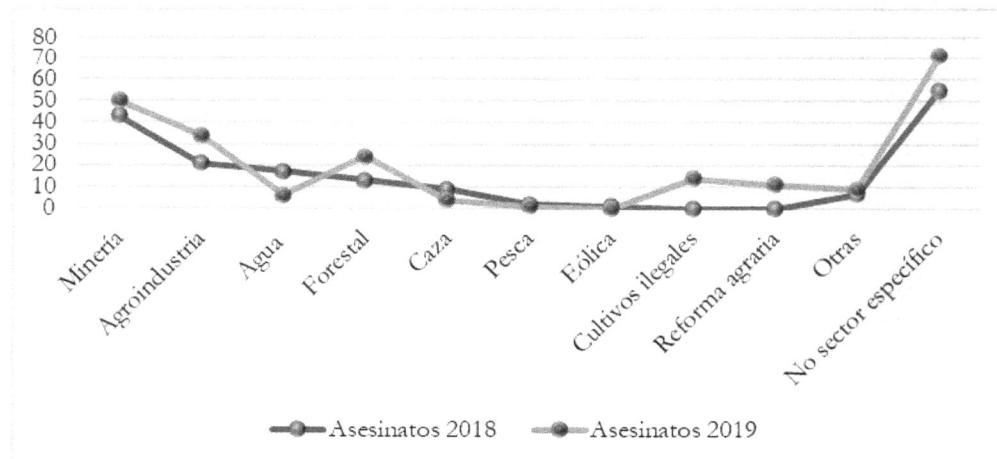

Fuente: Global Witness (2019: 8 y 2020:9).

Los datos de la figura anterior, indicaron que, de todos los rubros, la minería e industrias extractivas es el que mayor número de asesinatos de ambientalistas registró a nivel mundial.

Además de que los asesinatos en este rubro se incrementaron un 16.3 por ciento en tan solo dos años, al pasar de 43 en el año 2018 a 50 durante el año 2019.

7.- Donativos de Responsabilidad Social Empresarial

La Responsabilidad Social Empresarial es uno de los dispositivos que poseen las empresas de capital privado transnacional, para posicionarse de manera positiva en las localidades donde operan y legitimar sus acciones para contar con aliados en las relaciones mina-comunidad.

Las empresas mineras líderes en producción de oro y plata a nivel mundial emprendieron diversas acciones de mitigación y apoyo a las comunidades en el marco de la pandemia del COVID-19, según datos de Newmont (2020), dicha empresa estadounidense, creó el Fondo de Apoyo Comunitario Global COVID-19, mediante el cual ha invertido más de USD$9 millones de dólares en los rubros de salud pública, seguridad alimentaria y laboral. Por su parte en Barrick (2020), se destacó que la empresa minera transnacional de origen canadiense ha destinado más de USD$20 millones de dólares de inversión social para la adquisición de equipo médico e insumos hospitalarios durante la emergencia sanitaria del COVID-19 en beneficio de la población de los países anfitriones donde opera.

Durante el año 2020 en el marco de la pandemia del COVID-19, según la Camimex (2020), las empresas mineras afiliadas a dicha organización otorgaron 2,280,183 insumos médicos, desde guantes, cubrebocas, gel antibacterial, batas y productos alimenticios, en beneficio de pobladores de 690 localidades de 22 entidades de la república mexicana. Entre los principales donantes fueron Peñoles que aportó un monto de $90 millones de pesos, así como Grupo México que donó 450 mil kits médicos, 25 mil caretas y 125 mil pares de guantes, entre otros insumos hospitalarios.

Conclusiones

Los resultados del presente estudio corroboran nuestro argumento en el sentido de que la minería a gran escala en la región de América del Norte, ha sido uno de los factores clave que, junto con otros extractivismos, acompañados de diversos aspectos de orden económico, político y socioambiental, ha contribuido a favorecer la dinámica de desarrollo desigual entre los tres países que conforman esta región. Donde Canadá y Estados Unidos de América han sido los principales beneficiados de la renta minera y excedente de la extracción y beneficio de minerales metálicos. Mientras que en México el común denominador de 38 años de aplicación de políticas de corte neoliberal, le implicaron al país acumular más conflictos mineros y asesinatos por megaproyectos de muerte, convertido así en el territorio de sacrificio, que suministra fuerza de trabajo y materias primas para sostener el nivel de vida y bienestar de las sociedades canadiense y estadounidense.

En términos estructurales resultó relevante analizar lo que sucedió con el extractivismo minero en la región de América del Norte durante 38 años de la era neoliberal, donde la apertura comercial se formalizó mediante el TLCAN durante el año de 1994, luego renegociado en el año 2020 en la modalidad de T-MEC. Sobre todo, si tomamos en cuenta que la región de América del Norte, ocupa un lugar central en cuanto el poder económico y político a nivel mundial, aunque también acumula contradicciones sociales, de injusticia ambiental y de distribución de la riqueza. Además, en una mirada de conjunto concentra 16 de cada 100 kilómetros cuadrados de la superficie territorial de todos los países del mundo y cuenta también con 6 de cada 100 habitantes del planeta. En cuanto a la producción minera de oro América del Norte concentra cerca de 16 de cada 100 toneladas de la producción mundial del mineral aurífero y más de 28 de cada 100 toneladas de la plata que se produce a escala global.

La dinámica de desarrollo desigual en América del Norte, asociada a los extractivismos y conflictos mineros, se expresó en:

Diez de cada 100 de los 3,255 conflictos de justicia ambiental del mundo registrados al 30 de septiembre de 2020, se presentaron en la región de América del Norte, además Estados Unidos de América, México y Canadá se ubicaron en el cuarto, sexto y décimo segundo lugar mundial, respectivamente.

Diez de cada 100 de los 637 conflictos mineros del mundo, se concentraron en la región de América del Norte, además, México, Canadá y Estados Unidos de América, se ubicaron en el tercero, noveno y décimo primer lugar mundial, respectivamente.

Al establecer la proporción de conflictos mineros en relación al total de conflictos socioambientales por país en América del Norte, encontramos que en México la minería concentra 29 de cada 100 conflictos socioambientales, en Canadá fueron 23 de cada 100 y en Estados Unidos de América únicamente ocho de cada 100.

De los 63 conflictos mineros registrados en la región de América del Norte, cuatro de cada diez fueron de intensidad alta en México, cerca de uno de cada diez en Canadá y cerca de dos de cada diez en Estados Unidos de América, mientras que el promedio mundial es de tres de cada diez.

Las cifras anteriores muestran evidencia de que México se convirtió en la región de América del Norte en el territorio de sacrificio, con el mayor número de conflictos mineros y con el mayor grado de violencia y represión que aplican los corporativos mineros y los cuerpos policiacos de los tres órdenes de gobierno del Estado mexicano, para despojar de manera forzada a la población de su territorio y los recursos naturales.

La ampliación de las fronteras del extractivismo minero, gradualmente avanza hacia territorios de zonas semiurbanas y urbanas, aunque actualmente predomina en zonas rurales, y en esa dinámica el mayor afectado es México, porque en Estados Unidos de América nueve de cada 10 conflictos mineros ocurrieron en el medio rural, en Canadá ocho de cada diez y en México un poco más de seis de cada diez.

Al revisar los resultados de las acciones colectivas de resistencia local frente los megaproyectos de minería a gran escala, encontramos que, en Canadá, una cuarta parte tuvieron éxito de justicia ambiental, mientras que en México solo dos de cada diez casos y en Estados Unidos de América, únicamente cerca de uno de cada diez casos.

La contaminación del agua y destrucción de biodiversidad, concentraron cerca de cinco de cada diez de los casos de impactos ambientales ocasionados por la minería a gran escala en América del Norte.

Por su parte los elementos distintivos de las siete tendencias de la minería a gran escala en el marco de la crisis financiera de 2020, relacionada con los efectos del COVID-19, se expresaron en:

1.- Un incremento del 423.3 por ciento en los precios internacionales del oro durante el periodo de 1982-2020, destacando un 35.4 por ciento de incremento durante los primeros nueve meses del año 2020, hasta alcanzar un precio máximo histórico de los USD$2,067.15 dólares por onza del metal precioso.

2.- Un aumento del 4.3 por ciento en las reservas de oro en bancos centrales a nivel mundial durante el periodo de 2000-2020, hasta acumular las 34,891.5 toneladas de oro durante el año 2020, de los cuales, en América del Norte se concentraron cerca de 24 de cada 100 toneladas de las reservas de oro en bancos centrales.

3.- La relación desigual capital-trabajo en la minería en América del Norte, se expresó en que los trabajadores mineros de Canadá y Estados Unidos de América, reciben un salario 15 veces mayor por jornada diaria, que los trabajadores mineros en México.

4.- China disputa el imperialismo minero canadiense, al comprar activos de empresas mineras de Canadá, tiene el control de la producción y el mercado de los minerales para tecnologías renovables.

5.- La pandemia del COVID-19 en la región de América del Norte afectó a cerca de 24 de cada 100 de las personas contagiadas y 29 de cada 100 de las personas fallecidas a nivel mundial. Debido a que la minería fue clasificada como actividad esencial, ocasionó que se presentaran diversos casos de trabajadores mineros contagiados en las unidades mineras, además de la propagación del COVID-19 en perjuicio de pobladores de comunidades cercanas a las unidades mineras. Tal situación generó que al menos 335 organizaciones nacionales e internacionales alzaran la voz, ante la amenaza que representa la doble pandemia: el COVID-19 y la megaminería.

6.- México fue el único país de la región de América del Norte que registró casos de violencia durante el año 2019 por megaproyectos extractivos, al grado que concentró cerca de nueve de cada 100 de los casos de asesinatos de ambientalistas a nivel mundial.

7.- Las empresas mineras de capital privado transnacional en los tres países de América del Norte, crearon diversos fondos de apoyo comunitario, para atender la emergencia sanitaria del COVID-19, mediante donativos de equipo médico e insumos hospitalarios.

La situación de desarrollo desigual, ligada a los extractivismos y conflictos mineros en América del Norte, nos coloca en un desafío a escala regional, que involucra a las empresas mineras de capital privado, a los Estados nacionales, a las organizaciones de la sociedad civil defensoras de los recursos naturales, para que conjuntamente con los espacios del conocimiento científico, construyamos alternativas hacia otra forma de hacer minería.

Referencias

Banco Mundial (2019). Población total. Recuperado de https://datos.bancomundial.org/indicator/SP.POP.TOTL

Banco Mundial (2020). Superficie (kilómetros cuadrados). Recuperado de https://datos.bancomundial.org/indicator/AG.SRF.TOTL.K2

Barrick (2020). Una estructura sólida y una cultura de asociación impulsan una respuesta pronta y eficaz a una pandemia. Toronto, Canadá. Recuperado de https://www.barrick.com/English/about/covid-19/default.aspx

Bejerano, P. (2019). Tierras raras: para qué sirve el dopaje de la electrónica. Recuperado de https://elpais.com/tecnologia/2018/12/18/actualidad/1545137160_888048.html

Camimex (2020). Acciones de la industria minera nacional ante la emergencia por Covid-19. Ciudad de México, México. Recuperado de https://camimex.org.mx/files/2515/9560/0903/covid24julio.pdf

Centro de Información sobre Empresas y Derechos Humanos (2015). México: Proyecto de minería marina Don Diego, de Odyssey Marine Exploration, tendría impactos negativos en la pesca y el medio ambiente, según locales y ONG. EE.UU. Recuperado de https://www.business-humanrights.org/es/%C3%BAltimas-noticias/m%C3%A9xico-proyecto-de-miner%C3%ADa-marina-don-diego-de-odyssey-marine-exploration-tendr%C3%ADa-impactos-negativos-en-la-pesca-y-el-medio-ambiente-seg%C3%BAn-locales-y-ong/

Consejo Mundial del Oro (2020a). Producción de minas de oro. Recuperado de https://www.gold.org/goldhub/data/historical-mine-production

Consejo Mundial del Oro (2020b). Precios del oro. Recuperado de https://www.gold.org/goldhub/data/gold-prices

Consejo Mundial del Oro (2020c). Estadísticas de oferta y demanda de oro. Recuperado de https://www.gold.org/goldhub/data/historical-mine-production

Ejatlas (2020). Conflictos socioambientales en México. Recuperado de https://ejatlas.org/country/mexico

El Economista (2 de diciembre de 2019). Zijin Mining acuerda comprar a minera Continental Gold por 1,000 millones de dólares. El Economista. Recuperado de https://www.eleconomista.com.mx/empresas/Zijin-Mining-acuerda-comprar-a-minera-Continental-Gold-por-1000-millones-de-dolares-20191202-0064.html

Eme Equis (7 de septiembre de 2020). Se estanca la minería en México en la era de la 4T. Recuperado de https://m-x.com.mx/al-dia/se-estanca-la-mineria-en-mexico-en-la-era-de-la-4t

Francisco (2020). Carta Encíclica Fratelli Tutti. Recuperado de https://www.vidanuevadigital.com/wp-content/uploads/2020/10/FRATELLI-TUTTI_espanol.pdf

Fraser Institute (2019). Survey of Mining Companies 2019. Recuperado de https://www.fraserinstitute.org/sites/default/files/annual-survey-of-mining-companies-2019.pdf

Global Witness (2019). ¿Enemigos del Estado? De cómo los gobiernos y las empresas silencian a las personas defensoras de la tierra y del medio ambiente. Recuperado de https://www.globalwitness.org/es/campaigns/environmental-activists/enemigos-del-estado/

Global Witness (2020). Defender el mañana. Recuperado de https://www.globalwitness.org/es/defending-tomorrow-es/

Gudynas, E. (2015). Extractivismos. Ecología, economía y política de un modo de entender el desarrollo y la Naturaleza. Cochabamba, Bolivia: Centro Latino Americano de Ecología Social (CLAES) y Centro de Documentación e Información Bolivia (CEDIB).

Johns Hopkins University & Medicine (2020). COVID-19 Dashboard by the Center for Systems Science and Engineering (CSSE) at Johns Hopkins University (JHU). Recuperado de https://coronavirus.jhu.edu/map.html

Lampadia (29 de abril de 2016). El eje de la gobernanza global se inclina hacia el Asia. China se hace un sitio en la fijación del precio del oro. Recuperado de https://www.lampadia.com/analisis/economia/china-se-hace-un-sitio-en-la-fijacion-del-precio-del-oro/

LeGrand, C. (2006). Historias transnacionales: nuevas interpretaciones de los enclaves en América Latina. En Nómadas, Revista del Instituto de Estudios Sociales Contemporáneos de la Universidad Central. Bogotá, Colombia, Clacso, 25, 144-154. Recuperada de http://www.redalyc.org/articulo.oa?id=105115224013

Martínez, J. (2005). El ecologismo de los pobres: conflictos ambientales y lenguajes de valoración. Barcelona, España: Icaria.

Miningwatch (2020a). Voces desde el territorio. Cómo la industria minera mundial se está beneficiando con la pandemia de Covid-19. Recuperado de https://miningwatch.ca/sites/default/files/voces_desde_el_territorio_-_web.pdf

Miningwatch (2020b). Solidaridad global con comunidades, pueblos indígenas y trabajadores: en riesgo por la industria minera que busca aprovecharse de la pandemia. Recuperado de https://miningwatch.ca/sites/default/files/informe_de_coyuntura_mineria_y_covid-19.pdf

Movimiento M4 (2020). Más de 300 organizaciones expresan solidaridad con comunidades y trabajadores afectados por el temerario, manera de beneficiar de la pandemia del COVID-19 por parte de la industria minera. Recuperado de https://movimientom4.org/2020/06/mas-de-300-organizaciones-expresansolidaridad-con-comunidades-y-trabajadores-afectados-por-el-temerario-manera-de-beneficiar-de-la-pandemia-del-covid-19-por-parte-de-la-industria-minera/

Naciones Unidas (2020). Estado Miembro. Recuperado de https://www.un.org/es/member-states/index.html

Navarro, A. (2014). Retos y perspectivas de la minería en México. Recuperado de https://archivo.estepais.com/site/2014/retos-y-perspectivas-de-la-mineria-en-mexico/

Newmont (2020). Sensibilizar sobre un problema oculto y destacar los servicios para las familias. Recuperado de https://www.newmont.com/blog-stories/blog-stories-details/2020/Newmont-Works-with-Community-Partners-to-Support-Families-in-Need-Raise-Awareness-of-Services-and-Highlight-what-is-Often-a-Hidden-Problem/default.aspx

Oficina de Estadísticas Laborales en EE.UU. (2018). Empleo y salarios en las industrias mineras. Recuperado de https://www.bls.gov/opub/ted/2018/employment-and-wages-in-mining-industries.htm

Robbins, P. (2004). Political ecology: a critical introduction (critical introductions to geography). Arizona, United States of America: Malden, Blackwell.

Roy, B. (2018). Los conflictos ecológico-distributivos en la India a vista de pájaro. Ecología Política, 55:24-31.

Secretaría de Economía (2020). Minería. El sector minero-metalúrgico en México contribuye con el 2.4 por ciento del Producto Interno Bruto nacional. Recuperado de https://www.gob.mx/se/acciones-y-programas/mineria#:~:text=M%C3%A9xico%20en%20el%20mundo,%2C%20yeso%2C%20oro%20y%20cobre

Servicio Geológico Mexicano (2019). Anuario Estadístico de la Minería Mexicana, 2018, Edición 2019. Recuperado de http://www.sgm.gob.mx/productos/pdf/Anuario_2018_Edicion_2019.pdf

The Mining Association of Canada (2019). The State of Canada´s Mining Industry, Facts & Figures 2019. Recuperado de https://mining.ca/wp-content/uploads/2020/01/FF-English-Web.pdf

The Silver Institute (2020). Top 20 producing countries. Recuperado de https://www.silverinstitute.org/mine-production/

Turdera, G. (2012). La polémica de la minería a cielo abierto: ¿desarrollo sustentable o espejitos de colores? Recuperado de http://www.unitedexplanations.org/2012/02/20/la-polemica-de-la-mineria-a-cielo-abierto-desarrollo-sustentable-o-espejitos-de-colores/#

Uribe, S.E. (2020). Covid-19 y minería en México. Recuperado de https://www.ocmal.org/covid-19-y-mineria-en-mexico/

World Energy Trade (2020). China podría reinvertir en su industria minera. Recuperado de https://www.worldenergytrade.com/metales/mineria/china-podria-reinvertir-en-su-industria-minera

www.ingramcontent.com/pod-product-compliance
Lightning Source LLC
Chambersburg PA
CBHW080134270326
41926CB00021B/4476